Chancen im Ingenieurberuf
Das VDI-Bewerbungs-handbuch 2009

Impressum

Herausgeber	VDI Beruf und Gesellschaft Abteilung Karriere, VDI e.V. Postfach 10 11 39 40002 Düsseldorf Tel. +49 (0) 211 62 14-272 Fax: +49 (0) 211 62 14-176 E-Mail: suj@vdi.de Internet: www.vdi-studierende.de
Redaktion	Claudia Rasche
suj-Redaktionsteam	Christian Großmann, Alexander Gummer, Michael Just (Projektgruppenleiter)
Verlag	VDI Verlag GmbH VDI-Platz 1 40468 Düsseldorf Ansprechpartnerin Firmenspiegel: Claudia Wiegner-Ruf, Tel.: +49 (0) 211 61 88-168 Ansprechpartnerin Anzeigen: Annette Fischer, Tel.: +49 (0) 211 61 88-460
Layout	NO-Design, Aachen

© VDI Verein Deutscher Ingenieure e.V., Düsseldorf 2009

Alle Rechte auch das des auszugsweisen Nachdrucks, der auszugsweisen oder vollständigen fotomechanischen (Fotokopie, Mikroskopie) oder elektronischen Wiedergabe, Vervielfältigung und das der Übersetzung vorbehalten.

ISBN 978-3-18-990082-8

Grußwort

Grußwort von Prof. Dr.-Ing. habil. Bruno O. Braun, Präsident des VDI

Deutsche Unternehmen haben seit längerem Schwierigkeiten, qualifizierte Ingenieurinnen und Ingenieure zu finden. Auch wenn die Situation aufgrund der aktuellen Finanzkrise und der daraus resultierenden Schwierigkeiten in der Wirtschaft in den einzelnen Branchen unterschiedlich ausgeprägt ist, herrscht in allen Fachrichtungen starke Nachfrage – egal ob Maschinenbau, Elektrotechnik, Informatik oder auch Bauwesen. Fachkräfte in den Einsatzgebieten Forschung und Entwicklung, Produktion und Vertrieb sind gleichermaßen stark gefragt. Ein besonderes Wachstum ist im Beratungs- und Dienstleistungssektor zu beobachten. Der Fachkräftemangel muss daher gerade vor dem Hintergrund des demografischen Wandels sehr ernst genommen werden. Der Wettbewerb um qualifizierte Ingenieurinnen und Ingenieure ist auch international in vollem Gange.

Sie, als Leserinnen und Leser unseres VDI-Bewerbungshandbuches 2009, haben mit Ihrer Studienwahl also genau das Richtige für Ihren persönlichen Erfolg getan. Gleichzeitig können Sie die zukünftige Entwicklung des innovativen Technikstandorts Deutschland mitgestalten und sichern. Aber auch bei einer erfreulich positiven Situation des Arbeitsmarktes achten die Unternehmen darauf, dass sie Menschen beschäftigen, die zum Unternehmenserfolg beitragen. Die fachliche Grundqualifikation haben Sie durch Ihr Studium erworben. Bei der Nutzung der richtigen Wege und Formvorgaben im Bewerbungsprozess möchten wir Sie mit diesem Handbuch unterstützen.

Uns sind die Anliegen der jungen Ingenieurinnen und Ingenieure wichtig. Deshalb engagiert sich der VDI in vielen Themen rund um den Berufseinstieg. Im Rahmen der Initiative SACHEN MACHEN sind dabei namhafte Unternehmen an unserer Seite, um den Nachwuchs zu fördern und insbesondere bei der Vermittlung der überfachlichen Schlüsselkompetenzen – den so genannten Soft Skills – zu helfen. Ein großes Projekt der Initiative ist z. B. VDI ELEVATE - das Förderprogramm für Ingenieurstudierende. Zusätzlich ermöglichen Ihnen unser großes Netzwerk von 45 Bezirksvereinen sowie über 60 lokalen Teams der VDI Studenten und Jungingenieure (suj) sowie Firmenkontaktmessen in den Regionen und die VDI Karriereberatung (www.vdi-karriere.de) sowohl den Berufseinstieg als auch die persönliche Weiterentwicklung voranzutreiben.

Ich danke den Autorinnen und Autoren des VDI-Bewerbungshandbuches 2009 sehr herzlich für ihre Unterstützung. Außerdem freue ich mich, dass auch wieder viele Unternehmen deutlich machen, wie wichtig technisch gut ausgebildete und hoch motivierte junge Menschen für den Wirtschaftsstandort Deutschland sind. Diesem wichtigen Signal aus der Wirtschaft schließt sich der VDI uneingeschränkt an.
Für Ihren Berufseinstieg und den weiteren Berufsweg wünsche ich Ihnen persönlich und im Namen des VDI alles Gute und viel Erfolg.

Ihr Prof. Dr.-Ing. habil. Bruno O. Braun

Vorwort

Technik. Netzwerk. Karriere.

Liebe Leserin, lieber Leser,
auch in diesem Jahr halten Sie pünktlich zur Hannover Messe 2009 das aktuelle Bewerbungshandbuch des VDI in den Händen. Die Studenten und Jungingenieure (suj) des VDI präsentieren sich Ihnen als kompetentes Netzwerk rund um Technik, Netzwerk und Karriere. Sie, liebe Leser, können sich als Studenten oder Young Professionals von uns Orientierungshilfen und Tipps holen, um im Berufsleben optimal einzusteigen bzw. weiter voran zu kommen.

Auf dem aktuellen Arbeitsmarkt werden händeringend Ingenieurinnen und Ingenieure gesucht, über Berufsperspektiven lässt sich also nicht klagen. Dennoch lag die Arbeitslosenzahl bei Ingenieurinnen und Ingenieuren im Jahr 2008 bei durchschnittlich 21.200 (Quelle: Bundesagentur für Arbeit). Daraus lässt sich folgern, dass auch bei einer guten Arbeitsmarktlage weiterhin hohe Anforderungen an die Qualitäten und Kompetenzen zukünftiger Arbeitnehmer gestellt werden. Schon frühzeitig sollte man sich Gedanken machen, wo man letztlich seine Ziele sieht und wie man diese auch erreichen kann.

Um sich gut auf das Berufsleben vorzubereiten, empfehlen wir angehenden Ingenieuren besonders das Förderprogramm VDI ELEVATE. Die viel gerühmten und an der Universität nicht gelehrten Softskills sowie ein exzellentes Praktikum bei einem der Partnerunternehmen der Initiative SACHEN MACHEN! machen dieses Programm zum kleinen großen Extra für das perfekte, allumfassende Studium!
➜ www.vdi.de/elevate

Unsere lokalen Teams sind an über 60 Hochschulen in Deutschland vertreten. Sie organisieren vor Ort interessante Seminare, Workshops und Exkursionen, die über das normale Studium hinausgehen und ermöglichen damit auch eine große Themenspanne für dieses Bewerbungshandbuch. Wer einen Blick über den Tellerrand werfen und seinen Horizont erweitern will, sollte den Besuch auf www.vdi.de/suj wagen und den Kontakt zum örtlichen Team suchen. Es lohnt sich!

Seit einigen Jahren sind wir Studenten und Jungingenieure zudem Mitglied der „Federation of European Young Engineers" (EYE). Hier wird unter Mitarbeit vieler Nationen ein europaweites Netzwerk zwischen den verschiedenen Ländern und Ingenieursvereinigungen aufgebaut. Nähere Informationen für internationales Networking finden Sie unter www.e-y-e.org.

Abschließend möchte ich allen ehrenamtlich Aktiven, den Autorinnen und Autoren der Artikel und dem VDI Verlag für die wunderbare Unterstützung danken, ohne die es weder die suj noch dieses Bewerbungshandbuch gäbe. Denn auch dies erkennt man beim VDI sehr schnell: Wenn alle an einem Strang ziehen, kommt man sehr viel schneller sehr viel weiter!

In diesem Sinne: Ein schönes Lesevergnügen und viel Spaß bei Studium und Berufseinstieg!
Vielleicht sieht man sich ja auf einem der kommenden bundesweiten Aktiventreffen!

Eure und Ihre

Laura Hufschmidt
Vorsitzende der Studenten u. Jungingenieure

Studenten und Jungingenieure

TECHNIK.NETZWERK.KARRIERE
Wo erlebe ich Technik? Wer hilft mir im Studium? Im Team vorankommen?

Nutze das Netzwerk und die Möglichkeiten der suj für Dein Studium und den Berufseinstieg. An über 60 Hochschulen in Deutschland findest Du engagierte suj-Teams, die in spannenden Projekten Zukunft gestalten und Praxis erleben. Aktion und Angebote der suj findest Du unter:

www.vdi-studierende.de

Verein Deutscher Ingenieure e.V. · VDI-Platz 1 · 40468 Düsseldorf · Postfach 10 11 39 · 40002 Düsseldorf
Telefon +49 (0) 211 62 14-2 72 · Telefax +49 (0) 211 62 14-1 76 · suj@vdi.de · www.vdi.de

Inhaltsverzeichnis

Grußwort des VDI-Präsidenten,
Prof. Dr.-Ing. habil. Bruno O. Braun

Vorwort

Kapitel 1   Technik – worauf es bei Bewerbung und Einstieg ankommt

1.1	Der Start in den Traumjob: Was will ICH?	12
1.2	Die Welt da draußen – der Stellenmarkt	17
1.3	Schlüsselqualifikationen - und wie man sie richtig interpretiert	21
1.4	Die „Do's and Don'ts" für eine erfolgreiche Bewerbung in Zeiten des Fachkräftemangels	25
1.5	Papierbewerbung, E-Mail oder Online-Formular? Was erwarten Mittelstand und Konzernunternehmen von Bewerbern?	30
1.6	Der Anstellungsvertrag für junge Ingenieurinnen und Ingenieure	33
1.7	Ingenieure haben 2008 für Einkommenssteigerungen genutzt	37
1.8	Altersversorgung: Job begonnen! Rente geklärt?	40

Kapitel 2   Karriere   – Berufsbilder und Weiterbildung

2.1	MBA – Master of Business Administration Drei Buchstaben auf dem Weg nach oben	54
2.2	Berufsbild Ingenieur/in in der Beratung - Projektbericht über Miniaturisierung in der Medizintechnik bei Siemens	60
2.3	„Die Mär vom Karohemd" - Ein Einblick in den Alltag eines Entwicklungsingenieurs	62
2.4	Berufsbild Ingenieur/in in der Forschung - Ein Erfahrungsbericht von Fraunhofer Institut	66
2.5	Alternativer Karrierestart über Recruiting-Dienstleister - Erfahrungsbericht am Beispiel Hays	69
2.6	Unternehmer werden und durchstarten in die Selbstständigkeit	72

Kapitel 3 Netzwerk - die wirklich wahre Karrierehilfe

3.1	VDI Studenten und Jungingenieure Technik. Netzwerk. Karriere.	80
3.2	VDI ELEVATE - Das Karriereprogramm für Ingenieurstudierende	84
3.3	Ausflug zur Daimler AG nach Stuttgart - 18. bis 20. April 2008	87
3.4	Netzwerk - European Young Engineers (EYE)	89
3.5	Frauen im Ingenieurberuf fib - Netzwerk und mehr	92
3.6	Interessante VDI Angebote zum Thema Studium, Berufseinstieg und Karriere	94

Firmenspiegel

1. Technik – worauf es bei Bewerbung und Einstieg ankommt

1.1 Der Start in den Traumjob: Was will ICH?

*November 2008, Donnerstag 16:30 Uhr am **VDI-Karrieretelefon:***

...„Ich schreibe zur Zeit gerade meine Diplomarbeit bei einem großen Automobilhersteller in der Entwicklung. Meine Arbeit werde ich im Januar beenden. Die Zeit drängt und ich weiß absolut nicht, auf welche Art von Stellen ich mich bewerben soll. Es gibt so viele verschiedene Angebote in unterschiedlichen Branchen und Funktionen. Was können Sie mir empfehlen? In welcher Branche soll ich mich bewerben?
Soll ich mich lieber für eine Stelle im Vertrieb oder in der Forschung bewerben?"

Diese Fragen sind wichtig und richtig: Ich schlage ihm eine kurze Reise in die Zukunft vor:
„Stellen Sie sich vor, es wäre drei Jahre später, alles ist perfekt gelaufen und Sie haben die Stelle. Wir telefonieren wieder und ich frage Sie: Was machen Sie jetzt? Wo arbeiten Sie?"

Interessanterweise kam wie auf Knopfdruck folgende Antwort:
„Ich arbeite in der Automobilindustrie in der Entwicklung und bastele an Motoren."

„Wunderbar!" sage ich. „Dann wissen Sie ja jetzt in welche Richtung Sie ihre Jobsuche ausrichten können. Zugegeben, dies ist ein erster Schritt. Sicherlich kann es sein, dass der Traum sich nicht so leicht erfüllen lässt, weil es ggf. nur wenige Stellen in dem Bereich gibt. Aber es ist eine Orientierung für Sie. Sie können nun konkret ihre Bemühungen fokussieren und ausbauen. Sollten Sie merken, dass sich das Ziel aus bestimmten Gründen nicht realisieren lässt, haben Sie einen Alternativplan. Überlegen Sie, was aufgrund Ihrer Fähigkeiten und Interessen gute Alternativen wären."...

Ein Bild meines Traumjobs
Damit Sie Ihren Traumjob finden bzw. interessante Alternativen suchen können, sollten Sie sich im ersten Schritt ein **Bild aus ihrer persönlichen Sicht** davon machen: und das so konkret wie möglich. Die folgenden Übungen helfen Ihnen dabei, dieses Bild zu entwickeln. Folgende Themen werden in den Übungen bearbeitet:
- meine Fähigkeiten
- meine Interessensgebiete/ Tätigkeitsfelder
- meine Ziele und Werte
- meine bevorzugten Arbeitsbedingungen (Umfeld, Menschen, Region)
- meine Gehalts- und Positionsvorstellung in Zukunft

Der Start in den Traumjob: Was will ICH? 1.1

Erster Schritt: meine Fähigkeiten und Stärken

Im ersten Schritt widmen Sie sich Ihren Fähigkeiten und Stärken. **Schreiben Sie 5 Geschichten** aus ihrem Leben: In diesen Geschichten erzählen Sie, was Sie aus reiner Freude an der Sache oder aus persönlichem Ehrgeiz gemacht haben. Geschichten, in denen Sie stolz waren auf das, was Sie gemacht haben. Es ist egal, ob andere von diesem Erfolg wissen, ob Sie es während der Arbeit oder Freizeit gemacht haben. Die 5 Stories können aus der Kindheit, Schul- bzw. Studienzeit oder aus jüngster Vergangenheit stammen. Die Geschichte sollte nicht mehr als drei Absätze haben.

Die Geschichte sollte folgende Fragen beantworten:
- Was wollte ich erreichen?
- Was waren Probleme oder Hindernisse bzw. Herausforderungen?
- Wie bin ich vorgegangen?
- Was war das Ergebnis / der Erfolg?
- Woran habe ich den Erfolg gemessen / erkannt?

Werten Sie die Geschichten wie folgt aus:
- Welche körperlichen, geistigen und / oder sozialen Fähigkeiten haben mich zu dem Erfolg gebracht?
- Welchen Anteil hatte ich persönlich daran?
- Wie würde mein bester Freund / beste Freundin / Eltern oder Geschwister diese Frage beantworten?
- Schreiben Sie alle Fähigkeiten auf. Fallen Ihnen besondere Stärken auf, die in mehreren Geschichten eine Rolle spielen?

Priorisieren Sie die Stärken und Fähigkeiten. Gefallen Ihnen bestimmte Fähigkeiten nicht besonders, streichen Sie sie.

Beenden Sie die Übung, in dem Sie die 6 wichtigsten Stärken benennen.

Beispiel:
Meine 6 größten und beliebtesten Stärken: Verkaufstalent, andere überzeugen, mich in andere Personen hineinversetzen, Kreativität, Initiative, Organisieren

Eltern, Freunde, Geschwister, Kommilitonen, Kollegen oder Vorgesetzte können bei dieser Übung als **Feedbackgeber** sehr hilfreich sein. Fragen Sie sie nach ihrer Einschätzung, wo Ihre Stärken liegen.

Zweiter Schritt: meine Interessensgebiete und Tätigkeitsfelder

Nun geht es darum herauszufinden, in welchem Tätigkeitsfeld Sie Ihre Lieblingsfähigkeiten am besten einsetzen können. Dafür beantworten **Sie folgende Fragen:**

1. Welche besonderen Interessen haben Sie? Über welches Thema könnten Sie sich den ganzen Abend mit einem anderen Menschen unterhalten?
2. Welches sind Ihre Lieblingsthemen – Themen, zu denen Sie sich in Büchern, Zeitschriften, auf Messen und Ähnlichem hingezogen fühlen?
3. Welche sprachlichen Vorlieben haben Sie? Jede Branche hat ihren eigenen Jargon.
   Beispiel: Sie arbeiten in einem Chemiekonzern, dort werden viele Fachbegriffe aus der Chemie verwendet. Liegt Ihnen die Sprache?
   Beispiel: Sie arbeiten im öffentlichen Dienst und haben es dort mit viel Formalismus zu tun. Mögen Sie den Sprachgebrauch in Ämtern?

Wenn Sie gerne mit anderen Fachexperten fachsimpeln, könnte Sie ein Job im öffentlichen Dienst, wo es z.B. eher „juristisch" und formal zugeht, Sie eher unzufrieden stimmen.

Verbinden Sie nun Ihre Interessensgebiete mit Ihren Fähigkeiten. Bilden Sie daraus einen Beruf.

Beispiel:
Wenn Sie z.B. Maschinenbau studiert haben, Autos lieben und Ihre größten Stärken in der Kommunikation mit anderen Menschen und im „Verkaufen" liegen, könnten Sie darüber nachdenken, im Vertrieb in der Automobilbranche Ihren Job zu suchen.

Dritter Schritt: meine Ziele und Werte

Was sind Werte? Werte geben uns Orientierung an jedem Tag, bei jeder Aufgabe und bei jeder Begegnung mit anderen Menschen. Jeder Mensch hat andere Werte, die sein Handeln bestimmen. Warum ist es wichtig, sich bei der Jobsuche, seiner Werte bewusst zu sein?

Stellen Sie sich folgende Situation vor: Ein Ingenieur arbeitet in einer Entwicklungsabteilung, die Kriegswaffen konstruiert. Er selbst ist Wehrdienstverweigerer gewesen. Harmonie und Pazifismus stehen bei ihm ganz oben auf seiner Wertehierarchie. Schwer vorstellbar, dass dieser Mensch sich in seinem Job wohl fühlt, oder?

Um also das richtige Arbeitsumfeld für sich zu finden, sind neben den Interessen auch die eigenen Werte und Ziele sehr wichtig. Aber wie werde ich mir meiner Werte und Ziele bewusst?

Stellen Sie sich folgende Situation vor: Es ist Ihr 60. Geburtstag und alle Ihre Freunde und Bekannten sind eingeladen. Ihr Leben ist so gelaufen, wie Sie es immer führen wollten. Sie haben alles erreicht, was Ihnen wichtig war. Es werden Reden gehalten und ein Rückblick auf Ihr Leben geworfen. Es werden nur die guten Seiten erwähnt, was Sie alles Positives erreicht haben und was Sie auszeichnet. Was würden Sie dann gerne zu ihrem 60. Geburtstag hören?

Auf meinem 60. Geburtstag würde ich gerne hören, dass ich...

- ... Menschen geholfen habe, die hilfsbedürftig und in Not waren
- ... gut zuhören kann
- ... alle Projekte eigenverantwortlich zum Erfolg geführt habe
- ... neue Technologien erfunden habe
- ... etwas repariert habe, was kaputt war
- ... mit viel Ausdauer, schon für verloren erklärte Aktionen, positiv zu Ende gebracht habe
- ... etwas perfektioniert oder verbessert habe
- ... Veränderungen bewirkte
- ... eine Arbeit gemacht habe, die die Welt verschönert hat
- ... etwas entwickelt habe, was es vorher nicht gab
- ... dem Markt mit meinen Ideen immer voraus war
- ... die kniffligsten Probleme im Detail geklärt habe
- ... viel Geld oder andere materielle Werte besitze
- ... ein neues Unternehmen gegründet habe und viele Arbeitsplätze geschaffen habe
- ... Menschen zum gesundheitsbewussterem Leben verholfen habe
- ... Konflikte zwischen Menschen geschlichtet habe
- ... immer viel Wert auf meine Gesundheit gelegt habe
- ... interkulturelle Grenzen überwunden habe
- ... für meine Familie immer da war
- ... die halbe Welt bereist habe

Der Start in den Traumjob: Was will ICH? 1.1

- ... meinen Freunden in der Heimat erhalten blieb
- ... mich aktiv in meinem Verein, Hobby engagiert habe
- ... erfolgreicher Manager bin

Wählen Sie die Aussagen aus, die Ihnen am meisten von Bedeutung sind. Ergänzen Sie ggf. noch eigene Punkte, die Ihnen wichtig wären und priorisieren Sie für sich die 5 wichtigsten Werte und Ziele. Bringen Sie Ihre **Werte und Ziele mit Ihren vorab definierten Berufsbildern** (siehe zweiter Schritt) **zusammen.** Welche Branche, welcher Job ermöglicht mir am besten, meine Werte zu leben und Ziele zu erreichen?

Vierter Schritt: meine bevorzugten Arbeitsbedingungen
Nun stellen Sie sich die Frage, unter welchen Arbeitsbedingungen Sie am effektivsten arbeiten können bzw. welche Bedingungen Ihre Effektivität negativ beeinflussen.

Das Arbeitsumfeld
Überlegen Sie sich, welche Dinge Sie an früheren Jobs, Praktika, Hilfsjobs nicht mochten (z.B. Schichtarbeit, zu laut, zu wenig Entscheidungsspielraum, keine Fenster im Büro, zu wenig Kontakt zu Menschen...).
Ordnen Sie diese Merkmale dann nach Stärke der Abneigung. Formulieren Sie die negativen Bedingungen nun um: Was muss anstatt dessen gegeben sein, damit ich mit Spaß und Freude effektive Ergebnisse in der Arbeit erzielen kann? Priorisieren Sie diese wieder nach Wichtigkeit.

Die Menschen
Da die Arbeitsleistung und der Spaß an der Arbeit sehr stark von den Menschen, die einen umgeben, abhängt, sollten Sie sich auch Gedanken darüber machen, mit welcher Art von Menschen Sie besonders gut bzw. sehr schlecht zusammen arbeiten können.

Man kann folgende Arten unterscheiden:

Die Realistischen:
Menschen, die gerne in der Natur, im Sport oder mit Werkzeugen und Maschinen arbeiten.
Die Kreativen:
Menschen mit künstlerischer Veranlagung, kreativ, fantasievoll und innovativ, lieben unstrukturierte Situationen
Die Sozialen:
Menschen, die anderen Menschen gerne helfen, sie unterrichten, heilen oder Ihnen Dienstleistungen erbringen
Die Unternehmerischen:
Menschen, die gerne Projekte und Organisationen stemmen, andere Menschen führen und überzeugen
Die Konventionellen:
Menschen, die gern ins Detail gehen, mit Zahlen arbeiten, administrative Aufgaben übernehmen und Projekte durchführen.

In der Regel fühlen wir uns zu ca. 3 Gruppen besonders hingezogen. Stellen Sie sich vor, Sie sind auf einer Veranstaltung mit vielen Leuten und Sie finden in fünf verschiedenen Ecken die jeweiligen Typen. In welche Ecke stellen Sie sich zuerst? Welche ist Ihre zweite, welche die dritte Wahl?

Nun sind Sie sich auch klarer, welche Arbeitsbedingungen und Menschen Ihre Arbeit positiv beeinflussen.

Fünfter Schritt: meine Gehalts- und Positionsvorstellungen in der Zukunft
Auch wenn man als Berufseinsteigerin oder Berufseinsteiger noch keine wirklichen Verhandlungsoptionen bezogen auf das Gehalt hat, sollte man sich zumindest

1.1 Der Start in den Traumjob: Was will ICH?

schon mal mit der Frage auseinandersetzen, welche Karriereziele man sich setzt. Will man sich später zu den bestverdienenden Managern zählen lassen oder ist man mit einem durchschnittlichen Akademikergehalt auf Projektleiterebene zufrieden? Diese Überlegungen überschneiden sich sehr stark mit den Werten und Zielen aus dem dritten Schritt, runden die Selbstanalyse am Ende jetzt aber ab.

Sechster Schritt: mein Gesamtbild vom Traumjob

Nun fassen Sie die Ergebnisse der fünf Schritte in einer Übersicht auf einem Zettel zusammen:

Mein Bild vom Traumjob

- Meine Fähigkeiten
- Meine Interessen / Tätigkeitsfelder
- Meine Ziele und Werte
- Mein Arbeitsumfeld
- Mich umgebende Menschen
- Meine Gehalts- / Positionsvorstellung
- Wie heißen die Jobs oder Berufe, bei denen ich meine Fähigkeiten und Stärken mit meinen Interessen und Lieblingsthemen verbinden kann?
- Welche Arten von Organisationen suchen solche Jobs und Berufe?
- Welche Unternehmen sagen mir aufgrund meiner Werte, meines Sprachgebrauchs und meiner Ziele am meisten zu?
- Mit welchen Aufgaben / Zielen beschäftigen sich diese Unternehmen, bei denen ich mit meinen Fähigkeiten am besten aufgehoben bin?

Dieses Bild ist nicht nur ein Bild Ihres Traumjobs, sondern auch ein Bild von sich selbst. Für Ihren Bewerbungsprozess ein unschätzbarer Wert. Ihnen wird es nicht nur leichter fallen, passende Arbeitgeber ausfindig zu machen, sondern auch

sich ganz gezielt mit Ihren Fähigkeiten, Werten und Zielen positiv zu verkaufen.

Um an Jobs und Arbeitgeber zu kommen, die Ihren Vorstellungen entsprechen, empfehle ich Ihnen **folgendes Vorgehen:**

- Sprechen Sie mit Verwandten, Freunden, Bekannten über Ihre Vorstellungen. Vielleicht kennt jemand jemanden oder eine Firma, die interessant für Sie sein könnten.
- Bauen Sie sich ein Netzwerk auf, z.B. durch aktive Mitarbeit im VDI. Dort lernen Sie viele interessante Menschen kennen mit ähnlichen Interessen und Kontakten zu interessanten Arbeitgebern.
- Suchen Sie Stellenangebote konkret nach Ihren Vorlieben.

Zum Abschluss möchte ich Ihnen mit auf den Weg geben:
Halten Sie an Ihrem Traum fest! Dann suchen Sie auch mit **ganzem Herzen** und die Chancen steigen, dass Sie Ihre Ziele auch erreichen. Wer nur mit halbem Herz dabei ist, gibt schneller auf und gibt sich mit faulen Kompromissen ab.
Begeisterung ist das Stichwort: Davon unterscheiden sich häufig Erfolgreiche von nicht Erfolgreichen im Berufsleben. Geben Sie also nicht zu schnell auf, auch wenn natürlich Alternativen immer im Blick bleiben sollten – für den Fall der Fälle.

Buchtipp:
Bolles, R.N. (2004). Durchstarten zum Traumjob. Das Handbuch für Ein-, Um- und Aufsteiger.
7. Auflage. Frankfurt a.M.: Campus-Verlag.

Dr. Martina Offermanns
VDI e.V., Abteilungsleitung Karriere

1.2 Die Welt da draußen – der Stellenmarkt

Die abkühlende Konjunktur und Finanzkrise hat den Stellenmarkt für Ingenieure in Deutschland einbrechen lassen. Deutschlands Ingenieur-Arbeitgeber haben im vergangenen Jahr deutlich weniger Stellen ausgeschrieben: Mit 51.623 Positionen ist die Zahl der Joboferten im Jahr 2008 um 10 Prozent gegenüber dem Vorjahr gesunken. Am begehrtesten waren in 2008 Mitarbeiter für Forschung und Entwicklung und Produktion. Stark im Plus waren dagegen die angebotenen Positionen von Bund, Ländern und Gemeinden.

Das ergibt eine Analyse des Print-Stellenmarktes von Januar bis Dezember 2008, die die Personalberatung SCS Personalberatung für die VDI nachrichten durchführt – Deutschlands führende Wochenzeitung für Technik, Wirtschaft und Gesellschaft. Die Untersuchung basiert auf der regelmäßigen Auswertung von 53 regionalen und überregionalen Zeitungen im Hinblick auf technische Fach- und Führungskräfte.

Angebotene Einsatzbereiche im Maschinenbau im Jahr 2008 – Gesamt	6.800
Forschung und Entwicklung	2.778
Vertrieb	1.578
Produktion	1.540
Kundendienst / Service / Inbetriebnahme	551
Einkauf, Materialwirtschaft, Logistik	278
DV / Organisation	226
Marketing / Werbung	125
Controlling, Planung	55
Allgemeine Verwaltung	54
Personal- und Sozialwesen	39
Finanz- und Rechnungswesen	29
Beratungs- und Dienstleistungsspezialisten	20
Ressortübergreifende Funktionen	13

Die aktivste Branche für Ingenieure ist und bleibt der Maschinen- und Anlagenbau, hier sank jedoch die Zahl der Jobangebote im Vergleich zum Vorjahr um 16 Prozent. In den Bereichen Forschung und Entwicklung, Vertrieb und Produktion wurden die meisten Stellenanzeigen angeboten.

Angebotene Einsatzbereiche in der Elektrotechnik im Jahr 2008 – Gesamt	4.020
Forschung und Entwicklung	1.390
Produktion	817
Vertrieb	793
DV / Organisation	350
Kundendienst / Service / Inbetriebnahme	307
Einkauf, Materialwirtschaft, Logistik	112
Marketing / Werbung	98

1.2 Die Welt da draußen – der Stellenmarkt

Beratungs- und Dienstleistungsspezialisten	48
Allgemeine Verwaltung	38
Controlling, Planung	37
Personal- und Sozialwesen	12
Ressortübergreifende Funktionen	11

Die Elektrotechnik war nach dem Maschinenbau noch eine stark suchende Branche. Gegenüber 2007 gab es nur einen leichten Rückgang von 1 Prozent der ausgeschriebenen Positionen. Für die Einsatzbereiche Forschung und Entwicklung und Produktion wurden die meisten Mitarbeiter gesucht.

Angebotene Einsatzbereiche im Fahrzeugbau im Jahr 2008 – Gesamt   4.020

Forschung und Entwicklung	1.435
Produktion	592
Vertrieb	225
Einkauf, Materialwirtschaft, Logistik	147
DV / Organisation	133
Beratungs- und Dienstleistungsspezialisten	62
Kundendienst / Service / Inbetriebnahme	62
Marketing / Werbung	34
Controlling, Planung	30
Allgemeine Verwaltung	18
Finanz- und Rechnungswesen	13
Personal- und Sozialwesen	12

Im Fahrzeugbau wurden 17 Prozent weniger Stellen ausgeschrieben. Hier bleiben die Bereiche Forschung und Entwicklung die wichtigsten Nachfrager, gefolgt von der Produktion.

Angebotene Einsatzbereiche in der Chemiebranche im Jahr 2008 – Gesamt   881

Produktion	237
Vertrieb	160
Forschung und Entwicklung	159
Allgemeine Verwaltung	87
DV / Organisation	75
Marketing / Werbung	37
Einkauf, Materialwirtschaft, Logistik	30
Beratungs- und Dienstleistungsspezialisten	28
Controlling, Planung	25
Kundendienst / Service / Inbetriebnahme	23
Personal- und Sozialwesen	14
Finanz- und Rechnungswesen	11

Die Unternehmen der Chemiebranche schrieben im vergangenen Jahr 18 Prozent weniger Positionen aus, wobei die größte Nachfrage aus dem Bereich Produktion kam.

Angebotene Einsatzbereiche in
Bund, Länder und Gemeinden im Jahr 2008 – Gesamt   3.314

Spezialisten im öffentlichen Bereich	2.840
DV / Organisation	305
Allgemeine Verwaltung	114
Beratungs- und Dienstleistungsspezialisten	13
Produktion	12
Controlling, Planung	10

Bei Bund, Ländern und Kommunen sind die Jobofferten weiterhin deutlich gestiegen (51%). Hier liegen die Spezialisten im öffentlichen Bereich mit Abstand an erster Stelle.

Angebotene Einsatzbereiche im Baugewerbe im Jahr 2008 – Gesamt   1.407

Produktion	1.061
Vertrieb	134
Forschung und Entwicklung	103
Finanz- und Rechnungswesen	26
Einkauf, Materialwirtschaft, Logistik	24
Controlling, Planung	10
Allgemeine Verwaltung	10

Das Baugewerbe konnte im Jahr 2008 eine Steigerung von 2 Prozent verzeichnen. Hier wurden die meisten Positionen in der Produktion und im Vertrieb angeboten.

Angebotene Einsatzbereiche in Architektur- und Ingenieurbüros
im Jahr 2008 – Gesamt   5.568

Produktion	2.736
Forschung und Entwicklung	1.680
Vertrieb	533
Beratungs- und Dienstleistungsspezialisten	321
DV / Organisation	135
Kundendienst / Service / Inbetriebnahme	67
Einkauf, Materialwirtschaft, Logistik	19
Allgemeine Verwaltung	17
Controlling, Planung	15
Personal- und Sozialwesen	15
Ressortübergreifende Funktionen	12

Die Architektur- und Ingenieurbüros gehören im Jahr 2008 nicht mehr zu den am stärksten suchenden Branchen. Hier ging im vergangenen Jahr die Zahl der Angebote um 21 Prozent zurück. Unter den angebotenen Positionen zählen auch hier die Bereiche Produktion, Forschung und Entwicklung und der Vertrieb zu den gefragtesten Einsatzbereichen.

1.2 Die Welt da draußen – der Stellenmarkt

**Angebotene Einsatzbereiche in der Datenverarbeitung
im Jahr 2008 – Gesamt** **2.973**

DV / Produktion	2.020
Beratungs- und Dienstleistungsspezialisten	467
Vertrieb	193
Forschung und Entwicklung	85
Kundendienst / Service / Inbetriebnahme	68
Produktion	53
Marketing / Werbung	51
Controlling, Planung	12

Die Datenverarbeitung musste im Jahr 2008 einen Rückgang der ausgeschriebenen Positionen von 28 Prozent verzeichnen. Hier wurden die meisten Positionen in der DV / Produktion und für Beratungs- und Dienstleistungsspezialisten angeboten.

Angebotene Einsatzbereiche bei Dienstleistern im Jahr 2008 – Gesamt **2.323**

Beratungs- und Dienstleistungsspezialisten	581
Produktion	414
Forschung und Entwicklung	364
DV / Organisation	309
Vertrieb	246
Allgemeine Verwaltung	129
Kundendienst / Service / Inbetriebnahme	94
Einkauf, Materialwirtschaft, Logistik	51
Controlling, Planung	42
Marketing / Werbung	29
Finanz- und Rechnungswesen	18
Spezialisten im öffentlichen Bereich	18
Ressortübergreifende Funktionen	14
Personal- und Sozialwesen	11

Bei den Dienstleistern ging die Anzahl der veröffentlichen Positionen um 23 Prozent zurück. Für Beratungs- und Dienstleistungsspezialisten und in der Produktion wurden auch hier die meisten Jobofferten angeboten.

Die ausführliche Stellenmarktanalyse mit Branchenübersicht, Angebotenen Einsatzbereichen und gefragtesten Studienrichtungen finden Sie unter:
www.ingenieurkarriere.de/stellenmarktanalyse

Petra Köther
VDI Verlag GmbH

1.3 Schlüsselqualifikationen – und wie man sie richtig interpretiert

Petra Gerbert arbeitet seit drei Jahren als Fachingenieurin in einem jungen Unternehmen im Bereich medizinisch-technischer Dienstleistungen. Vertragspartner der noch jungen Firma sind Kliniken und Krankenhäuser. Für diese ist sie eine wichtige Ansprechpartnerin. Alle Fragen rund um den technischen Medizingerätepool, die Koordination von Reparaturen sowie Schulung ihrer Kunden im Umgang mit technischen Neuerungen liegen in ihrem Verantwortungsbereich.

In ihrer Schnittstellenfunktion zwischen ihrem Arbeitgeber und ihren Kunden fühlt sie sich sehr wohl. Schon während ihrer Ausbildung zur Mediziningenieurin stellte sie fest, dass sie gerne „irgendetwas mit Menschen" machen wollte. In Lerngruppen, wie sie an ihrer Hochschule existierten, brachte sie sich schon immer gerne ein. „Wir haben häufig zusammengehockt und haben uns die Arbeit geteilt und deswegen nur einzelne Passagen unseres Skripts gelernt. Anschließend mussten wir den anderen das bereits Gelernte in einem kurzen Referat vermitteln", so erzählt sie. Gerade diese sozialen Kompetenzen kann sie nun in ihrem Unternehmen gut gebrauchen.

Anforderungen an Absolventinnen und Absolventen

Doch welche Anforderungen stellen die Unternehmen an junge Absolventinnen und Absolventen? Sehr **gute fachliche** Qualifikationen sowie die **schnelle Verfügbarkeit** und **Engagement** fordert die Wirtschaft heutzutage von jungen Ingenieurinnen und Ingenieuren. Gerade sie erwarten auf dem Arbeitsmarkt besonders gute Jobperspektiven. Da ist es nicht verwunderlich, dass viele der Annahme sind, dass diese fachliche Qualifikation alleine schon ausreicht, den Traumjob zu erhalten. Allerdings wünschen sich viele Arbeitgeber von ihren Bewerberinnen und Bewerbern, dass diese nicht nur das rein fachliche, technische Know-how mitbringen, sondern auch für über die Tätigkeit hinaus relevante **Schlüsselqualifikationen** verfügen. Diese werden aber nicht ausschließlich im Studium vermittelt.

HIS-Absolventenbefragung

Auch die HIS-Absolventenbefragung befasst sich mit dieser Thematik. In einer bundesweit repräsentativen Längsschnittbefragung von Absolventinnen und Absolventen wurden aktuelle Daten zur Einstellung von Studierenden zu ihrem Studium und den Erfahrungen im Berufseinstieg im Bereich der Ingenieur- und Naturwissenschaften veröffentlicht. Danach gehört die Methodenkompetenz aus Sicht der Befragten zu den wichtigsten Fähigkeiten. *(Bild 1)*

Interpretation von Stellenanzeigen

Doch was versteht man eigentlich unter solchen Begriffen wie „Teamfähigkeit", „Flexibilität" oder „Kommunikationsfähigkeit", die man in gängigen Stellenausschreibungen findet? Was steckt konkret hinter diesen Anforderungen und wie kann man sie richtig deuten?
Sozialkompetenzen bestehen aus verschiedenen Komponenten der Fähigkeit zur Integration in Arbeits- und Gruppenprozesse (z. B. Kommunikations-, Kooperations- und Verantwortungsfähigkeit) als auch der aktiv lenkenden Interaktion (z. B. Führungsqualitäten, Durchsetzungsvermögen, Verhandlungsgeschick). Ein breites

1.3 Schlüsselqualifikationen – und wie man sie richtig interpretiert

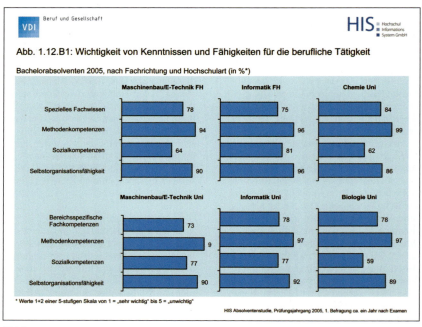

Bild 1

Grundwissen und Fremdsprachenkenntnisse sind vor allem eine gute Basis für die Bewältigung der beruflichen Anforderungen. *(Bild 2)*

Kommunikationsfähigkeit
Eine der in Stellenangeboten stets wiederkehrenden Anforderung ist die **Kommunikationsfähigkeit.** Jemand, dem lockere Gespräche in geselliger Runde leicht fallen, der Witzchen macht und dabei stets im Mittelpunkt steht, erfüllt aber nicht unbedingt diese Anforderung. Ständiges Reden wirkt eher anstrengend. Vielmehr kommt es darauf an, allen Gesprächsteilnehmern zuzuhören, um für sich selbst die Situation zu präzisieren, um dann aus seinen eigenen Wahrnehmungen heraus argumentieren zu können.

Teamfähigkeit
Auch der Begriff der **Teamfähigkeit** wird von vielen Bewerberinnen und Bewerbern anders interpretiert, als es sich ein Unternehmen wünscht. Eine Sportart gut zu beherrschen reicht dabei nicht aus. Vielmehr ist es wichtig, auf die anderen einzugehen, aber auch selbstbewusst durch eigene Entscheidungen die „Spielzüge" zu planen. Die Mischung macht es eben! Eine Mannschaft kann nur dann erfolgreich ihr Spiel bestimmen, wenn alle im Team die Stärken der einzelnen Mitspielerinnen und Mitspieler kennen und nutzen. Nur durch das **Zusammenwirken der Einzelnen** gelingt es letztendlich, das Ziel zu erreichen. Es kann aber auch vorkommen, dass der Spielaufbau neu geplant werden muss. Da ist z.B. ein Spieler verletzt und fällt für

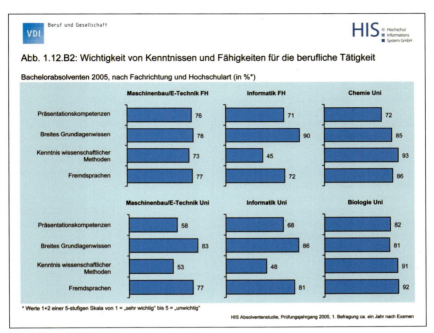

Bild 2

längere Zeit aus, eine Situation, die uns auch im Berufsleben begegnet. Da heißt es dann schnell und umsichtig zu reagieren.

Flexibilität und Belastbarkeit

Flexibilität ist jetzt gefragt. Auch ein neuer Vorgesetzter oder vereinbarte Unternehmensziele können neue Aufgaben in der täglichen Arbeit hervorbringen. Der Spruch „Das haben wir schon immer so gemacht" ist zwar jedem ein Begriff, führt aber nicht unbedingt zum Ziel. Der Begriff „Flexibilität" meint, sich möglichst schnell und flexibel auf die neuen Umstände einzustellen. Veränderungsprozesse jeglicher Art bedeuten zunächst immer Mehrbelastung. Die Kollegin ist im Urlaub, ein wichtiger Kunde steht vor der Tür und ein Vertrag will unter Dach und Fach gebracht werden, während in der oberen Etage die Umbauarbeiten zur Erweiterung der Büroräume durchgeführt werden. Am Abend steht außerdem die Geburtstagsfeier der Freundin an. Wenn sich dann noch ein Kunde telefonisch über die unzureichende Qualität der letzten Lieferung beschwert, gilt es einen kühlen Kopf zu bewahren. In solch einer Situation wird die **Belastbarkeit** oftmals auf eine harte Probe gestellt. Wer jetzt ruhig und besonnen reagiert, Prioritäten erkennt und strukturiert, der wird auch dieses meistern.

Kundenorientierung

Auch der Begriff der **Kundenorientierung** ist einer der Begriffe in Anzeigen, die immer stärker in den Fokus rücken. Eine gute Auffassungsgabe und auch die

Fähigkeit zuzuhören, werden hierbei stark gefordert. Schließlich will man ja für den Kunden eine optimierte Lösung für seine Wünsche finden. Auch wenn es aber auf den ersten Blick so erscheint, ist es nicht unbedingt sinnvoll, zu allen Wünschen der Kunden „Ja und Amen" zu sagen. Schließlich muss man das eigene Firmeninteresse und dabei auch die Kosten immer im Blick behalten, ohne die Geschäftspartner zu verprellen.

Lebenslanges Lernen

Welche Qualifikationen der Arbeitgeber bei der Besetzung einer Stelle erwartet, macht er in Stellenausschreibungen deutlich. Dann sind Bewerberinnen und Bewerber gefordert, ihre individuelle Botschaft zu vermitteln, dass genau sie oder er diesen Anforderungen entspricht. Dazu gehört dann auch, dass man sich seiner eigenen Stärken und Schwächen bewusst ist. Doch bei all den vielen Qualifikationen darf man eines nicht vergessen: Schlüsselqualifikationen sind Fähigkeiten, die erlernt und perfektioniert werden können. Sie müssen keine „eierlegende Wollmilchsau" sein, sondern mit Ihrem Profil die aktuellen Anforderungen abdecken. Auch hier gilt das Stichwort „lebenslanges Lernen". Wer sich weiterentwickeln will, kann auch hier dazulernen.

Dipl.-Ing. Claudia Rasche
VDI e.V., Abteilung Karriere

1.4 „Die Do's and Don'ts für eine erfolgreiche Bewerbung in Zeiten des Fachkräftemangel"

Demographischer Wandel und Hochkonjunktur, das garantierte die erhöhte Nachfrage gerade auch nach Ingenieurinnen und Ingenieuren nachhaltig. Bedingt durch mangelnde Berufsperspektiven (und damit auch durch strategische Fehler der Arbeitgeberseite) und geringer Förderung des Berufsfeldes schon in der Schule wurden zu wenige Ingenieure ausgebildet – was vor allem Jungingenieurinnen und -ingenieuren ungewohnte Perspektiven bot – und auch jetzt im Zeichen der Krise noch bietet.

Bereits im letzten Jahr wiesen wir in diesem Bewerberhandbuch darauf hin, dass jeder Bewerber/Kandidat mit diesen Chancen verantwortungsvoll umgehen muss, was in diesen schwieriger werdenden Zeiten umso mehr gilt.

Bewertet man die Berufschancen von Jungingenieuren vor dem Hintergrund der aktuellen Arbeitsmarktdaten, hatte sich die Situation in den letzten Jahren – wie allgemein bekannt - sehr positiv entwickelt. Aber auch jetzt noch ist die Situation recht positiv, wobei eine erste Abschwächung im Rückgang der Arbeitslosigkeit und bei gemeldeten offenen Stellen für Ingenieure zu verzeichnen ist. In unserem Auftragsbestand in der Personalsuche verzeichnen wir ebenfalls einen gewissen Rückgang der Nachfrage im Produktionsumfeld, während aber eine weiterhin starke Nachfrage nach Konstruktions-, Entwicklungs-, Applikations- und Vertriebsingenieuren besteht, allerdings sieht man in der Automobilzulieferindustrie auch in diesem Bereich schon erste Abschwächungstendenzen.

Es lässt sich aber belegen, dass der viel beschriebene Begriff des Fachkräftemangels weiterhin insbesondere auf den Bereich der Ingenieure zutrifft. Dies belegt auch die regionale Auswertung der „Ingenieurlücke" - mit im November 2008 noch insgesamt 70.245 Ingenieuren.

Bleibe ich in meiner Komfortzone?

Schaut man sich die Verteilung der offenen Ingenieursstellen nach Bundesländern an, so kann man feststellen, dass die offenen Positionen regional sehr unterschiedlich verteilt sind, mit einem deutlichen Schwer-

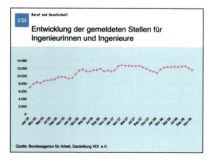

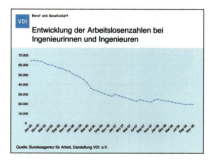

punkt auf Baden-Württemberg, Nordrhein-Westfalen und Bayern. Da die Berufsaussichten für Ingenieure in diesen Regionen durchweg gut sind, sollte sich der Bewerber durchaus einmal überlegen, ob sich der Einstieg in das Berufsleben auch außerhalb der Komfortzone des angestammten sozialen Umfeldes gestalten lässt. So beobachten wir zunehmend in unseren Erstkontakten und gerade auch bei Jungingenieuren, dass die Bereitschaft, sich für die Annahme einer neuen Tätigkeit auch geographisch zu verändern, weiter deutlich zurückgegangen ist. Wir gehen davon aus, dass sich dieses Verhalten bei schwieriger werdender Marktsituation wieder etwas ändern wird – möchten aber darauf hinweisen, dass eine örtliche Veränderung auch als Chance zur Weiterentwicklung der Persönlichkeit genutzt werden kann und von daher eine Stellensuche besser gleich überregional angegangen werden sollte. Aufgrund der immer weiter fortschreitenden Spezialisierung in den Tätigkeiten gilt jetzt umso mehr, eine hinreichende Mobilität bei der Bewerbung einzubringen, da die Traumjobs meist nicht um die Ecke zu finden sind.

Passe ich auf die Position, auf die ich mich bewerbe?

Wir beobachten eine starke Tendenz von Bewerbern, ihren Lebenslauf blind auf jede Position zu senden, die im Anforderungsprofil ein Ingenieursstudium vorsieht. Frei nach dem Motto „irgendwann müssen sie mich aufgrund des Ingenieurmangels schon nehmen". Viele vergessen dabei, dass neben den Anforderungen an die universitäre Ausbildung vor allem auch ihre beruflich in Praxissemestern erworbenen Qualifikationen sowie die berühmten Soft-Skills auf dem Prüfstand stehen. Ein bislang mehr in der Forschung und Entwicklung tätiger Bewerber wird sich z.B. auf einer vertriebslastigen Position ohne gewisse Voraussetzungen und Fähigkeiten sehr schwer tun. Oftmals müssen wir die Wünsche und auch Stärken eines Kandidaten für eine mögliche Position in den Erstinterviews erst so hinterfragen, dass einige Kandidaten schon während des Gespräches bei der Formulierung ihrer Antworten bemerken, dass sie mittelfristig auf der angestrebten Position nicht glücklich werden. Es empfiehlt sich also, sorgfältig und in Ruhe einige Überlegungen vor der Versendung der Bewerbungsunterlagen vorzunehmen. Von Vorteil ist es dabei immer, sich frühzeitig mit den Berufsbildern hinsichtlich der Qualifikationsanforderungen intensiv auseinanderzusetzen. Stellt man bereits bei der Auswahl des Studienfaches oder während des Studiums entsprechende Überlegungen an, so kann man durch die Entscheidung für Schwerpunktfächer oder Praktika seinem Lebenslauf wichtige Impulse für eine erfolgreiche Bewerbung um den Traumjob geben.

Die „Do's and Don'ts" für eine erfolgreiche Bewerbung in Zeiten des Fachkräftemangels 1.4

> Praktisch kann man die Antwort auf die Frage nach dem passenden Umfeld durch eine einfache Checkliste priorisieren und untermauern: Was möchte ich gerne beruflich machen, wenn man mich ließe (hier ist ein absolut kreativer Ansatz gefragt) - Was ist wichtig für mich und was bringe ich (kritisch hinterfragt) wirklich mit (Fachwissen/Persönlichkeit), - was kann ich aus diesen Ideen in einem Berufsfeld realistisch umsetzen?

Bewerbertypologie in Zeiten des Fachkräftemangels

In unseren Interviews und - noch schlimmer - während Präsentationen bei unseren Kunden erleben wir in den letzten Monaten verstärkt bestimmte Typologien von Bewerbern/Kandidaten, die es unseren Kunden oft schwer machen - trotz Fachkräftemangel - eine positive Entscheidung zugunsten eines Kandidaten zu fällen. Bewerber gibt es sowieso nur noch bei wenigen bevorzugten Arbeitgebern, ansonsten hat sich das Verhältnis, wer bewirbt sich bei wem, fast umgekehrt. Bis heute - aber die Situation kann sich deutlich ändern.

Die Bewerbertypen:

Der/Die Arrogante (m/w)
Man kommt schlecht/unpassend gekleidet und unvorbereitet zum Interview. Kennt das besuchte Unternehmen nicht - und möchte sich „die Sache" einmal anschauen. Die Erwartung ist, dass das suchende Unternehmen sich jetzt einmal gehörig anstrengt, um die neue Fachkraft zu gewinnen. Im Vorfeld und danach kommuniziert man schlampig und hält versprochene Termine nicht ein, etc.

Auch wenn temporär - bedingt durch die demographische Situation - die Nachfrage nach qualifizierten Kräften das Angebot übersteigt, muss man sich klar machen, dass die guten Positionen und Arbeitgeber nicht unbegrenzt vorhanden sind - und dass darum weiterhin Wettbewerb besteht. Da sich die Konjunktur abschwächt, wird das Angebot absehbar durchaus spürbar zurückgehen. Arroganz ist schon heute und wird erst recht in Zukunft nicht gefragt sein.

Machen Sie sich vor einem Interview durchaus Gedanken, welche Kultur bei Ihrem möglichen Arbeitgeber herrscht. Die Dress-Codes können sich sehr stark unterscheiden. Bewerbe ich mich bei einem Mittelständler, bei einem Konzern, oder bei einem deutschen, asiatischen oder amerikanischen Unternehmen. Auch wenn Sie Ingenieur sind, das Thema „Selbstmarketing" darf man nicht außer Acht lassen.

Es ist kaum zu glauben, aber es gibt immer noch viele Bewerber/Kandidaten, die sich nur oberflächlich über den möglichen Arbeitgeber informiert, keine Fragen vorbereitet und nicht einmal zumindest einen Notizblock/Stift dabei haben. Sie gehören hoffentlich nicht dazu!

Der/Die Schweiger(in) (m/w)
Es gibt sie ebenfalls noch sehr häufig. Kandidaten, die unausgesprochen signalisieren: Ich habe doch die Unterlagen geschickt, was soll ich da noch über mich erzählen - oder: Ich bin doch Ingenieur, warum soll ich da noch groß kommunizieren...

Es ist klar - auch in diesen Zeiten (wo es eigentlich keine Stressinterviews gibt) fühlen sich viele Kandidaten in der Bewerbungssituation unwohl (in Zukunft werden die Zeiten aber sicher wieder „härter" - stellen Sie sich darauf ein!). Die Versuchung ist groß, erst einmal den Lebenslauf meist auf Nachfrage „runter zu beten" – und dann keine Fragen mehr zu stellen, um sich keine Blöße zu geben – und dann nichts wie weg, mit der Betonung zum Abschied, dass man den Job gerne hätte.

Dieses „Nestfluchtverhalten" verringert die Chancen auf einen gewünschten Arbeitsplatz beträchtlich. Ohne zumindest rudimentäre – in neudeutsch - Communication-Skills wird auch die Fachkarriere in einem anspruchsvollen Umfeld nicht mehr möglich sein.

Die „tödliche" Situation entsteht immer wieder wie folgt: Der Bewerber/Kandidat hat mehr oder minder plausibel seinen bisherigen Erfahrungshintergrund herüber gebracht und eventuell sogar begründet, warum er zu diesem Unternehmen möchte. Das Unternehmen hat Struktur, Aufgabe etc. vorgestellt – und dann kommt die entscheidende Frage des Personalers oder zukünftigen Fachvorgesetzten: **Haben Sie noch Fragen?** – nach einer kurzen oder langen Pause kommt die Antwort: **Nein!**

Die interessanten Kandidaten setzen sich vor allem in der Frage/Antwortphase eines Interviews entscheidend durch. Wer gezielt und relevant fragt, gewinnt!
Die Relevanz ist entscheidend, wir mussten aber in dieser Situation schon öfters eine – in diesem Moment, nach langem Schweigen - noch schlimmere Antwort anhören: **Wie viele Urlaubstage gibt es?**

Das Pokerface (m/w)
Diese Spezies gibt es in diesen Tagen besonders häufig und ist bei Beratern und potenziellen Arbeitgebern besonders beliebt. Kandidaten präsentieren sich optimal, sie sind brillant, das Angebot kommt prompt. Da beginnt man sich zu zieren - meint, man muss ja noch anderen möglichen Arbeitgebern eine Chance geben; oder man hat die Sache noch einmal nachkalkuliert, man würde dann nicht mehr bei den Eltern wohnen und benötigt daher noch einmal € 10.000 mehr, um diesen Schaden zu beheben, etc.

Das Thema ist offene und geradlinige Kommunikation. Ein Bewerber/Kandidat sollte seine Forderungen konkret auf den Tisch legen – und ein Nachverhandeln vermeiden. Man kann durchaus klar kommunizieren, dass man noch andere Gespräche führt – es darf aber nicht das Gefühl aufkommen, dass man verschiedenen Parteien gegeneinander ausspielen möchte.

Übrigens, in einem professionellen Umfeld wird in einem Erstgespräch das Gehalt nur kurz „gestreift"; man steckt den Rahmen ab. Details auch zum Thema Sozialleistungen, Urlaub, etc. werden und sollten in der Regel erst in einem zweiten Gespräch diskutiert werden.

Wie formuliere ich meine Gehaltsvorstellungen – und was ist wirklich wichtig?
Verbunden mit den Vorstellungen des Traumjobs haben viele Bewerber auch traumhafte Gehaltsvorstellungen, die teilweise in utopischen Höhen rangieren – bedingt durch die aktuelle Marktsituation werden wir hier sicher etwas mehr Bescheidenheit sehen. Als Berufseinsteiger muss man sich immer vor Augen halten, dass ein Unternehmen, und sei der Fachkräftemangel noch so groß, immer das gesamte Gehaltsgefüge im Blick haben muss.
Hier ist zu raten, sich entsprechende Informationen in Form von Gehalts-Benchmarks über vergleichbare Positionen sowie über die jeweiligen Branchen einzuholen. Es empfiehlt sich durchaus, auch aktuelle Arbeitsmarktdaten sowie professionelle Hilfe bei Arbeitsagenturen oder den

Verbänden wie dem VDI zu Rate zu ziehen. Somit lassen sich gute Informationen und Hinweise zusammentragen, die hilfreich sind, die Weichen für eine erfolgreiche berufliche Zukunft zu stellen.

Überzogene Gehaltsvorstellungen werden unweigerlich dazu führen, dass eine Bewerbung negativ beschieden wird; und das zumeist noch bevor man zu einem Vorstellungsgespräch eingeladen wird. Viele Bewerber/Kandidaten bringen eine - meist noch unbegründete - Brutto-Gehaltsforderung an, ohne weitere wichtige Aspekte in der Betrachtung des Gesamtpakets zu berücksichtigen. Viele Bewerber vergessen bei der Auswahl und Bewertung ihres Arbeitgebers zusätzliche Leistungen wie betriebliche Altersvorsorge, Direktversicherungsangebote, Betriebskindergarten, etc., um nur einige Beispiele zu nennen.

Gerade für einen Berufseinsteiger ist es aber entscheidend, wie Fort- und Weiterbildung im Hause des möglichen neuen Arbeitgebers gehandhabt werden. Gibt es Budgets dafür, werden neben technischen Fachthemen auch Themen im Umfeld Projektmanagement, Personalführung und Persönlichkeitsbildung unterstützt. Ein weiterer wichtiger „unbezahlbarer" Faktor spielt dabei auch die Perspektive und Möglichkeit, international orientiert arbeiten zu können. Hier sind in einer globalisierten Arbeitswelt insbesondere auch in Ingenieursberufen die sprachlichen Fähigkeiten von entscheidender Bedeutung – kann ich meine Kenntnisse in der Praxis einsetzen, werde ich beim weiteren Spracherwerb unterstützt...

Wie soll ich mich denn jetzt auf dem Arbeitsmarkt verhalten?

Ein Bewerber/Kandidat sollte sich als „Produkt" sehen: Was kann ich einem Arbeitgeber bieten und was kann er mir im Gegenzug dazu offerieren. Das „reine" Gehalt ist dabei nur ein – wenn auch wichtiger – „Hygienefaktor". Die Erfahrung hat oft gezeigt, wer zu hoch pokert, weil er/sie z.B. einen Engpass ausnutzen will und dann eventuell die Erwartungen nicht ganz erfüllt, wird eher wieder frei gesetzt – in diesen Tagen kann dies aber auch bei guter Leistung wieder ein Thema sein. Wer sich strategisch verhält, das Gesamtpaket und Langfristperspektiven im Auge behält, sein Gehalt wirklich verdient, wird langfristig die bessere Entwicklung haben. Es sollte selbstverständlich und klar sein, durch ein Diplom allein verdient man noch kein Geld, das verdient man durch Leistung in einem Umfeld, das zu einem am besten passt. Hinterfragen Sie daher, wie Ihr zukünftiger Arbeitgeber zu Themen der Personalentwicklung und regelmäßigen Personalgesprächen steht – aber bitte auch hier kulturell angepasst, der Mittelständler wird sicher andere Vorgehensweisen und Regeln haben, als ein Konzern.

Gerhard Stähler
Geschäftsführer, Kaiser Stähler
Rekrutierungsberatung GmbH

Jochen Markgraf
Partner, Kaiser Stähler
Rekrutierungsberatung GmbH

1.5 Papierbewerbung, E-Mail oder Online-Formular? Was erwarten Mittelstand und Konzernunternehmen von Bewerbern?

Jährlich stehen weibliche und männliche Absolventen und Jungingenieure vor der Frage, wie und vor allem in welcher Art und Weise sie ihre Bewerbungsstrategie ausrichten sollen. Dabei hat schon die vorab gestellte Frage, welche Unternehmensform das interessanteste Angebot offeriert und die besten Karrierechancen bietet so manchen Kopfschmerz erzeugt. Die Vielfalt, den Einstieg über E-Mail, Online-Formular oder die klassische Papierbewerbung zu finden, bereitet außerdem auch noch Verwirrung. Welcher Weg ist der Königsweg?

Trends aus der Forschung

Über alle Unternehmensformen hinweg gibt es ausreichend Untersuchungen die belegen, dass der **Online-Bewerbung** die Zukunft gehört. Im internationalen Vergleich rekrutieren sogar schon vergleichbare Wirtschaftsnationen wesentlich häufiger auf dem digitalen Weg, während Deutschland sich hier noch auf den hinteren Rängen befindet. Wer sich in dieser Hinsicht mit dem Thema Bewerbung beschäftigt wird hier große Unterschiede innerhalb der Wettbewerbsländer erkennen. Zudem ist es hierzulande meist noch üblich, einer erwünschten Online-Bewerbung eine Bewerbung in Papierform auf dem Postweg folgen zu lassen.

Beachten wir ausschließlich die Wachstumsraten lässt sich eine stete Tendenz zur zunehmenden Bedeutung der **Internetbewerbung** deutlich erkennen. Dies vor allem deshalb, weil Unternehmen erkennen, mit dieser Form der Bewerbung viel Geld sparen zu können. Da nun Wirtschaftlichkeit ein wesentliches Entscheidungskriterium zur Prozessoptimierung der Rekrutierungswege sein kann, könnten wir die Schlussfolgerung ziehen, dass die Online-Bewerbung als einfachste und kostengünstigste Art, sich einem Unternehmen vorzustellen, der Papierbewerbung vorzuziehen und auch von Unternehmen erwünscht ist. Auch lässt sich so „wirtschaftliches Denken" ableiten, was ja schon eine gesuchte Kompetenz sein kann.

Doch wie bei allen wesentlichen Fragen im Leben zeigt sich auch hier, dass es keine allgemeingültigen Antworten gibt - jedoch bedeutsame Hinweise, den Königsweg für sich zu finden.

Allgemeingültige Antworten für Mittelstand und Konzern, wieso nicht?

Kleine und mittlere Unternehmen (KMU) bis ca. 500 Mitarbeiter haben wegen ihres teilweise geringen Bekanntheitsgrades gegenüber Großunternehmen einen erhöhten Informationsaufwand, um neue Fach- und Führungskräfte zu gewinnen. Da die KMU darüber hinaus weniger Fachpersonal zur Personalentwicklung und -auswahl zur Verfügung haben, sondern eher klassische Personalverwaltungsabteilungen, herrscht auch häufig ein Mangel an modernen und wissenschaftlich begründeten Verfahren zur Optimierung und Durchführung von Rekrutierungsansätzen. Aus vertretbaren Kosten nutzen KMU daher vorrangig Internet-Stellenbörsen und regionale Medien und Veranstaltungen, um sich darzustellen und auf sich aufmerksam zu machen. **Für den Mittelstandsbetrieb ist es meist wichtiger, Leistungen und Vorzüge wirkungsvoll herauszustellen und die Besonderheiten auf der Homepage gut in den Vordergrund zu setzen statt Rekrutierungswege wirtschaftlichen Fragestellungen zu unterwerfen.** Dennoch sind gerade KMU anfälliger für Fehlentscheidungen in der Personalauswahl und auch verletzlicher, so dass der Auswahlprozess von Anfang an eine bedeutsame Rolle spielt. Für die Bewerberinnen und Bewerber gibt es jedoch auf der jeweiligen Homepage verbindliche Hinweise, welche Form der Bewerbung nun die wünschenswerte ist, um die „richtige" Ansprache zu wählen und um möglichen Fehlentscheidungen der Unternehmen vorzubeugen.

Großunternehmen und internationale wie nationale Konzerne hingegen sind bekannt und haben häufig ein verbreitetes Image darüber, wie „man" sich bewerben kann und verfügen über einen eigenen Link auf der Homepage, der zum Einstieg und zur Karriere führt. Großunternehmen werben in allen Medien und machen schon an den Universitäten, in der Öffentlichkeit und auf vielen Veranstaltungen (Bewerbermessen, Bewerberinformationstagen...) auf sich aufmerksam. Sie verfügen über große Personalabteilungen, die eigens Fachpersonal für die Rekrutierung von Fach- und Führungsnachwuchs unterhalten und Personalentwicklungsabteilungen, in denen sich Mitarbeiter und Mitarbeiterinnen ausschließlich damit beschäftigen, auf welchen Wegen die best geeigneten Bewerber zu finden sind und wie sich diese bewerben können. **Großunternehmen folgen daher mehr dem Trend der**

digitalen Bewerbung und stellen immer mehr firmeneigene Bewerbungsformulare ins Internet, die bei der Bewerbung ausgefüllt werden müssen. So nimmt zum Beispiel die DaimlerChrysler AG keine Bewerbungen mehr auf dem Postwege an. Sogar E-Mail-Adressen sind in einigen Konzernen nicht mehr angegeben, damit die Bewerber sich nicht mehr per E-Mail bewerben, sondern ausschließlich über das Formular. Hier zählt die Bewerbung nicht mehr als Arbeitsprobe, **allein Daten und Fakten rücken in den Vordergrund der Entscheidung.**

In Anbetracht der derzeitigen Arbeitsmarktsituation lässt sich der Eindruck gewinnen, dass große Unternehmen sich eher vor zu vielen Bewerbern schützen und mehr Arbeit auf die Bewerber verlagern, um die nicht als qualifiziert erkannten Personengruppen schon vorab durch eindeutige Kriterien ausschließen zu können. Es ist auch kein Geheimnis, dass die Personalentscheidungen mittels Kriterien über die Software gesteuert und Bewerber quasi – ohne Sichtung – abgelehnt werden. Wer z.B. keinen entsprechenden Notendurchschnitt oder wer keine Auslandserfahrung vorweist, kann so schnell durch das Raster fallen.

Tradition und wissenschaftlich optimierte Selektionsverfahren im Wettbewerb

Zukunftsorientierung, Objektivierung der Vorauswahl und Wirtschaftlichkeit stellen zwar wesentliche Entscheidungskriterien dar. Mangelnde Ressourcen, subjektive und objektive Kosten-Nutzen-Entscheidungen wie auch langjährige Traditionen und ganz schlichte menschliche Bedürfnisse spielen häufig jedoch eine gleichwertige wenn nicht gar bedeutsamere Rolle. **So entscheiden in vielen Unternehmen Geschäftsführer und Personalverantwortliche lie-**

ber noch auf Basis der Papierform, die als Arbeitsprobe gilt. Eine E-Mail Bewerbung wird ähnlich betrachtet und gilt ebenso als Arbeitsprobe. Und eine „konkrete Arbeitsprobe" scheint bei einigen Firmen als Auswahlkriterium nahezu an erster Stelle zu stehen, wenn es um endgültige Entscheidungen um den Einstieg in das Unternehmen geht. So bestätigt Anne von Ritter, tätig im Bereich Human Resources, von Vallourec & Mannesmann Tubes in Düsseldorf: „Wer bei uns ein Praktikum macht oder seine Diplom-Arbeit schreibt, kann diese Zeit einerseits nutzen, seine Motivation und Arbeitsleistung unter Beweis zu stellen und andererseits, um das Unternehmen kennenzulernen." Und auch Volker Westedt, Leiter Nachwuchssicherung und Personalentwicklung der DB Mobility Logistics AG, die als Konzern alle modernen Rekrutierungswege verfolgt, bestärkt: „Erfolg versprechend ist in der Tat **hoher persönlicher Kontakt**, je intensiver je besser. Das steigert die Chancen, im Bewerbungsprozess als Bewerber berücksichtigt zu werden." Was bei beiden internationalen Unternehmen nicht unbedingt bedeutet, dass nach diesem ersten Schritt eines meist mehrstufigen Auswahlverfahrens schon der Arbeitsvertrag winkt. Wie auch bei der Deutschen Bahn AG ist so möglicherweise schon gewährleistet, in den Kreis der zu berücksichtigenden Kandidaten zu gelangen und das ist meist schon die größte Hürde im Wettbewerb um die besten Angebote. Hierzu zählen neben Praktika und Ferienarbeit zum Beispiel auch Kontakte auf Bewerbermessen.

Der Weg zum Königsweg – die Onlinerecherche

Wollen nun die Bewerber wissen, welchen Weg sie einzuschlagen haben, kommen sie um eine Onlinerecherche der Unternehmen und einer Beobachtung der Medien wie auch des regionalen und universitären Angebotes nicht herum. Es gibt keine einheitlichen Standards. Selbst Formulare sind bei jedem Unternehmen anders aufgebaut. Auch der Weg über ein Praktikum oder die Diplomarbeit und Dissertation den Einstieg vorzubereiten, will gut geprüft sein. Denn während Firmen wie die Daimler AG nur noch Bewerbungen über Online-Formulare mit Daten und Fakten berücksichtigen, bevorzugt zum Beispiel die Porsche AG noch eine gut strukturierte Bewerbungsmappe mit vollständigen und sehr aussagekräftigen Motiven zum Bewerbungshintergrund.

Was auch immer die Unternehmen an Einstiegsbedingungen verlangen, sie sind sehr individuell und vor allem **verbindlich im Internet** dargestellt. Dabei gibt es gerade für Ingenieure mehrere Chancen, den Einstieg zu gestalten, sofern sie die Homepage der Unternehmen studiert oder auf Bewerbermessen Informationen eingeholt und Kontakt geknüpft haben. Zum Beispiel bietet die E.ON AG, ein Unternehmen der Energiebranche, „verschiedene Einstiegsprogramme für Ingenieure, differenziert nach Abschlüssen und Entwicklungsperspektiven an, für die es auch unterschiedliche Wege und Bewerbungsformulare im Internet auszufüllen gilt", erklärt Claudia Hellinger, Führungskräfteentwicklung, von der E.ON Ruhrgas AG in Essen.

Und wer nach langer Recherche im Internet immer noch keinen Königsweg in sein Unternehmen gefunden hat, sollte den Weg zum **Telefonhörer** nicht scheuen. Denn dann scheint der Anruf ein erwünschter Weg zu sein, um den Einstieg ins Unternehmen zu finden.

Dipl. Psychologin Katharina Gutmann, Selbstständig in Beratung, Coaching und Training von Konzernunternehmen und Mittelstand in allen Führungs- und Strategiethemen, Senior-Coach DBVC

1.6 Der Anstellungsvertrag für junge Ingenieurinnen und Ingenieure

Sie haben nach erfolgreichem Abschluss Ihres Studiums vielleicht schon Bewerbungen geschrieben und waren zu dem einen oder anderen Vorstellungsgespräch eingeladen. Doch jetzt wird's ernst! Der potenzielle Arbeitgeber erklärt, dass Sie die richtige Frau oder der richtige Mann für das Unternehmen sind und händigt Ihnen ein paar Blätter aus, die Sie möglichst in den nächsten Tagen bitte unterschrieben zurücksenden mögen; Überschrift: „Anstellungsvertrag". Spätestens in diesem Augenblick sollten Sie diesen Beitrag lesen. Die unmittelbarste Form, Arbeitsbedingungen zu regeln, ist zwar der Anstellungsvertrag. Allerdings unterliegt das Arbeitsverhältnis darüber hinaus vielfältigen gesetzlichen und vertraglichen Regelungen.

Verhandlungsspielräume?
Auch als Berufseinsteigerin oder Berufseinsteiger sollten Sie wissen, dass häufig **tarifliche Bindungen** oder **Betriebsvereinbarungen** für das Unternehmen bestehen, die den Rahmen für Anstellungsverträge bilden. Innerhalb dieses Rahmens können individuelle **Einzelregelungen** vereinbart werden. Allerdings ist, das sollten Sie wissen, gerade bei Berufsanfängern der „Verhandlungsspielraum" meist klein. Im Regelfall können Sie den angebotenen Vertrag unterschreiben oder sich einen anderen Arbeitgeber suchen. Spielraum könnte beispielsweise bei der Frage der Erstattung von **Umzugs- oder Maklerkosten** bestehen.

Besonderheiten für Ingenieure
Die Arbeitsverhältnisse „technischer Akademikerinnen und Akademiker" sind im Verhältnis zu vielen anderen beruflichen Tätigkeiten durch einige Besonderheiten gekennzeichnet. So werden diese Berufsangehörigen häufig in **Führungspositionen** oder mit **Auslandsbezug** beschäftigt. Gerade in technischen Berufen benötigen Sie eine hohe Bereitschaft zur Teilnahme an Fort- und Weiterbildungsmaßnahmen. Sie sehen, Ihr Studium ist zwar gerade oder wenigstens bald beendet, das Lernen wird aber ständig weitergehen. In der Praxis werden technische Akademikerinnen und Akademiker auch bevorzugt mit **Sonderaufgaben** betraut, wie denen der Sicherheitsfachkräfte, Datenschutz-, Immissionsschutz- und Störfallbeauftragten, Betriebsbeauftragten für Abfall oder Qualitätssicherheitsfachleute. Sehen Sie dies durchaus als Ihre Chance!

Formalia
Grundsätzlich gelten für den Abschluss eines Anstellungsvertrages **keine besonderen Formerfordernisse**; auch ein mündlicher Arbeitsvertrag wäre wirksam. Dennoch ist der wesentliche Inhalt von Arbeitsverträgen vom Arbeitgeber schriftlich niederzulegen und der Mitarbeiterin bzw. dem

Mitarbeiter auszuhändigen. Die Befristung von Arbeitsverträgen bedarf zu ihrer Wirksamkeit in jedem Fall einer schriftlichen Vereinbarung, ansonsten ist der Vertrag unbefristet.

Rechte und Pflichten

Rechte und Pflichten ergeben sich für die (künftigen) Arbeitsvertragsparteien auch schon im Vorfeld eines Anstellungsvertrages. Falls Sie von Ihrem potenziellen Arbeitgeber einen **Einstellungsfragebogen** vorgelegt bekommen, müssen Sie zulässige Fragen wahrheitsgemäß beantworten. Auch mit einer **werks- oder vertrauensärztlichen Untersuchung** vor der Einstellung müssen Sie rechnen. Aber keine Angst! Der Arzt darf dem Arbeitgeber über Ihren Gesundheitszustand nur solche Mitteilungen machen, die für Ihre Eignung in der ausgeschriebenen Position von Bedeutung sind.

Tarifverträge

Berufsanfängerinnen und Berufsanfänger werden, wenn für das Unternehmen ein Tarifvertrag gilt, oft zunächst als **Tarifangestellte** eingestellt, für die die wesentlichen Regelungen des Arbeitsverhältnisses in Tarifverträgen enthalten sind. Häufig wird auch in Unternehmen, für die eigentlich kein Tarifvertrag gilt, zumindest ergänzend die Geltung von Bestimmungen des einschlägigen Tarifvertrags vereinbart. Als **außertarifliche Angestellte** (AT-Angestellte) gelten Arbeitnehmerinnen und Arbeitnehmer, die nach ihrer Tätigkeit bzw. Funktion im Betrieb aus dem Kreis der Angestellten in der höchsten Tarifgruppe herausragen.

Stellenbeschreibung

Im Interesse der Vertragsparteien wird vielfach eine möglichst genaue Beschreibung der Tätigkeit und Funktion der Arbeitnehmerinnen und Arbeitnehmer sowie Ihrer Stellung innerhalb des Betriebes in den Anstellungsvertrag aufgenommen. Viele Unternehmen verzichten allerdings auf umfangreiche Aufgabenbeschreibungen und behalten sich die Änderung des jeweiligen Aufgabenbereichs im Wege des „Direktionsrechts" vor. Dies ist an sich nichts verwerfliches und bietet den Arbeitnehmerinnen und Arbeitnehmern unter Umständen sogar Vorteile, falls zum Beispiel das Unternehmen betriebsbedingte Entlassungen vornehmen muss.

Gehalt

Bei Tarifangestellten wird allgemein die tarifliche Eingruppierung in den Anstellungsvertrag aufgenommen. Bei außertariflichen Mitarbeiterinnen und Mitarbeitern wird das Gehalt üblicherweise konkret aufgeschlüsselt. Die Anpassung des Gehalts bei außertariflichen Angestellten erfolgt in der Regel unter Berücksichtigung der persönlichen Leistung der Arbeitnehmerinnen und Arbeitnehmer. Neben dem **(Grund-)- Gehalt** werden häufig noch **zusätzliche Vergütungen**, wie etwa 13. Monatsgehalt, Erfolgsbeteiligung bzw. Umsatzprovision gezahlt oder Nebenleistungen, wie Umzugskostenerstattung, Trennungsentschädigung, oft auch eine betriebliche Altersversorgung vereinbart. Lassen Sie diese unterschiedlichen Leistungen bei einem Vergleich verschiedener Stellenangebote nicht außer Acht! Gerade mit dem Thema „**zusätzliche Altersversorgung**" sollten Berufseinsteiger sich vor dem Hintergrund der demografischen Entwicklung und den damit verbundenen Problemen der gesetzlichen Altersversorgung beschäftigen.

Betriebsgeheimnisse

Während des Bestehens des Arbeitsverhältnisses sind die Arbeitnehmerinnen und Arbeitnehmer grundsätzlich gegenüber dem Arbeitgeber verpflichtet, Betriebs- und Geschäftsgeheimnisse zu wahren und darauf zu achten, dass auch Dritte unbefugt keine

Kenntnis von solchen Geheimnissen erlangen. Für die Zeit nach Beendigung des Arbeitsverhältnisses kann die **Verschwiegenheitspflicht** darüber hinaus durch eine sogenannte Geheimhaltungsvereinbarung erweitert werden. Auch die **Wettbewerbstätigkeit** des Arbeitnehmers kann für die Zeit nach Beendigung des Arbeitsverhältnisses durch vertragliche Vereinbarung für die Dauer von bis zu 2 Jahren gegen Zahlung einer sogenannten Karenzentschädigung eingeschränkt werden.

Erfindung und Patentanmeldung
Als jemand, der/die sich fast ständig mit technischen Problemen und deren Lösung befasst, haben Sie sicher immer wieder Ideen, die, entsprechend ausgearbeitet, zu einem Schutzrecht angemeldet werden können. Für patent- oder gebrauchsmusterfähige Erfindungen der Arbeitnehmerinnen und Arbeitnehmer gilt hier das Arbeitnehmererfindungsgesetz. Erfindungen, die aus Ihrer beruflichen Tätigkeit entstanden sind oder die maßgeblich auf Erfahrungen oder Arbeiten des Betriebes beruhen (Diensterfindungen), haben Sie unverzüglich dem Arbeitgeber zu melden, der sie gegen Zahlung einer **Erfindervergütung** in Anspruch nehmen kann (§§ 9, 11 Arbeitnehmererfindungsgesetz) und dann zum Patent oder Gebrauchsmuster anzumelden hat. Die Höhe der Erfindervergütung ergibt sich aus dem Produkt von Wert der Erfindung und Anteil des Erfinders hieran. Erfindungen, die mit Ihrer betrieblichen Tätigkeit nicht im Zusammenhang stehen (Freie Erfindungen), haben Sie dem Arbeitgeber nur mitzuteilen und ihm ggf. ein vergütungspflichtiges Mitbenutzungsrecht einzuräumen. Falls eine Einigung über die Höhe der Erfindervergütung zwischen Ihnen und Arbeitgeber nicht zustande kommt, kann der Arbeitgeber diese einseitig festlegen. Sie haben aber die Möglichkeit, in diesem Fall die Schiedsstelle beim Deutschen Patentamt anzurufen.

Haftung
Als Arbeitnehmerin/Arbeitnehmer haften Sie zwar grundsätzlich sowohl aus Ihrem Arbeitsvertrag als auch aus so genannter „unerlaubter Handlung" (Delikt). Allerdings hat die Rechtsprechung die Haftung des Arbeitnehmers im Wege der Rechtsfortbildung wegen der Besonderheiten der Arbeitnehmerstellung soweit eingeschränkt, dass eine volle Haftung regelmäßig nur bei Vorsatz oder gröbster Fahrlässigkeit und ansonsten allenfalls eine Haftungsbeteiligung in Betracht kommt.

Kündigung
Wenn Sie einen **befristeten Arbeitsvertrag** abschließen, endet dieser regelmäßig mit Ablauf des schriftlich (!) vereinbarten Zeitraumes (§ 620 BGB). Das **„normale" unbefristete Arbeitsverhältnis** endet dagegen entweder durch Kündigung, durch Aufhebungsvertrag oder, sofern vereinbart, automatisch mit Eintritt in den Ruhestand. Bei der Kündigung ist im Regelfall die verein-

barte bzw. die gesetzliche Kündigungsfrist (§ 622 BGB) zu beachten. Weitere Beschränkungen für eine Kündigung des Arbeitsverhältnisses bestehen nach dem Kündigungsschutzgesetz (KSchG) sowie nach gesetzlichen Sonderregelungen für bestimmte Personengruppen (z. B. Betriebsratsmitglieder, Schwangere, schwerbehinderte Menschen).

Auslandsentsendung

Bei Arbeitsverhältnissen mit Auslandsbezug ist zu beachten, dass häufig unterschiedliche nationale Rechtsbestimmungen zur Anwendung kommen können. Insbesondere steuerliche und sozialversicherungsrechtliche Fragen sind zu klären. Hier kann dem betroffenen Arbeitnehmer nur dringend empfohlen werden, sich mit den notwendigen Informationen zu versorgen. Erste Anlaufstelle können die Berufsorganisationen (VDI) und Kammern sein.

Abschließend kann ich nur raten, dass Sie sich umfassend über die einzelnen Arbeitsbedingungen in einem Anstellungsvertrag informieren. Lassen Sie sich im Zweifelsfall fachlich beraten! Eine genaue Kenntnis der Rechte und Pflichten ist eine wichtige Voraussetzung für gute Zusammenarbeit.

Ansonsten – „Guten Start" ins Berufsleben!

Dieter Anders
Rechtsanwalt und Ansprechpartner für Rechtsfragen in technischen Berufen in der Hauptgeschäftsstelle des VDI.

1.7 Ingenieure haben 2008 für Einkommenssteigerungen genutzt

„Über Geld spricht man nicht." Dieses ungeschriebene Gesetz an deutschen Arbeitsplätzen durchbrechen jedes Jahr die VDI nachrichten mit der größten und umfassendsten Gehaltsstudie der gesamten Branche. Der anonyme Gehaltstest auf ingenieurkarriere.de ist der Schlüssel dazu, einen genauen Überblick über die Entwicklung der Ingenieureinkommen in Deutschland zu bekommen. Fast 19.000 Ingenieure haben 2007 und in der ersten Jahreshälfte 2008 am Gehaltstest anonym mitgemacht und konnten ihr Einkommen anschießend dank einer individuellen Analyse ganz genau vergleichen mit den Einkommen, die in der Branche, in der Region und in ähnlich strukturierten Unternehmen gezahlt werden. Die Ergebnisse 2008 stießen in der Branche auf großes Interesse. Beispielsweise die enormen regionalen Unterschiede.

Großräumen Dresden und Berlin nur zwischen 40.000 und 47.000 Euro.

Das höchste Durchschnittseinkommen erzielen Ingenieure im Großraum Stuttgart mit rund 59.100 Euro, gefolgt vom Rhein-Main-Gebiet (56.700), dem Großraum Nürnberg (55.900), Rhein-Ruhr (55.700) und München (55.200). Deutlich darunter liegen die Einkommen in den ostdeutschen Großräumen Berlin und Dresden mit ihren Arbeitsschwerpunkten für Ingenieure. In Berlin liegt demnach das Durchschnittseinkommen von Ingenieuren bei 46.800 Euro, im Raum Dresden bei nur 40.400 Euro.

Bundesweit stiegen 2008 die Ingenieureinkommen im Durchschnitt um 2,4 Prozent auf brutto 54.250 Euro. Das Einkommen von Berufseinsteigern verbesserte sich um durchschnittlich 3,0 Prozent auf brutto 39.070 Euro. Besonders starke Ausschläge zeigt die aktuelle Gehaltsstudie nicht nur regional, sondern auch nach Branchen. So sind die Verdienstmöglichkeiten in der Energiebranche besonders gut. Obwohl dort die Tarifgehälter schwächer stiegen als in den übrigen Industrie, sind dort beispielsweise Berufseinsteiger so gesucht wie in keiner anderen Branche. So stiegen die Einstiegsgehälter in der Energiebranche in den vergangenen zwei Jahren außergewöhnlich stark und lagen 2008 bei 42.300 Euro. Nur in der Chemiebranche lassen sich noch ähnlich

PLZ	Ballungsraum	unteres Quartil	Median	oberes Quartil
01	Dresden	32.353,50 €	40.350,00 €	51.407,50 €
10/12/13	Berlin	37.896,00 €	46.780,00 €	60.855,00 €
20/22	Hamburg	43.600,00 €	53.000,00 €	65.059,00 €
26-28	Bremen	41.660,00 €	50.230,00 €	63.950,00 €
30-31	Hannover	44.779,00 €	53.805,00 €	65.887,50 €
40-51	Rhein-Ruhr	44.705,00 €	55.691,50 €	72.000,00 €
60-68	Frankfurt / Rhein-Main	45.400,00 €	56.736,00 €	70.000,00 €
70-72	Stuttgart	47.177,00 €	59.080,00 €	73.971,50 €
75-76	Rhein-Neckar-Dreieck	44.225,00 €	54.000,00 €	69.650,00 €
80-82	München	45.270,00 €	55.225,00 €	73.625,00 €
90-91	Nürnberg	45.020,00 €	55.900,00 €	73.137,50 €

So verdienen Ingenieure in Westdeutschland deutlich mehr als ihre Kollegen in Ostdeutschland. Während Beschäftigte in den großen Ballungsräumen Süd- und Westdeutschlands im Durchschnitt zwischen 55.000 und 59.000 Euro pro Jahr verdienen, liegen die Einkommen in den

gute Einstiegsgehälter erzielen. Berufsanfänger im Baugewerbe verdienen zum Vergleich nur 33.000 Euro. Andere wie die der Fahrzeugbau liegen bei 42.000 Euro.

EINSTIEGSGEHÄLTER NACH BRANCHEN 2007 – JUNI 2008
(Jahresbruttogesamtentgelt in €)

BAUGEWERBE			CHEMIE- UND PHARMAINDUSTRIE		
	29 704	25%		37 300	25%
n = 64	33 020	50%	n = 63	42 430	50%
	38 647	75%		49 240	75%

ELEKTRONIK/ELEKTROTECHNIK			ENERGIEVERSORGUNG		
	36 000	25%		37 310	25%
n = 249	39 060	50%	n = 83	42 300	50%
	43 139	75%		46 400	75%

FAHRZEUGBAU			INGENIEUR- UND PLANUNGSBÜROS		
	38 350	25%		30 442	25%
n = 877	41 876	50%	n = 198	35 213	50%
	44 895	75%		38 204	75%

IT			MASCHINEN- UND ANLAGENBAU		
	35 400	25%		36 000	25%
n = 88	38 545	50%	n = 608	39 984	50%
	41 947	75%		44 092	75%

Quelle: Gehaltstest ingenieurkarriere.de

EINSTIEGSGEHÄLTER NACH UNTERNEHMENSGRÖSSE 2007 – JUNI 2008
(Jahresbruttoentgelt in €)

51-250 MITARBEITER			251-1000 MITARBEITER		
	33 800	25%		36 040	25%
n = 517	37 920	50%	n = 514	39 998	50%
	41 850	75%		43 528	75%

1001-5000 MITARBEITER			> 5000 MITARBEITER		
	37 500	25%		40 000	25%
n = 461	40 700	50%	n = 380	43 803	50%
	44 207	75%		48 895	75%

Quelle: Gehaltstest ingenieurkarriere.de

Die Einstiegsgehälter variieren aber nicht nur stark nach Branchen, sondern zudem nach Größe des Unternehmens. Während Berufseinsteiger in kleinen Unternehmen mit höchstens 50 Mitarbeitern jährlich 36.000 Euro verdienen, zahlen Großunternehmen bis zu 8.000 Euro mehr.

Diese Unterschiede nehmen mit der steigenden Position im Unternehmen noch zu. Während ein Ingenieur-Sachbearbeiter in einem kleinen Unternehmen aktuell durchschnittlich 39.000 Euro im Jahr verdient, sind es in einem Großkonzern im Mittel rund 18.000 Euro mehr. Bereichsleiter in Unternehmen mit bis zu 50 Beschäftigten verdienen durchschnittlich 61.000 Euro, in Konzernen mit mehr als 5.000 Beschäftigten dagegen 105.000 Euro.

Quelle: Gehaltstest ingenieurkarriere.de

Auch die Abschlüsse spielen beim Gehalt eine große Rolle, akademische Abschlüsse lohnen sich. So liegen die Einstiegsgehälter für Mitarbeiter mit Promotion im Durchschnitt bei 52.800 Euro. Ingenieure mit Uni-Abschluss beginnen mit 40.900 Euro, FH-Absolventen liegen mit 38.900 Euro knapp darunter.

Zugenommen hat auch 2008 die Bedeutung der Vergütungsmodelle mit variablen Komponenten. Fast 80 % der Ingenieure mit Berufserfahrung erhalten inzwischen variable Vergütungsanteile, so das Ergebnis der Studie.

Basis der ungewöhnlich breiten Datenbasis der Studie ist wie oben erwähnt der kostenlose Gehaltstest auf ingenieurkarriere.de. Dort können Ingenieure aller Branchen, Positionen und Studienrichtungen ihr Einkommen mit dem Branchenschnitt vergleichen. Der Test wird anonym durchgeführt, Teilnehmer erhalten anschließend eine kostenlose Auswertung. Der Gehaltstest ist erreichbar unter: **www.ingenieurkarriere.de/gehaltstest**

Ulrike Gläsle
Marketingleiterin des VDI Verlages

Die Studie ist Anfang November 2008 als Booklet im DIN A4-Format erschienen. Sie umfasst 187 Seiten und kann unter www.vdi-nachrichten.com/buchshop/gehalt zum Preis von 99 Euro inkl. MwSt. bestellt werden.

1.8 Altersversorgung: Job begonnen! Rente geklärt?

Sind die Arbeitspapiere unterschrieben und man ist frisch im neuen Job, scheinen die wichtigsten Entscheidungen für einen weiteren Karriereschritt erst einmal getroffen. Doch was kommt danach? Sind auch die Weichen für den Aufbau einer sicheren und bedarfsorientierten Altersvorsorge bereits gestellt? In Zeiten sinkender gesetzlicher Versorgungsansprüche und demografischer Schieflage sind zielführende Vorsorgekonzepte ebenso wichtig wie Business-Pläne und Karriereentwürfe.

Doch welche Möglichkeiten eröffnen sich dem Berufseinsteiger in Sachen Altersvorsorge?

Bei der Altersversorgung gilt traditionell das so genannte Drei-Säulen-Prinzip. Die gesetzliche Rente, die betriebliche Altersversorgung (bAV) und die private Vorsorge sollen in ausgewogener Kombination den Lebensstandard im Alter sichern. Über Generationen hat sich dieser Dreiklang des Vorsorgesystems in Deutschland bewährt. Lediglich die Gewichtung der verschiedenen Säulen ist durch demografische Veränderungen unserer Gesellschaftsstruktur stark ins Wanken geraten. Die stetig steigende Lebenserwartung bei gleichzeitig sinkender Geburtenrate führte zu einem langfristigen Finanzierungskonflikt des umlagefinanzierten, gesetzlichen Rentensystems. Zwangsläufig musste der Fokus auf die beiden ergänzenden Versorgungssäulen verstärkt werden. Um Anreize zu schaffen, eigeninitiiert zu sparen, verabschiedete der Fiskus in den vergangenen Jahren Förderpakete zur Stärkung der betrieblichen und privaten Altersversorgung. Gerade die betriebliche Altersversorgung hat vor dem Hintergrund wachsender Versorgungslücken in den letzten Jahren stark an Bedeutung gewonnen. Die Vorteile liegen auf der Hand: Neben steuerlichen Vergünstigungen und der Sozialabgabenentlastung profitiert der Arbeitnehmer bei Angeboten der betrieblichen Altersvorsorge häufig von den Konditionen günstiger Gruppentarife im Rahmen größerer versicherter Kollektive. Die erzielbaren Leistungen liegen damit oft weitaus höher als bei einer vergleichbaren reinen Privatvorsorge.

Mit Betriebsrenten Lücken schließen

Auch der Staat setzt auf betriebliche Altersversorgung. Seit 2002 hat jeder Arbeitnehmer einen gesetzlichen Anspruch auf Entgeltumwandlung zugunsten einer betrieblichen Versorgungsrente. Selbst Arbeitgeber, die bisher kein betriebliches Versorgungssystem in ihrem Unternehmen eingeführt haben, können sich nunmehr der Einführung einer bAV auf Verlangen ihrer Arbeitnehmer nicht mehr verschließen. Durch die Einführung des Rechtsanspruchs auf Entgeltumwandlung hat sich die Verbreitung der bAV stark ausgeweitet. Mittlerweile verfügen rund 56 Prozent aller beschäftigten Arbeitnehmer in der Privatwirtschaft über betriebliche Versorgungsanwartschaften. Zwar wird der Arbeitgeber in die Pflicht genommen, doch profitiert auch er von der Einführung betrieblicher Versorgungsmodelle. Unternehmerisch können nicht nur Lohnnebenkosten reduziert werden, sondern auch wichtige personalpolitische Ziele verfolgt werden. Insbesondere bei der Suche oder Bindung qualifizierter Mitarbeiter dient die bAV in verschiedensten Facetten als probates Mittel.

weitestgehend frei. Das Gesetz bietet fünf verschiedene Durchführungswege zur Umsetzung der bAV, die sich im Wesentlichen nach den Vorschriften der zulässigen Dotierung, Bilanzierung, Insolvenzsicher-

Durchführungswege im Überblick

Direktversicherung:
Die Direktversicherung zählt zu den versicherungsförmigen Lösungen der betrieblichen Altersvorsorgung. Der Arbeitgeber schließt als Einzelvertrag oder auch im Rahmen einer Kollektivvereinbarung eine Rentenversicherung auf das Leben des Mitarbeiters ab. Bezugsberechtigt sind der Arbeitnehmer bzw. die versorgungsberechtigten Hinterbliebenen. Die steuerfreien Beiträge können sowohl vom Arbeitgeber getragen oder über den Mitarbeiter selbst im Wege der Entgeltumwandlung finanziert werden. Beiträge bis zu 4% der jeweiligen Renten-BBG West bleiben jährlich steuer- und sozialversicherungsfrei. Die Abgabenbelastung tritt erst nachgelagert mit der Fälligkeit der Versorgungsleistungen ein.

Pensionskasse:
Die Pensionskasse ist eine rechtlich selbständige Versorgungseinrichtung, die ähnlich eines Lebensversicherungsunternehmens kapitalgedeckt Versorgungsleistungen aufbaut. Die Beiträge zum Aufbau der Betriebsrenten können vom Arbeitgeber und/oder Arbeitnehmer getragen werden. Der Mitarbeiter und seine versorgungsberechtigten Hinterbliebenen haben gegen die Pensionskasse einen Rechtsanspruch auf die zugesagten Leistungen. Wie bei der Direktversicherung bleiben Beiträge bis zu 4% der jeweiligen Renten-BBG West jährlich steuer- und sozialversicherungsfrei. Die Abgabenbelastung tritt erst nachgelagert mit der Fälligkeit der Versorgungsleistungen ein.

Pensionsfonds:
Versicherungsförmige Pensionsfonds wurden 2002 in Deutschland eingeführt. Als selbständige Einrichtung führt der Pensionsfonds – ähnlich einer Pensionskasse – gegen Zahlung von Beiträgen die bAV für einen Arbeitgeber durch. Zugewendete Beiträge bleiben bis zu 4% der jeweiligen Renten-BBG West jährlich steuer- und sozialversicherungsfrei. Die Abgabenbelastung tritt erst nachgelagert mit der Fälligkeit der Versorgungsleistungen ein. Die Dotierung kann sowohl über den Arbeitgeber als auch den Arbeitnehmer erfolgen.

Unterstützungskasse:
Rückgedeckte Unterstützungskassen agieren als eigenständige Versorgungseinrichtungen am Markt. Arbeitgeber können sich als Trägerunternehmen einer Unterstützungskasse anschließen und die betrieblichen Versorgungsleistungen über die Versorgungseinrichtung gestalten und verwalten lassen. Die zugewendeten Beiträge fließen in eine Versorgung, deren zugesagten Leistungen als Versorgungsversprechen in Form eines Leistungsplans gegenüber dem Mitarbeiter ausgewiesen werden. Die arbeitgeberfinanzierte Dotierung der Unterstützungskasse ist in nahezu unbegrenzter Höhe steuer- und sozialversicherungsfrei. Auch Arbeitnehmerbeiträge können steuerfrei zugeführt werden, bleiben jedoch nur bis zu 4% der jeweiligen Renten-BBG West jährlich sozialversicherungsfrei. Fällige Versorgungsleistungen sind nachgelagert abgabenpflichtig.

Direktzusage:
Der Arbeitgeber kann seinem Mitarbeiter betriebliche Versorgungsleistungen über eine unmittelbare Direktzusage – auch Pensionszusagen genannt – erteilen. Hier steht das Unternehmen selbst als Leistungsverpflichtete gegenüber dem Versorgungsberechtigten auf. Um das Risiko insbesondere im Todes- oder auch Berufsunfähigkeitsfall kalkulierbar zu gestalten, werden in der Praxis Rückdeckungsversicherungen abgeschlossen. Die Prämien sind als Betriebsausgaben abzugsfähig. Die zugesagten Leistungen einer Pensionszusage sind für das Unternehmen bilanzierungspflichtig. Rückgedeckte Pensionszusagen werden in der Regel zum Aufbau einer Versorgung von Geschäftsführern, Gesellschafter-Geschäftsführern oder wichtigen Führungskräften eingerichtet.

Der Arbeitgeber steckt den Rahmen

Die Einrichtung und Umsetzung einer bAV obliegt dem Arbeitgeber. In der Auswahl, Gestaltung und Finanzierung seines betrieblichen Versorgungsmodells ist er

ung und Möglichkeit der Übertragung nach Ausscheiden differenzieren lassen: Direktversicherung, Pensionskasse, Pensionsfonds, Unterstützungskasse und Direktzusage auch Pensionszusage genannt. Zu den wichtigsten Wegen zählen neben der Direktversicherung zur Umsetzung des Anspruchs auf Entgeltumwandlung die Unterstützungskasse zur Schließung größerer Versorgungslücken oder Bindung von Führungskräften.

Steuerlich gilt seit 2005 für alle Neuzusagen auf betriebliche Versorgungsleistungen die nachgelagerte Belastung der Beiträge. Das heißt, alle Beiträge bleiben im Rahmen der steuerlich zulässigen Höchstgrenzen steuer- und ggf. auch sozialversicherungsfrei. Erst die später fällig werdenden Versorgungsleistungen sind abgabenpflichtig. In der Regel liegt jedoch der im Alter maßgebende Steuersatz unter Berücksichtigung weiterer Freibeträge deutlich unter der Steuerbelastung im aktiven Erwerbszeitraum. Die steuerfreien Beiträge kann der Arbeitgeber tragen oder der Mitarbeiter selbst im Zuge der Entgeltumwandlung finanzieren. Je nach Durchführungsweg sind bestimmte Höchstgrenzen zu berücksichtigen. Im Rahmen einer Direktversicherung, Pensionskasse oder Pensionsfonds können gemäß §3 Nr. 63 EStG bis zu 4 Prozent der jeweiligen Beitragsbemessungsgrenze (BBG) der gesetzlichen Rentenversicherung West jährlich steuer- und sozialabgabenfrei aufgewendet werden – das sind im Jahr 2009 216 EUR pro Monat. Wird darüber hinaus die Pauschalbesteuerung nach § 40 b EStG a.F. nicht aktiv genutzt, kann dieser Beitrag sogar um weitere 1.800 Euro jährlich steuerfrei – aber sozialabgabenpflichtig - erhöht werden.

Bei einer Direktzusage oder Unterstützungskasse gibt es grundsätzlich keine Obergrenze für die steuerfreie Einzahlung. Lediglich bei der sozialversicherungsrechtlichen Behandlung der Beiträge ist nach der Finanzierungsform der Zusagen zu unterscheiden. Während arbeitgeberfinanzierte Beiträge zugunsten einer Pensionszusage oder Unterstützungskasse unbegrenzt sozialversicherungsfrei bleiben, sind arbeitnehmerdotierte Beiträge nur bis 4 Prozent der jeweiligen BBG der gesetzlichen Rentenversicherung West von der Sozialabgabenpflicht freigestellt. Wichtig: Die staatlich geförderten Zuwendungen zugunsten einer betrieblichen Altersversorgung können parallel zueinander genutzt werden. Um kleinere Versorgungslücken unbürokratisch und effizient zu schließen, bietet sich in der Regel der Abschluss einer Direktversicherung an. Größere Versorgungsdefizite können darüber hinaus staatlich gefördert im Rahmen der rückgedeckten Unterstützungskasse gedeckt werden.

Eine lukrative Variante

Viele Arbeitnehmer haben Anspruch auf vermögenswirksame Leistungen und investieren diese überwiegend noch klassisch in Bausparverträge oder Fondssparpläne und wählen damit die steuer- und sozialabgabenpflichtige Variante. Darüber hinaus unterliegen ab 1.1.2009 alle Erträge dieser Sparanlagen der neu eingeführten Abgeltungsteuer und mindern somit die Effizienz der Anlage. Eine Alternative bietet auch hier die Umwandlung betrieblicher Versorgungsleistungen zugunsten einer betrieblichen Altersversorgung. Auch viele Tarifverträge setzen verstärkt auf diese Entwicklung und regeln den Anspruch auf Entgeltumwandlung durch Einbindung der vermögenswirksamen Leistungen in das Gesamtpaket der betrieblichen Altersversorgung. Der große Vorteil: Die Umwandlung der vermögenswirksamen Leistungen in Sparbeiträge - beispielsweise zugunsten einer Direktversicherung - bleibt bis zum Rentenbeginn steuer- und sozialabgabenfrei. Zudem können alle in der Anwartschaft erwirtschafteten Erträge abgeltungsteuerfrei angesammelt werden. Die Umwandlung vermögenswirksamer Leistungen in bAV-Beiträge führt zu einer deutlichen Effizienzsteigerung. Durch die hohe Abgabenersparnis kann der monatliche Sparbeitrag zur Alterssicherung in vielen Fällen verdoppelt werden, ohne das monatliche Nettoeinkommen zu beeinflussen.

Beispielhafte Modellrechnungen – Monatsbetrachtung [1]

	Klassische Anlage VL Anlagebetrag 40,- EUR	bAV statt VL mit Optimierung Anlagebetrag 212,- EUR
Bruttogehalt	2.500,00	2.500,00
+ VL / AG-Zuschuss	+ 40,00	+ 40,00
- Gehaltsumwandlung zur bAV	- 0,00	- 212,00
Gesamtbrutto	2.540,00	2.328,00
- Steuer (inkl. Soli, KiSt) [2]	- 466,39	- 395,97
- Sozialabgaben [3]	- 536,58	- 491,78
Nettoverdienst	1.537,03	1.440,25
- Überweisung VL	- 40,00	- 0,00
Nettoauszahlung	1.497,03	1.440,25
Anlagebetrag	**40,00**	**212,00**
Nettoaufwand	**40,00**	**56,78**

1) Annahmen: Mann/Frau, 35 Jahre, Single, Monatseinkommen 2.500,- Euro, Steuerklasse I, inkl. Soli und KiSt, Bundesland NRW, sozialversicherungspflichtig, Beitragszuschlag zur Pflegeversicherung, Krankenkasse 14,8 %, Krankenversicherungszuschlag Arbeitnehmer 0,9 %.
2) Annahme: allgemeine Lohnsteuertabelle 2008.
3) Annahme: Gesamt-Arbeitnehmeranteil für alle Zweige der Sozialversicherung ca. 21 %.

Grünes Licht beim Stellenwechsel

Auch bei einem Arbeitgeberwechsel bleiben die bereits erworbenen Ansprüche auf betriebliche Versorgungsleistungen erhalten. Wurden die Beiträge aus Arbeitgeberbeiträgen finanziert, sind allerdings üblicherweise gesetzliche Unverfallbarkeitsfristen zu berücksichtigen. Hiernach hat ein ausscheidender Arbeitnehmer dann Anspruch auf die Aufrechterhaltung seiner Anwartschaften, wenn die Versorgungszusage mindestens 5 Jahre bestanden hat und er beim Verlassen des Arbeitgebers mindestens 30 Jahre alt ist. Ab 2009 wird die Altersgrenze für Neuzusagen auf 25 Jahre gesenkt. Hat der Mitarbeiter die betriebliche Versorgung jedoch aus Entgeltumwandlung aufgebaut, ist der Anspruch ohne Berücksichtigung von Altersgrenzen und Fristen sofort gesetzlich unverfallbar. Um die Verbreitung und Akzeptanz der bAV weiter zu stärken, hat der Gesetzgeber auch die Rahmenbedingungen der Mitnahme und Übertragung (Portabilität) bestehender Versorgungsansprüche weiter verbessert und harmonisiert. Insbesondere die Direktversicherung bietet unbürokratische Möglichkeiten, aufgebaute Versorgungsansprüche durch unbürokratische Übertragung der Versicherungsnehmerstellung zum neuen Arbeitnehmer mitzunehmen oder kostenneutral im Rahmen eines Übertragungsabkommens auf den „Hausversicherer" des neuen Arbeitgebers zu überführen. Für Versorgungsanwartschaften, die im Rahmen einer Pensionszusage oder Unterstützungskasse erworben wurden, gestaltet sich die Übertragung nach heutiger Gesetzeslage noch schwieriger. Hier werden die erworbenen Anwartschaften in der Praxis bei Ausscheiden „eingefroren" und später im Versorgungsfall vom alten Arbeitgeber ausbezahlt.

Absicherung im Insolvenzfall

Aus dem Blickwinkel des Arbeitnehmers zählt es zu den wichtigsten Grundvoraussetzungen, die Sicherheit der Altersversorgung unabhängig vom Schicksal des Unternehmens zu gestalten. Was geschieht mit den unverfallbaren Ansprüchen, wenn der Arbeitgeber insolvent wird? Auch hier hat der Gesetzgeber gesetzliche Regelungen getroffen, um ausreichende Planungssicherheit für den einzelnen Arbeitnehmer zu schaffen. Je nach Durchführungsweg greifen verschiedene Sicherungsmechanismen zum Schutz der unverfallbaren Versorgungsanwartschaften. Direktversicherungen und Pensionskassen sind mit einem unwiderruflichen Bezugsrecht zugunsten der Versorgungsberechtigten ausgestattet. Diese Gestaltung bewirkt eine Ausgliederung der Verträge aus der Konkursmasse auf den begünstigten

Arbeitnehmer. Dem Arbeitgeber entstehen keine weiteren Kosten zur Insolvenzsicherung. Pensionsfonds, Pensionszusagen und Unterstützungskassen hingegen sind über den Pensionssicherungsverein (PSV) gesetzlich sicherungspflichtig. Die Beiträge werden im Kollektiv von allen Arbeitgebern getragen, die zu sichernde Versorgungsleistungen in ihren Unternehmen führen. In diesen Fällen tritt bei Insolvenz der PSV in die Verpflichtung des alten Arbeitgebers ein.

Auswahl des Produkts

Bleibt oft die Frage, welche Lösung passt und welches Produkt sollte beispielsweise bei der Entgeltumwandlung gewählt werden? Gerade im Markt der Altersvorsorge hat sich eine heterogene und nur schwer zu durchschauende Produktlandschaft verschiedenster Ansätze gebildet. Sicherlich ist die Auswahl des geeigneten Produkts in starkem Maß durch die Affinität und Risikobereitschaft des Mitarbeiters geprägt. Sicherheitsorientierte Anleger werden garantiebetonte Tarife favorisieren, während risikofreudige Profile eher die Chancen des aktienorientierten Kapitalmarkts suchen. Aber auch hier haben sich innovative Lösungen einzelner Versicherer am Markt etabliert, die auf fondsgebundener Basis renditeorientierte Kapitalanlage mit einer sicherheitsorientierten Anlagepolitik verzahnt. In dieser Kombination können die erforderlichen Garantien abgebildet werden und gleichzeitig die Kraft der Märkte genutzt werden. Achtung: Das Produkt sollte marktdynamisch agieren und auf die Entwicklung der Börse zeitnah reagieren. Nur so ist gewährleistet, dass die Altersvorsorge nicht nur im Börsenboom, sondern auch in schlechten Zeiten richtig und sicher investiert ist.

Durchführungsweg	Dotierung	Zielgruppe	Vorteile
Direktversicherung	Steuer- und sozialversicherungsfrei bis 4% der Renten-BBG West p.a.		- Staatlich gefördert - Unbürokratische Abwicklung bei Ausscheiden - Flexible Beiträge - Insolvenzsicher - Kapitalisierung möglich
Pensionskasse	zusätzlich 1.800 EUR p.a., steuerfrei, wenn Pauschalbesteuerung nach § 40b EStG a.F. nicht aktiv genutzt wird	Alle angestellten Arbeitnehmer mit Lohnsteuerkarte I-V	
Pensionsfonds			
Unterstützungskasse	Unbegrenzt steuerfrei Arbeitnehmerbeiträge: sozialabgabenfrei bis 4% der Renten-BBG West	- Besserverdiener - Führungskräfte - GmbH Gesellschafter Geschäftsführer	- Schließung größerer Versorgungslücken möglich - Bilanzneutral - insolvenzsicher
Direktzusage	Arbeitgeberbeiträge: Unbegrenzt sozialabgabenfrei	GmbH Gesellschafter-Geschäftsführer	- Finanzierung der Altersvorsorge auf Firmenkosten

Quelle: HDI-Gerling, 2008

Doppelt vorteilhaft: Die Basisrente – Altersvorsorge für Selbstständige

Heute die Einkommensteuerlast flexibel senken und dabei eine Rente auf Lebenszeit aufbauen – die Basisrente ermöglicht beides in einem.
Die Zahl der Selbstständigen wächst laufend. Inzwischen gibt es in Deutschland rund 4 Millionen von ihnen. Oft jedoch sorgt gerade die Gruppe der Selbstständigen nicht rechtzeitig und nicht ausreichend für die eigene Altersversorgung vor. Nach einer Umfrage des Bundesverbandes der Selbstständigen vom Jahresanfang 2008 sind ein Drittel der Befragten der Meinung, dass ihre eigene Altersvorsorge unzureichend ist.

1.8 Altersversorgung: Job begonnen! Rente geklärt?

Dabei hat der Gesetzgeber mit der Basisrente im Rahmen des Alterseinkünftegesetzes im Jahre 2005 neue Förderrahmen und damit eine hervorragende Möglichkeit geschaffen, in ausreichendem Maße eine steuerlich begünstigte Altersversorgung aufzubauen. Davon können insbesondere Unternehmer und Selbstständige profitieren. Mit dem Jahressteuergesetz 2007 wurde die Wirksamkeit der steuerlichen Förderung sogar nochmals erhöht.

Vorteilhaft ist insbesondere die steuerliche Abzugsfähigkeit der Beiträge: Wer in einen Basisrentenvertrag einzahlt, kann in seiner Einkommensteuererklärung derzeit 68 Prozent der Beiträge als Sonderausgaben ansetzen. Die Quote steigt mit jedem weiteren Jahr um zwei Prozentpunkte, bis sich die Beiträge ab 2025 in voller Höhe Steuer mindernd auswirken.

In wirtschaftlich erfolgreichen Jahren können Selbstständige ihre Einkommensteuerbelastung mit Hilfe von Sonderzahlungen flexibel senken. Bis zu 20.000 Euro – bei zusammen veranlagten Eheleuten sogar 40.000 Euro – erkennt das Finanzamt als Aufwendungen zur Basisversorgung an. Diese Höchstbeträge umfassen allerdings auch eventuelle Zahlungen in andere Formen der Basisversorgung, also zum Beispiel Beiträge zur gesetzlichen Rentenversicherung oder zu berufständischen Versorgungswerken.

Besonderer Vorteil: Während der gesamten Ansparphase bleiben die Erträge, die in der Basisrente erzielt werden, unversteuert.

Die Rentenleistungen folgen – im Rahmen einer Übergangsregelung – dem Prinzip der nachgelagerten Besteuerung. Der derzeitige Freibetrag von 62 Prozent für Neurentner vermindert sich für neue Rentenjahrgänge um jährlich zwei Prozent und ab dem Jahr 2021 bis zum Jahr 2040 um jeweils ein Prozent. Renteneinkünfte aus der Basisversorgung sind somit erst für Rentenjahrgänge ab 2040 in voller Höhe steuerpflichtig. Die Basisrente kann für Unternehmer ein Sparmodell sein, weil der individuelle Steuersatz im Rentenalter meist niedriger ist als während der Erwerbsphase.

Weitere Pluspunkte neben den Steuereffekten: Die Basisrente wird auf Lebenszeit gezahlt und schützt so vor der Gefahr, den Verzehr des eigenen Vermögens zu überleben. Die Anwartschaften auf die Basisrente sind – unabhängig von der Höhe des Altersvorsorgevermögens – für den Fall geschützt, dass der Unternehmer Insolvenz anmelden muss. Außerdem greifen bei Zahlungen von Rentenleistungen aus der Basisrente für Selbstständige die Schutzvorschriften der Zivilprozessordnung.

Entgegen gängiger Vorurteile ist das Produkt zudem flexibel: Es kann im Rahmen gesetzlicher Vorgaben um Berufsunfähigkeits- und Hinterbliebenenschutz ergänzt werden. Der Versicherungsnehmer kann den Rentenbeginn je nach Tarif in die Zukunft verlegen oder bis frühestens zur Vollendung des 60. Lebensjahres vorziehen. Auch die Chancen auf Kapitalmarkterträge lassen sich nutzen: Mit fondsgebundenen Produkten wie der TwoTrust Basisrente von HDI-Gerling kann der Versicherungsnehmer sein Vorsorgekapital in renditestarke Einzelfonds oder Managed-Fund-Konzepte investieren. Darüber hinaus gibt es individuelle und integrierte Garantiesysteme sowie viel Flexibilität im Rahmen der Vertragsgestaltung.

Fazit: Der Staat hat mit der Basisrente einen Anreiz zur Eigenvorsorge für das

Alter geschaffen. Nach anfänglicher Zurückhaltung nutzen inzwischen immer mehr Unternehmer und Selbstständige die Vorteile der Basisrente und entgegnen somit auf vorteilhafter Weise der Gefahr einer drohenden Altersarmut.

Staatliche Förderung bei einem persönlichen Steuersatz von 35%	
Jahresbeitrag Basisrente	2.000 Euro
Abzugsfähig	68 %
Steuerersparnis	476 Euro

Quelle: HDI-Gerling, 2008

Bei „Riester" hilft der Staat beim Sparen

Immer mehr Sparer setzen auf die staatlich geförderte private Altersvorsorge und nehmen finanzielle Hilfen gleich mit: Der Staat gibt durch Zulagen und Steuerersparnisse einiges zum Aufbau des Altersvermögens dazu. Gerade auch Berufseinsteiger sollten diese Förderungen nutzen.

Martin Müller ist 27 Jahre alt, ledig und als Ingenieur angestellt. Obwohl er in die gesetzliche Rentenversicherung einzahlt, ist ihm klar: Wenn er in voraussichtlich 40 Jahren in den Ruhestand geht, wird die gesetzliche Grundversorgung bei weitem nicht ausreichen, um seinen erworbenen Lebensstandard zu halten: Miete, Urlaub, viele Hobbys – die Rentenzahlungen des Staates können die Kosten, die Martin Müller im Alter haben wird, sehr wahrscheinlich nicht decken.

Warum gibt es die „Riester-Rente"?
Die Möglichkeit, ergänzend zur gesetzlichen Rentenversicherung für eine private Altersvorsorge eine umfangreiche staatliche Förderung in Anspruch zu nehmen, hat die Bundesregierung bereits im Jahre 2002 mit dem Altersvermögensgesetz eröffnet. Gleichzeitig wurden einschneidende Maßnahmen ergriffen, die zur Reduzierung der Ansprüche aus der gesetzlichen Rente führten. Die Gründe für diese Schritte:
In Deutschland sinkt die Geburtenrate, die Ausbildungszeiten sind lang, viele Beschäftigte gehen früh in Rente und die Lebenserwartung der Bevölkerung steigt rasant. All dies führt dazu, dass immer weniger Beitragszahler immer mehr Rentner finanzieren müssen. Statt die gesamte Altersversorgung wie bisher allein auf ein Umlageverfahren zu stützen, bei dem die jüngere Generation die Renten der älteren Generation finanziert, soll jeder Bürger zusätzlich selbst für sich sparen.

Um Anreize für diesen privaten Vermögensaufbau zu schaffen, wurde daher im Jahre 2002 eine kapitalgedeckte Altersvorsorge, die so genannte Riester-Rente, ins Leben gerufen. Ihre Aufgabe ist es, die durch die Rentenkürzungen entstehenden Versorgungslücken teilweise zu schließen. Immer mehr Menschen erkennen, dass sie für ihre Altersvorsorge selbst aktiv werden müssen: Mehr als ein Drittel der über 30 Millionen förderberechtigten Sparer hat bisher die staatlich geförderte Zusatzversorgung genutzt und es werden ständig mehr.

Die Mindestsparrate ab der ein Riester-Vertrag im vollen Umfang gefördert wird, ist festgelegt: Ab 2008 müssen insgesamt vier Prozent des rentenversicherungspflichtigen Einkommens des Vorjahres für die Altersvorsorge angelegt werden. Bei den Produkten haben Anleger die Wahl. Zwar müssen Riester-Produkte einen strengen Kriterienkatalog erfüllen, um förderungswürdig zu sein, aber die Angebotspalette ist trotzdem enorm – und ohne kompetente Beratung kaum überschaubar.

Man kann zum Beispiel über einen Banksparplan oder Investmentfonds „riestern", über Rentenversicherungsprodukte und über fondsgebundene Riester-Versicherungen. Alle Varianten geben eine hohe Grundsicherheit: Die Rückzahlung aller eingezahlten Beiträge und der Zulagen ist gewährleistet.

Fondsgebundene Riester-Versicherungen sind gerade für junge Anleger besonders geeignet, über die Beitragsgarantie hinaus eine deutlich höhere Rendite zu erzielen. Denn je mehr der besten Fonds der Anbieter zur Auswahl stellt und je ausgewogener die Risikostreuung einer Investition, umso mehr Rendite verspricht eine langfristige Anlage.

System von Zulagen und Steuervergünstigungen

Ob Sparplan, Rentenversicherung oder fondsgebundene Versicherung: Der elementare Vorteil der Riester-Rente liegt in der staatlichen Förderung, die sich zum einen aus Grund- und Kinderzulagen zusammensetzt. So erhält jeder Anspruchsberechtigte seit 2008 eine Grundzulage von jährlich 154 Euro zuzüglich 185 Euro pro Kind.
Für ab 2008 geborene Kinder gibt es sogar eine Kinderzulage von 300 Euro jährlich. Für Martin Müller würde dies bis Ende 2008 also einen staatlichen Zuschuss von 154 Euro für sein Riester-Altersvorsorgekonto bedeuten. Bis zum Rentenbeginn kämen sogar 6.160 Euro an Zulagen zusammen, sollte er während der gesamten 40 Jahre der Einzahlungszeit ledig bleiben. Heiratet er und kommen Kinder hinzu, erhöhen sich die Zulagen beträchtlich. Damit nicht genug.

Zum anderen kann der Riester-Sparer die Beiträge für den Vertrag bei der Einkommensteuererklärung als Sonderausgaben ansetzen. Ergeben die Berechnungen des Finanzamtes, dass der Steuervorteil höher

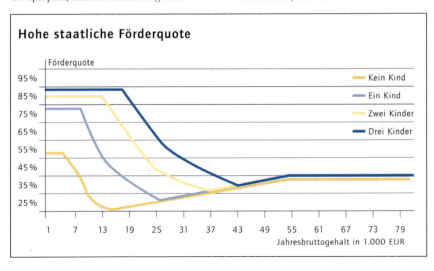

Hohe staatliche Förderquote

48

ist als die Zulagenförderung, erhält er die Differenz vom Fiskus zurück. Das macht die Riester-Rente für Leute mit höherem Steuersatz zusätzlich attraktiv.
Bei einem angenommenen Jahreseinkommen von 40.000 Euro ergeben sich für Müller alleine in 2009 zusätzliche Steuervorteile in Höhe von 432 Euro. Somit beträgt die gesamte Förderquote aus Zulagen und zusätzlicher Steuerersparnis im Verhältnis zum Gesamtaufwand für Martin Müller gut 40 Prozent.

Staat hat die Förderung der Riester-Vorsorge erweitert

Zusätzlich zur jährlichen Grundzulage von 154 Euro erhalten anspruchsberechtigte Personen ab 2008 einen einmaligen „Berufseinsteiger-Bonus" in Höhe von 200 Euro, sofern sie noch keine 26 Jahre alt sind.
Seit 2008 wird außerdem auch das mietfreie Wohnen im Alter als Baustein zur privaten Altersabsicherung staatlich gefördert. Wer also mit einer Riester-Rentenversicherung für das Alter spart, kann das angesammelte Kapital für den Kauf oder Bau einer Immobilie einsetzen. Bauherren erhöhen so ihr Eigenkapital und benötigen weniger Kredit. Zudem können sie mit dem Geld ein Darlehen für den Bau oder Kauf einer Immobilie abbezahlen. Der Staat tilgt dank Riester-Zulagen mit.

Rechtzeitige Vorsorge ist effektiv

Auch wenn die Zeit bis dahin noch sehr lange erscheint, so sollte grundsätzlich möglichst früh für die finanzielle Absicherung des Rentenalters vorgesorgt werden. Denn nach wie vor gilt: Je früher man mit dem Sparen beginnt, desto weniger Geld ist erforderlich, um ein beachtliches Vermögen anzusammeln – dank des Zinseszinseffektes.

Ein einfaches Beispiel hierzu: um mit 67 Jahren ein Kapital von 100.000 Euro zu erreichen, muss der Ingenieur Müller bei einer unterstellten Verzinsung von jährlich 6 Prozent ab dem Alter von 27 Jahren monatlich 53 Euro aufwenden. Beginnt er jedoch erst als 50-Jähriger, beträgt die monatlich erforderliche Investition sage und schreibe 287 Euro.

Staatliche Zulagen auf einen Blick

Jahr	ab 2008
Grundzulage	154 Euro
Kinderzulage pro Kind	185 Euro
	ab 2008 geboren: 300 Euro
Erforderlicher Gesamtaufwand	4 %
Höchstbetrag der Riester-Förderung	2.100 Euro

Quelle: HDI-Gerling, 2008

Wer kann die staatlich geförderte Riester-Rente erhalten?

- alle Arbeitnehmer, die gesetzlich rentenversicherungspflichtig sind
- rentenversicherungspflichtige Selbstständige, z.B. Handwerker
- Beamte und Angestellte im öffentlichen Dienst
- Berufssoldaten, Wehr- und Zivildienstleistende
- Bezieher von Arbeitslosengeld und anderen Lohnersatzleistungen
- Eltern in Erziehungszeit
- geringfügig Beschäftigte, die auf die Versicherungsfreiheit verzichtet haben
- Auszubildende
- Ehepartner von geförderten Personen

1.8 Altersversorgung: Job begonnen! Rente geklärt?

Die Vorteile der Riester-Rente auf einen Blick:

- hohe staatliche Zulagenförderung
- eventuell zusätzliche Steuerrückerstattung
- Rente auf Lebenszeit
- Aufbau einer Zusatzrente auch für nicht direkt förderberechtigte Ehepartner
- profitabel für alle Anspruchsberechtigten
- Kapitalauszahlung zum Rentenbeginn in einem Betrag von bis zu 30 Prozent des Versorgungsguthabens
- Vererbbarkeit des gebildeten Kapitals auf Riestervertrag des Ehepartners
- keine Anrechnung bei Arbeitslosengeld II (Hartz IV)

Berufsunfähigkeitsversicherung

Eine sichere Perspektive für die berufliche Zukunft

Um sich der ersten Arbeitsstelle sorgenfrei widmen zu können, sollten Studenten und Uni-Absolventen frühzeitig eine private Berufsunfähigkeitsversicherung (BU) abschließen. Diese Police sorgt dafür, dass Arbeitnehmer und Selbstständige finanziell abgesichert sind, wenn eine Erkrankung oder ein Unfall die Ausübung ihres Berufes vollständig oder teilweise unmöglich machen. Immerhin jeder fünfte Angestellte scheidet in Deutschland aus gesundheitlichen Gründen vorzeitig aus dem Berufsleben aus – teils schon in jungen Jahren. Die häufigste Ursache sind zudem nicht Unfälle, sondern Krankheiten, die den Betroffenen das Weiterarbeiten im erlernten Beruf unmöglich machen.

Berufseinsteiger trifft es besonders hart: Für sie sind die staatlichen Leistungen, die für verminderte Erwerbsfähigkeit vorgesehen sind, sehr gering. In den ersten fünf Jahren der Berufstätigkeit (genauer: im Zeitraum von 5 Jahren vor Eintritt der Erwerbsminderung müssen mindestens 3 Jahre Pflichtbeiträge geleistet worden sein) haben sie sogar überhaupt keinen Anspruch auf Leistungen infolge einer Erwerbsminderung. Der Erwerb einer privaten Berufsunfähigkeitsversicherung ist deshalb gerade für Studenten und Berufseinsteiger unverzichtbar.

Selbst Studierende, die noch keiner regelmäßigen Beschäftigung nachgehen, sollten über den Abschluss einer solchen Police nachdenken. Denn ein niedriges Beitrittsalter sichert günstige Prämien. Und sind erst einmal Vorerkrankungen vorhanden, so gestaltet dies den Erwerb einer privaten Berufsunfähigkeitsabsicherung meist recht schwierig.

Häufig ist das Budget eines Studenten oder Berufsanfängers jedoch recht knapp bemessen und die Betroffenen scheuen sich davor, hiervon auch noch eine Versicherung zu finanzieren.

Für diese Zielgruppe gibt es daher am Markt spezielle Konzepte, die auf die Lebenssituation junger Menschen abgestimmt sind und einen vollen BU-Schutz zu niedrigen Beiträgen bieten. Diese Konzepte erlauben es dem Versicherten dann zu einem späteren Zeitpunkt, den Vertrag an dann veränderte Ansprüche und Lebensumstände anzupassen.

In der privaten Berufsunfähigkeitsversicherung erhalten Versicherte die volle vereinbarte Leistung regelmäßig schon dann, wenn sie zu mindestens 50 Prozent berufsunfähig sind. Anders bei der gesetzlichen Erwerbsminderungsrente: Wer täglich noch zwischen drei und sechs Stunden arbeiten kann, bezieht vom Staat nur noch die halbe Rente. – Eine durchschnittliche volle gesetzliche Erwerbsminderungsrente von 700 Euro reicht nicht zum Leben, von der halben Rente in einer Höhe von 380 Euro ganz zu schweigen. Außerdem können die von Erwerbsminderung Betroffenen zu jeder Tätigkeit des allgemeinen Arbeitsmarktes verpflichtet werden, d. h. auch Tätigkeiten, die weit unter ihrer Qualifikation liegen. Von einem Diplom-Ingenieur kann im Ernstfall zum Beispiel verlangt werden, in Teilzeit als Pförtner zu arbeiten. Auch dies ist bei einer privaten Berufsunfähigkeitsversicherung anders: Bei Eintritt einer Berufsunfähigkeit ist im Idealfall ausschließlich der zuletzt ausgeübte Beruf in seiner konkreten Ausgestaltung ohne gesundheitliche Beeinträchtigungen maßgebend. Der Versicherte kann dann nicht auf andere Tätigkeiten verwiesen werden.

Daher gilt: Den Aufbau der Altersvorsorge nicht aufschieben und insbesondere nicht auf die staatlichen Geschenke verzichten.

Christel Mayer-Baumgarten
Produktmanagement Firmen (bAV)
HDI-Gerling Leben Vertriebsservice AG

Dominika Kanthak
Michael Weisbender
Produktmanagement Privat
HDI-Gerling Leben Vertriebsservice AG

Nähere Informationen erhalten Sie über den VDI-Versicherungsdienst
Telefon: +49 (0) 211 6214-496/543
Fax: +49 (0) 211 6214-170
E-Mail: versicherungen@vdi.de
oder: www.vdi-versicherungsdienst.de

2. Karriere – Berufsbilder und Weiterbildung

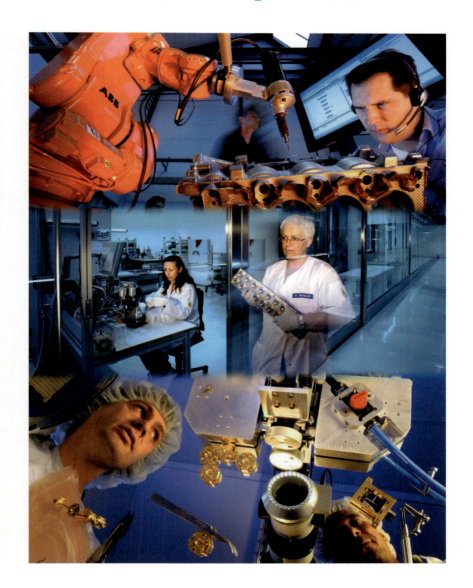

2.1 MBA – Master of Business Administration
Drei Buchstaben auf dem Weg nach oben

Die Auswahl des geeigneten Programmtyps sollte verschiedenen Kriterien folgen. Hier einige Nachdenkhilfen und Tipps aus der Praxis.

Auch außerhalb des angelsächsischen Bereichs ist der MBA längst bekannt und anerkannt. Mit der Bologna-Deklaration und der Einführung von Bachelor- und Master-Studiengängen wurden neue Fakten geschaffen. Der MBA wird sich als Weiterbildungsabschluss für den Managementbereich auch in Deutschland durchsetzen. Es gibt zwar inzwischen mehr als 200 MBA-Programme in Deutschland, doch nur die wenigsten erfüllen internationale Standards. Der MBA ist eben kein betriebswirtschaftliches Aufbaustudium, sondern speziell auf die Anforderungen in der Managementpraxis zugeschnitten. Insbesondere auch im Hinblick auf eine Tätigkeit in international agierenden Unternehmen. Der MBA-Studiengang ist der Intention nach ein so genanntes Post-Experience-Programm, das heißt er richtet sich an Interessentinnen und Interessenten, die in der Regel schon ein grundständiges Studium absolviert haben und vor allem über ausreichend Berufserfahrung verfügen. Dabei spielt es zunächst keine Rolle, aus welcher Disziplin oder Berufssparte ein Teilnehmer kommt. In der Mehrzahl sind die Teilnehmer in MBA-Programmen Nichtökonomen. Ein Hauptkontingent stellen üblicherweise Ingenieure und Naturwissenschaftler, aber auch Juristen, Mediziner oder Geistes- und Sozialwissenschaftler sind anzutreffen.

Auch Ökonomen begeistern sich vermehrt für die Zusatzqualifikation, da sich Fokus und Methodik von MBA-Kursen bei renommierten Anbietern deutlich von grundständigen Studiengängen der Volks- und Betriebswirtschaftslehre unterscheiden.

Darüber hinaus müssen die Bewerber auch ein paar wenige formale Anforderungen erfüllen. Wer sich für ein klassisches MBA-Programm bewirbt, sollte wenigstens 24 Jahre alt sein und über mindestens zwei Jahre Berufserfahrung verfügen. Hierbei ist tatsächliche Berufserfahrung nach dem Erstabschluss gemeint, nicht etwa Praktika während oder nach dem Studium. Hinzu gehört eine mindestens gute Bewertung des Standardtests GMAT (Graduate Management Admission Test). In der Praxis hat sich gezeigt, dass der deutsche MBA-Bewerber im Durchschnitt 28 Jahre alt ist und vor Antritt des Programms einen Diplomstudiengang absolviert hat. Bewerber aus anderen Bildungssystemen, etwa aus dem angelsächsischen Raum, sind im Schnitt zwei Jahre jünger, haben einen Bachelor-Abschluss und verfügen über drei Jahre Berufserfahrung.

Eine Abwandlung für Führungskräfte ist der Executive MBA (EMBA), in dem Bewerberinnen und Bewerber sich bereits in der oberen Entscheidungsebenen des Unternehmens etabliert haben (Executives). Es werden üblicherweise mindestens fünf Jahre Erfahrung in managementnaher Tätigkeit vorausgesetzt. In manchen Executive-Programmen ist auch signifikante Führungserfahrung erforderlich. Nicht selten haben Teilnehmer von EMBA-Programmen zwischen acht und zwölf Jahren Berufserfahrung. Für den EMBA sollten Interessenten wenigstens 30 Jahre alt sein. Hier liegt der Durchschnitt der deutschen Bewerberinnen und Bewerber bei 35 Jahren.

Es gibt auch MBA-Programme für Hochschulabsolventen ohne jegliche Berufserfahrung. Damit wird die ursprüngliche Intention des MBA-Studienganges ad absurdum geführt. Lehrinhalte und Methoden sind in MBA-Programmen fundamental auf den interaktiven Erfahrungsaustausch der Teilnehmer, die sie in der Praxis gesammelt haben, ausgerichtet. Teamwork stellt einen essentiellen Bestandteil der Lehrmethode dar. In Gruppen von fünf bis sechs Studierenden sollten Kursinhalte diskutiert und im Rahmen praxisorientierter Projekte, Konzepte und Tools zur Anwendung gebracht werden.

Qualität und Lernerfolg stehen und fallen mit dem Mix von Teilnehmerprofilen (Alter, Länge und Art der Berufserfahrung, Fachrichtung der Erstausbildung, kulturübergreifende Erfahrungen etc.). Ein EMBA/MBA-Programm ist daher kein Aufbaustudiengang für unerfahrene Hochschulabsolventen, sondern lebt von der Vielfalt an Persönlichkeiten, Ausbildungen und Erfahrungen. Hier sollte man sich sorgfältig informieren und die Programme vergleichen.

Der Unterschied im Teilnehmerprofil führt auch zu einer unterschiedlichen Schwerpunktsetzung bei den Kursen. In EMBA-Programmen sind Kursinhalte und Methoden stark auf die typischen Aufgaben- und Problemstellungen international agierender Führungskräfte zugeschnitten und stark lösungsorientiert, während bei Junior-Programmen, wegen der weniger erfahrenen Teilnehmer, zunächst die Aufgaben und Problemstellungen im Managementbereich herausgearbeitet und generische Lösungsansätze abgeleitet werden müssen.

Tipps

- Sie sollten sich **nicht** für ein MBA-Programm bewerben, wenn Ihre berufliche Erfahrung ausschließlich aus Praktika stammt, die Sie vor, während oder direkt nach dem universitären Erstabschluss absolviert haben. Auch ein Promotionsstudium mit der üblichen Lehrstuhltätigkeit eines Doktoranden stellt nicht die gewünschte Art von Berufserfahrung dar.
- Sie sollten sich **nicht** für ein Executive MBA-Programm bewerben, wenn Sie unter 30 sind und keinen für Ihr Alter herausragenden beruflichen Werdegang haben.
- Prüfen Sie, ob ein für Sie interessantes Programm tatsächlich berufserfahrene Teilnehmer aus unterschiedlichen Fachrichtungen sowie Branchen gewinnen kann. Vereinbaren Sie einen individuellen Besuchstermin im jeweiligen MBA-Office. Die Teilnahme an „Schnuppervorlesungen" gibt Ihnen einen guten Einblick in die Lehr- und Lernmethode des jeweiligen Programms.
- Sprechen Sie mit aktuellen Teilnehmern eines Programms. Die Bildungseinrichtungen stellen auch gerne den Kontakt zu Absolventen her, vorzugsweise mit einem ähnlichen Werdegang, von deren Erfahrungsschatz Sie profitieren können.

In MBA-Programmen ist in der Regel ein anerkannter Abschluss in einem grundständigen Studiengang beliebiger Fachrichtung Voraussetzung (etwa Universitätsdiplom, Bachelor, Master). Zudem wird bei Junior-Programmen der GMAT (Graduate Management Admission Test) mit einem akzeptablen Ergebnis (score) verlangt. Was akzeptabel ist, legen Business Schools allerdings sehr individuell aus, da die eigentliche Bewerberselektion in der Regel nicht am Kriterium GMAT allein festgemacht wird. Das trifft insbesondere auch auf EMBA-Programme zu. Viele Top-EMBA-Programme verzichten auf den GMAT. Berufs- und Führungserfahrung sowie der Eindruck in den Auswahlgesprächen sind maßgeblich für die Zulassung.

Wenn der GMAT gefordert wird, sollte man ihn jedoch nicht auf die leichte Schulter nehmen, denn zum einen kann er die Vorauswahl beeinflussen (wer wird zu Interviews eingeladen?), zum anderen bedarf es einer (zeit-) intensiven Vorbereitung, um den Test mit einem guten Ergebnis zu bestehen. Hervorragende Englisch-Kenntnisse in Wort und Schrift sind obligatorisch, da die Unterrichtssprache in MBA-Studiengängen guter und sehr guter Anbieter Englisch ist. Weitere Informationen zum GMAT findet man unter www.ets.org oder www.mba.com. Vorbereitungsliteratur für GMAT und TOEFL (Test of English as a Foreign Language) sind im Handel erhältlich.

Nicht nur die Zusammensetzung der Teilnehmer eines Jahrgangs sollte international sein, auch die Lehrenden in einem E/MBA-Programm sollten sich in der Regel aus eigener Fakultät und Gastprofessoren von internationalen Partnerhochschulen zusammensetzen. Um den Praxisbezug zu stärken, unterstützen in guten MBA-Programmen Praktiker aus der Wirtschaft den Unterricht. Dies kann in Form von Vorlesungseinheiten oder im Rahmen von Gastvorträgen innerhalb bestimmter Vorlesungsthemen der Fall sein.

Die folgenden Fragen sollten Sie für sich selbst prüfen:
- Prüfen Sie selbstkritisch, ob Ihr Persönlichkeits- und Leistungsprofil Sie zu einem Adressaten von MBA-Studiengängen macht.
- Das grundständige Studium sollte wenigstens mit „gut" abgeschlossen worden sein.
- Sie sollten über sehr gute Englischkenntnisse verfügen, da die Unterrichtssprache Englisch ist. Die Literatur und das Unterrichtsmaterial werden in guten MBA-Programmen ebenfalls in englischer Sprache zur Verfügung gestellt.
- Ein MBA-Studiengang kann sowohl als (klassisches) Vollzeitstudium als auch berufsbegleitend (Teilzeit-, Modular- bzw. Fernstudium) organisiert sein. Von der Organisation und Zielrichtung eines Programms hängt wesentlich die Dauer ab. Sie liegt bei Vollzeit-Programmen zwischen neun und 24 Monaten. Bei Teilzeit-Programmen sind mindestens zwei Jahre anzusetzen.

Das Executive MBA-Programm ist in den meisten Fällen ein berufsbegleitendes Teilzeit- oder modulares Programm, das auch längere Präsenzperioden (residential periods wie etwa live-in weeks) an der Business School sowie Auslandsaufenthalte beinhalten kann. Die Teilnehmer an berufsbegleitenden Programmen müssen ihr Studium in der Regel in einer vorgegebenen Zeit beenden und gleichzeitig im vollen Anstellungsverhältnis in ihrem Unternehmen verbleiben.

Ein berufsbegleitendes Programm stellt deutlich höhere Anforderungen an Eigenmotivation, Belastbarkeit und Zeitmanagement. Der Student nimmt erhebliche Anstrengungen in Kauf, um Beruf, Studium und Familie in Einklang zu bringen. Die ohnehin schon beruflich intensiv reisenden Teilnehmer müssen dann die Präsenzwochen und Wochenendmodule entsprechend einplanen. Zusätzlich zu den Unterrichtsstunden fallen noch ein bis zwei Stunden täglich für das Selbststudium an, die eine hohe Eigenmotivation und

Disziplin verlangen. EMBA-Studenten betonen immer wieder, dass die größte Herausforderung während des Studiums darin besteht, die Work-Life-Study-Balance zu finden.

Ein Vorteil der Teilzeitstruktur besteht darin, das über das Wochenende erlernte Wissen direkt im eigenen Arbeitsumfeld anzuwenden und umzusetzen. Ein Teil des hohen Nutzens der Investition in den MBA wird somit unmittelbar für den Teilnehmer und das fördernde Unternehmen spürbar. Das erklärt auch, warum in Europa 73 Prozent der EMBA-Studenten von den Unternehmen entweder teilweise oder ganz gefördert werden.

Bei Vollzeitprogrammen ist es wichtig, sich über den Einkommensverzicht während des Studiums im Klaren zu sein. Er ist neben den Studiengebühren ein Teil der Investition in die eigene Zukunft. Um die Finanzierungslast abzumildern, vergeben viele Anbieter Stipendien. Auch staatliche Zuschüsse (in Deutschland BAföG) sind mitunter möglich. Unternehmen, die einen Mitarbeiter für ein Vollzeitprogramm freistellen und finanziell unterstützen, sind eher selten. Daher ziehen Vollzeit-Programme in erster Linie Jobwechsler oder Umsteiger an. Sie können in den führenden MBA-Programmen die Career oder Placement Services in Anspruch nehmen, um die Weichen für die berufliche Zukunft zu stellen. Ein solcher Service fehlt bei EMBA-Programmen aus einem wichtigen Grund: Ein hoher Anteil von Teilnehmern wird von ihren Unternehmen finanziell unterstützt. Die Unternehmen investieren intensiv in die Weiterbildung ihrer High Potentials. Um Interessenkonflikte zu vermeiden, offeriert das EMBA-Programm daher keine Unterstützung für einen Jobwechsel.

Tipps
- Setzen Sie sich ein berufliches Ziel, das Sie nach dem MBA innerhalb von fünf Jahren erreichen möchten (etwa Bereichsleiter).
- Stellen Sie die Gesamtkosten des Programms - Ihre Investition - dem zukünftig erwarteten Einkommen gegenüber und fragen Sie sich, wie lange es dauert, um die Kosten des Studiengangs unter günstigen Umständen (Sie werden Bereichsleiter) und unter ungünstigen Bedingungen (Sie schaffen es nicht) zu amortisieren.
- Bei Anbietern von Fulltime MBA-Programmen sollten Sie prüfen, ob die Institution über ein eigenes Career Center oder ein entsprechendes Netzwerk (z. B. Ehemaligenvereinigung, Alumni-Club) verfügt.

Um den Weg zum richtigen MBA-Programm so gut wie möglich zu finden, sind neutrale MBA-Portale ein wichtiger Ratgeber. Dort findet man Informationen über Business Schools, Rankings, Akkreditierungen und eine allgemeine Orientierungshilfe (z. B. www.mba-channel.com)

Letztendlich ist ein EMBA/MBA-Programm eine finanzielle und auch zeitliche Investition, die gut überlegt sein sollte, sich bei der richtigen Auswahl aber auch auszahlt.

Prof. Dr. Jürgen Weigand
Akademischer Direktor MBA-Program

Heidrun Hoffmann
Program Manager
WHU – Otto Beisheim School of Management
www.whu.edu

2.2 Berufsbild Ingenieur/in in der Beratung – Projektbericht über Miniaturisierung in der Medizintechnik bei Siemens

Über den Autor

Roman Geis (32) ist Project Manager bei Siemens Management Consulting (SMC) in New York. Er hat Wirtschaftsingenieurwesen an der TU Berlin sowie in den USA studiert. Mit seiner Diplomarbeit in der Strategieabteilung der Siemens Zentrale in den USA schaffte er den Einstieg beim Münchener Technologie Konzern. Danach heuerte er bei SMC, der strategischen Inhouse Beratung des Siemens Konzerns an und durchlief die typischen Beraterstationen: Vom Consultant über den Senior Consultant bis zum Project Manager. Besonders hilfreich war sein Studium im Hinblick auf den Brückenschlag zwischen technologieorientiertem und wirtschaftlichem Denken. Seiner Meinung nach sind zwei der wichtigsten Fähigkeiten, die Absolventinnen und Absolventen für die Beratung mitbringen sollten, die Teamfähigkeit und die Kreativität bei der Problemlösung. Darüber hinaus ist für den generellen Erfolg von Beratungsprojekten insbesondere die Fähigkeit entscheidend, Klienten für die Projektumsetzung zu mobilisieren.

Das kleinste Ultraschallsystem der Welt kann Leben retten!

Schnelle und präzise Diagnose, möglichst direkt am Unfallort, kann und wird zukünftig mehr Leben retten. Dieser Trend, hin zu einer umfassenden Diagnose am 'point of care', ist in der Medizin seit langem zu beobachten. Siemens leistet durch die Markteinführung des kleinsten Ultraschallsystems der Welt zu dieser wichtigen Entwicklung in der Medizintechnik einen entscheidenden Beitrag. Das Gerät, mit dem Namen Acuson P10, ist seit diesem Jahr erhältlich und passt in die Tasche eines Arztkittels. Es ermöglicht Notärzten, sich direkt am Unfallort ein Bild vom Zustand des Patienten zu machen. Damit steigt die Verfügbarkeit der Ultraschalltechnologie drastisch an. In der Vergangenheit nahm diese Technologie viel Platz in Anspruch, war damit begrenzt mobil und im Notfall unter Umständen nicht verfügbar.

Wie vermarktet man eine Innovation?

Die Markteinführung einer Innovation wie dieser bedeutet eine große Herausforderung für jedes Unternehmen. Um die Fragestellung der Vermarktung zu beantworten wurde ein Team von Siemens Management Consulting mitten ins Herz des Silicon Valley nach Kalifornien zum Standort von Siemens Ultrasound gerufen. Das Projekt hatte eine klare Aufgabenstellung: Wie vermarktet man dieses innovative Gerät? Drei Teilfragen musste das SMC-Team in weniger als zwei Monaten beantworten:
1. Was sind die attraktivsten Marktsegmente?
2. Wie muss die Technologie vertrieben werden?
3. Wie können Nutzer dieser neuen Technologie geschult werden?

Gefragt war von uns einerseits ein tiefes Markt- und Technologieverständnis, um die besonderen Anforderungen der einzelnen Marktsegmente sowie die technischen Leistungsmerkmale des Produktes genau zu verstehen. Andererseits lag der Schlüssel zum Erfolg auch darin, die verschiedenen Funktionen im Unternehmen, so wie Entwicklung, Marketing und Vertrieb, an einen Tisch zu bringen und ein gemeinsames erfolgsversprechendes Vorgehen festzulegen. Die Rolle von uns als interne Berater lag vor allem darin, den Prozess der Strategiefindung zu moderieren und die dafür nötige Struktur vorzugeben, damit der ambitionierte Zeitplan auch tatsächlich erfüllt werden konnte.

Die Antwort auf die Fragestellung nach den attraktivsten Marktsegmenten wurde durch die einzigartige Größe des Ultraschallgeräts gegeben. Durch seine handlichen Maße ist das Gerät besonders im mobilen Einsatz überlegen. Hierzu zählen neben der Notfallmedizin (insbesondere Ambulanzen und Feuerwehr) auch die Intensivstation und die Geburtenhilfe.

Die zweite Frage unseres Projektes hatte den Vertrieb des Geräts im Fokus. Da es sich bei der Technologie um etwas völlig Neuartiges handelte, war der etablierte Vertrieb nicht geeignet. Hauptgrund hierfür waren vor allem fehlende Marktkenntnisse in den besonders attraktiven Marktsegmenten wie Ambulanz oder Geburtenhilfe. Statt des Direktvertriebs sollten daher externe Vertriebspartner zum Einsatz kommen, die in den jeweiligen Marktsegmenten bereits etabliert waren und über die nötigen Absatzkanäle verfügten.

Die dritte und letzte Frage stellte gleichzeitig die größte Herausforderung dar. Wie sollen die Nutzer dieser neuen Technologie geschult und damit die Marktentwicklung vorangetrieben werden? Das Team musste Wege finden, die Akzeptanz einer völlig

neuen Technologie in der Medizin zu beschleunigen. Eine Möglichkeit sind dabei Kooperationen mit medizinisch-orientierten Universitäten. Durch das Bereitstellen des Geräts für die Lehre, wird die neuartige Technologie bereits sehr früh im Arbeitsablauf der jungen Mediziner verankert und fördert so deren Akzeptanz. Was Jung-Mediziner bereits während ihrer Ausbildung im Arztkittel tragen, werden sie später nicht wieder ablegen wollen.

Das Fazit des SMC-Beraters

„Dieses Projekt war wieder mal ein exzellentes Beispiel dafür, wie aufregend das Beraterleben sein kann. Die Entwicklung der Vermarktungsstrategie für das kleinste Ultraschallsystem der Welt ließ bei mir keine Wünsche offen. Im Rahmen des Projektes konnte ich als Wirtschafts- Ingenieur besonders wertvolle Erfahrungen im Innovations-Management sammeln. Das interdisziplinäre Arbeiten war bei diesem Beratungsauftrag besonders reizvoll für mich. Außerdem hatten wir mit dem sonnigen Mountain View in Kalifornien einen fantastischen Projektstandort, in dem Unternehmensgrößen wie z.B. Google in unmittelbarer Nachbarschaft angesiedelt waren. Tag für Tag konnten wir dort den Innovationsgeist des Silicon Valleys erleben. Das tolle Team auf Kundenseite, unsere Akzeptanz beim Management von Siemens Ultrasound und der besonders kollegiale Umgang miteinander war dabei noch das Tüpfelchen auf dem I."

Roman Geis
Project Manager
Siemens Management Consulting

2.3 „Die Mär vom Karohemd" – Ein Einblick in den Alltag eines Entwicklungsingenieurs

Es gibt viele Vorurteile über Ingenieur. Die meisten davon stellen den Ingenieur als einen kontaktscheuen und leicht realitätsfremden Technikfreak dar. Das gilt sicher insbesondere für den Teil der Spezies Ingenieur, die sich direkt mit der Technik auseinandersetzt und im Entwicklungsbereich oder der Konstruktion tätig ist. Soviel vorab: Dieses Vorurteil möchte ich im Rahmen dieses Berichts auflösen und für eine spannende, teamorientierte und abwechslungsreiche Tätigkeit in den Entwicklungsabteilungen werben.

Mein Name ist Christian Großmann, ich bin 25 Jahre alt und habe nach dem Abitur in der Zeit von 2002 bis 2006 im Rahmen eines Dualen Studiums in Zusammenarbeit mit der Hochschule Ostwestfalen und der PHOENIX CONTACT GmbH & Co. KG Mechatronik studiert. Heute bin ich als Entwicklungsingenieur in der Vorentwicklung des hauseigenen Maschinenbaus tätig, nachdem ich zuvor zwei Jahre als Konstrukteur im gleichen Bereich gearbeitet habe. Dort werden mit etwa 180 Kolleginnen und Kollegen Sondermaschinen und Vorrichtungen sowie komplette Produktionskonzepte für die PHOENIX CONTACT Gruppe entwickelt, konstruiert und aufgebaut sowie der entsprechende Service dafür abgedeckt.

Wie sieht also ein typischer Arbeitstag aus? Da ich es aus meiner eigenen Erfahrung kenne, dass allgemeine Aussagen vom Typ „Konstruktionsarbeit" mich als Leser auch nicht mehr über den Alltag eines Ingenieurs erfahren lassen, werde ich versuchen, das Ganze anhand eines konkreten Tagesablaufs darzustellen. Hierzu wähle ich Donnerstag, den 13. November 2008:

07.30 Uhr
Ankunft im Büro – Nach Begrüßung der Kollegen und Starten des Computers plane ich kurz den Tagesablauf. Dazu mache mir noch einige Notizen und stelle die Unterlagen für die nachfolgenden Termine zusammen. Dazu gehört das Plotten von Zeichnungen aus der Datenbank und das Drucken von Präsentationen. Gegebenenfalls recherchiere ich auch nochmals technische Daten (z.B. auf der Internetseite eines Herstellers) oder stimme mich zu einem Thema mit den Abteilungskollegen kurz ab. Zudem sind einige E-Mails aufgelaufen, die beantwortet werden wollen. Zum Beispiel möchte einer unserer internen Kunden gerne ein weiteres Produkt in seine neu konzipierte Produktionsanlage einbinden lassen. Dafür nenne ich ihm einen Termin für den Abschluss der Machbarkeitsprüfung.

08.00 Uhr
Ich treffe mich mit einem Kollegen aus dem Bereich Customer Solution, einer kundennahen und vertriebsorientierten Abteilung. Gemeinsam wollen wir die Vorstellung einer Produktionsanlage abstimmen, die wir einem unserer Kunden anschließend anbieten möchten. Insbesondere geht es dabei um die Frage, ob wir mit unserem Konzept die Wünsche des Kunden erfüllt haben, mit denen er an uns herangetreten ist. Wir diskutieren, wie wir bei eventuellen Nachfragen reagieren und was wir für machbar halten.

08.45 Uhr
Kaffeepause. Bei einem Wachmacher habe ich die Gelegenheit, auch Kollegen aus anderen Abteilungen, z.B. der Programmentwicklung, zu treffen und nach dem aktuellen Stand weiterer Projekte zu fragen. Wichtig ist hier aber auch der Flurfunk oder das gemeinsame Scherzen, wobei ab und an beides sehr nahe beieinander liegt...

09.00 Uhr
Gemeinsam mit dem Kollegen des Bereichs Customer Solution präsentiere ich unserem Kunden unser Konzept zur Lösung seiner Aufgabe. Dabei versuchen wir durch Offenheit und detailliertes Eingehen auf die Fragen des Kunden – gerade auch hinsichtlich der neuen vorgestellten Technologie – das Vertrauen für uns und unsere Lösung zu gewinnen.
Beispielsweise werden wir gefragt, wie es mit der Dauerhaltbarkeit des Systems hinsichtlich der hohen Geschwindigkeit der Gesamtanlage steht. Da ich zuvor die Daten beim Hersteller erfragt hatte und somit über die Geschwindigkeit der Anlage und des geplanten täglichen Betriebes die Lebensdauer errechnen konnte, sind wir gut gerüstet und können überzeugen.

10.30 Uhr
Nach kurzer Rücksprache mit meinem Kollegen über den aus unserer Sicht positiven Verlauf des Gespräches steht nun einer von mehreren Workshops mit vier anderen Kollegen aus verschiedenen Bereichen an. Gemeinsam wollen wir ein neues Maschinenkonzept für ein neues Betätigungsfeld entwickeln. Da ich hierfür die technische Projektleitung übernommen habe, liegt es an mir den Workshop zu leiten und die Erfahrung und hohe Fachkompetenz der Kollegen aus den verschiedensten Bereichen zu bündeln. Dort trifft der Softwareexperte auf den Konstrukteur und der Produktionsverantwortliche auf den Qualitätssicherer. Eine spannende Kombination, die sehr viel Potenzial, aber auch sehr viel Zündstoff enthält, die nur durch geschickte Moderation kontrolliert werden kann. Offenbar haben wir eine gute Uhrzeit gewählt, denn wir sind sehr kreativ und kommen in den Überlegungen gut voran. Dies ist auch wichtig, denn schließlich muss für die Vorstellung in etwa einem Monat nicht nur das technische Konzept stehen. Vielmehr benötigt der Kunde auch eine erste Wirtschaftlichkeitsrechnung, so dass das Grundkonzept bereits stehen muss.

12.30 Uhr
Beim Mittagessen ist es ähnlich wie mit der Kaffeepause am Morgen. Ich tausche mich mit Kollegen zum Fortschritt anderer Projekte oder neuer Technologien aus, „schnacke" mit ihnen über das anstehende Wochenende oder den Verlauf des Tages.

13.15 Uhr
Ein Lieferant von uns hat sich mit mir verabredet, um Musterteile zu übergeben, die wir angefordert haben. Wir begutachten gemeinsam mit einem Qualitätsverantwortlichen aus dem Produktionsbereich die Ergebnisse, vermessen die Teile oder untersuchen sie mit Hilfe eines Mikroskops. Wir schlagen dem Lieferanten noch ein paar kleine Änderungen vor und stimmen das weitere Vorgehen ab.

13.45 Uhr
Als Absolvent eines dualen Studiums habe ich selbst die Betreuung der Studierenden in dualen Studiengängen in unserem Bereich übernommen. Mit einer von ihnen habe ich nun einen Termin zur Abstimmung der weiteren Aufgaben, die sie in unserem Bereich übernehmen soll. Schließlich sollen die „Koopis", wie sie intern genannt werden, möglichst früh

ingenieurnahe Tätigkeiten übernehmen, um nach Abschluss ihres Studiums direkt durchstarten zu können. Die Kollegin wird sich nun um eine Lösung für ein Funknetzwerk bei einem unserer Kunden kümmern.

14.15 Uhr
Nun geht es in die Werkstatt. Vor ein paar Wochen habe ich eine Vorrichtung konstruiert, auf der die ersten kleineren Mengen eines neuen Produktes von einem unserer Kunden geprüft werden sollen. Die Kollegen haben die Vorrichtung aufgebaut und in Betrieb genommen und nun den Kunden und mich zur Abnahme eingeladen. Gemeinsam begutachten wir das fertige System und stimmen kleinere Änderungen und Optimierungen für die Vorgehensweise ab.

15.00 Uhr
Zurück im Büro. Da ich heute längere Zeit unterwegs war, ist natürlich auch einiges liegen geblieben. Zunächst einmal ist wieder die ein oder andere E-Mail zu schreiben. Dann habe ich noch ein paar Abstimmungen mit einem unserer Lieferanten hinsichtlich technischer Machbarkeiten zu klären (z.B. Erfragen von Schnittstellen an der Steuerung eines Stellantriebes). Diese benötige ich für ein Treffen mit einem unserer Kunden am nächsten Tag. In dieser Zeit kann es auch sein, dass ich für eine anstehende Konstruktion einfach einmal etwas in unserem Versuchsraum ausprobiere, vielleicht das Schaltverhalten eines Sensors oder die Funktion eines Musteraufbaus. Oder ich frage unseren Steuerungsexperten nach der bestmöglichen Lösung für ein bestimmtes Antriebsproblem, das sich in der Diskussion mit dem Kunden am Vormittag ergeben hat.

16.30 Uhr
Ein Kollege aus unserem Bereich Customer Solution kommt vorbei und wir kümmern uns um ein Pflichtenheft, das wir einem unserer Kunden für eine Montageanlage vorlegen wollen. Gemeinsam kommen wir mit der Formulierung gut voran und können die mit dem Kunden vereinbarten Details schnell zusammentragen.

17.45 Uhr
Jetzt muss ich los. Schließlich hat meine Fussballmannschaft in einer dreiviertel Stunde Training und der Trainer wartet nicht gerne. Auf der Rückfahrt habe ich aber noch Zeit, die morgen anstehenden Dinge im Kopf durchzugehen. Dem aufmerksamen Leser ist nun sicher aufgefallen, dass es innerhalb des von mir beschriebenen Tagesablaufes nicht nur die „stille" Arbeit am PC oder im Versuchsraum gibt. Vielmehr widme ich auch einen großen Teil der Zeit der Abstimmung mit Kunden oder Kollegen. Aufgrund zunehmender Komplexität und des immer größer werdenden Umfangs von Projekten ist dies neben der „ursprünglichen" Entwicklungsarbeit ein wichtiger Anteil, um den Anforderungen hinsichtlich Kosten, Terminen und Qualität gerecht zu werden. Sowohl die technischen, aber auch die wirtschaftlichen Rahmenbedingungen lassen sich nur durch gute Zusammenarbeit aller an einem Projekt beteiligten Personen erfüllen. Damit sind Entwicklungsingenieurinnen und Entwicklungsingenieure nur noch selten überwiegend „Tüftler im Labor", sondern mehr und mehr „Technische Projektleiterinnen und Projektleiter". Schließlich fordert eine moderne Arbeitsstruktur, die meist auf Projektbasis beruht, dass jeder Beteiligte für die ihm zugeordneten und ihm übertragenen Aufgaben Verantwortung übernimmt und diese im Sinne des Gesamterfolges bestmöglich erfüllt. Daraus ableiten lässt sich, dass moderne Ingenieurinnen und Ingenieuren in der Entwicklung vor allem technisches Wissen und die

Begeisterung für Technik im Allgemeinen auszeichnen. Es wird sich jedoch immer wieder zeigen, dass eine erfolgreiche Arbeit in einer modernen Arbeitsstruktur, wie sie sicher in den allermeisten Branchen und typischen Tätigkeitsfeldern von Ingenieuren zu finden ist, durch eine gewisse Portion der als „Soft Skills" bekannten kommunikativen Fähigkeiten gefördert wird. Entwicklere oder Konstrukteure sind auch weiterhin das „Herzstück" bei der Produktentwicklung und letztendlich die Taktgeber für Innovationen. Aber es gilt zunehmend, dass fachlich gute Expertinnen und Experten zumeist erst durch die „Extra-Portion" Kommunikation auch zu erfolgreichen Ingenieurinnen und Ingenieuren werden.

Ach so: Und die Mär vom Karohemd ist so langsam wirklich überholt.

Christian Großmann
Vorstand für Öffentlichkeitsarbeit der Studenten und Jungingenieure im VDI
Kontakt: suj@vdi.de

2.4 Berufsbild Ingenieur/in in der Forschung – ein Erfahrungsbericht vom Fraunhofer Institut

Über den Autor
Nils Mölders (29) ist wissenschaftlicher Mitarbeiter beim Fraunhofer-Institut für Umwelt-, Sicherheits- und Energietechnik UMSICHT in Oberhausen. Er hat Maschinenbau mit der Vertiefungsrichtung Antriebstechnik an der Ruhr-Universität Bochum studiert. Den Einstieg bei der Fraunhofer Gesellschaft fand er über eine Diplomandenstelle.

„Ingenieure sind manchmal reich, können mit Zahlen jonglieren, dafür kein Englisch und Deutsch, sind beliebte Schwiegersöhne und singen Matrosenlieder" [Bednarz_2008]. Dies ist nur eine kleine Auswahl der Antworten, die Passanten zum Berufsbild des Ingenieurs gegeben haben. Aber mal ehrlich: Trägt der Ingenieur tatsächlich nur Karohemden und Sandalen, huscht murmelnd über den Gang und wirft einem hin und wieder einen scheuen Blick durch die bausteingroßen Brillengläser zu? Ich habe mich bewusst für einen Berufstart in der Forschung entschieden und möchte im folgenden Artikel meine Erfahrungen und Eindrücke schildern.

Zum Ende des Maschinenbaustudiums (Vertiefungsrichtung Antriebstechnik) stellte sich allmählich die Frage nach einem Thema für die Diplomarbeit. Wie es der Zufall wollte, traf ich auf einen ehemaligen Kommilitonen. Im Verlauf des Gespräches stellte sich heraus, dass er mittlerweile am Fraunhofer Institut UMSICHT eine Doktorandenstelle angetreten hatte und dort zur Ledergerbung Forschung betreibt. Die Fraunhofer Gesellschaft war mir bis zu diesem Zeitpunkt als außeruniversitäre Forschungseinrichtung ein Begriff.

Die Fraunhofer Gesellschaft
Die FhG betreibt derzeit an 40 Standorten in Deutschland mehr als 80 Forschungseinrichtungen und entwickelt Produkte sowie Verfahren bis hin zur Anwendungsreife. Auftraggeber sind dabei Unternehmen jeglicher Größenordnung, aber auch Bund und Länder. Niederlassungen in Europa, in den USA und in Asien sorgen für Kontakte zu den wichtigsten gegenwärtigen und zukünftigen Wissenschafts- und Wirtschaftsräumen.

Das Fraunhofer Institut UMSICHT
Das Fraunhofer Institut UMSICHT in Oberhausen positioniert sich innerhalb der Forschungslandschaft mit den Geschäftsfeldern Spezialwerkstoffe, Nachwachsende Rohstoffe, Prozesstechnik, Biofuels, Produktionstechnische Informationssysteme, Ressourcenmanagement, Energieanlagentechnik und Energiesysteme. Im Geschäftsfeld „Spezialwerkstoffe" wird an funktionellen Werkstoffen geforscht. Dazu gehören neben selbstschärfenden Messern und selbstdichtenden Dichtungen auch selbstheilende Kunststoffe sowie das bereits erwähnte Verfahren der Ledergerbung. Bei einer Institutsführung konnte ich mir dann selbst einen ersten Eindruck verschaffen.

Einstieg und Erfahrungen in der Forschung
Aufgrund meiner Vertiefungsrichtung, beschränken sich meine Erfahrungen auf

Elemente des klassischen Maschinenbaus wie Getriebe und Verbrennungsmotoren. Trotz allem ergab sich schon in den ersten Minuten der Führung eine Gemeinsamkeit. Am sogenannten „Hasen" werden Messer auf ihren Selbstschärfeeffekt untersucht. Ein Messer hat natürlich nichts mit der Antriebstechnik zu tun, die Phänomene, die den erwähnten Effekt beeinflussen, waren mir jedoch wohlbekannt: Reibung und Verschleiß. Diese eher unerwünschten Effekte werden gezielt genutzt, um die Spitze des Messers stetig scharf zu halten. Das Vorbild für dieses Projekt lieferte der Schneidezahn der Ratte. Das beschriebene bionische Prinzip war für mich derart faszinierend, dass ich mir noch weitere Details von dem zuständigen Ingenieur erklären lies. Im Verlauf des Gespräches stellte sich heraus, dass zum Prozessverständnis des gelenkten Verschleißes, dieser mit Hilfe von Simulation weiter untersucht werden sollte. Das dazu nötige Simulationsprogramm war jedoch noch nicht vorhanden. Da ich über Programmierkenntnisse verfüge, drängte sich das Thema für die Diplomarbeit förmlich auf. Die universitäre Betreuung wurde durch den Lehrstuhl für Energieanlagen und Energieprozesstechnik der Ruhr-Universität Bochum übernommen. Dort beschäftigt man sich zwar weder mit Reibung und Verschleiß oder gar mit Rattenzähnen, jedoch nutzt man genau die Simulationsmethode, die ich, etwas modifiziert natürlich, für die Untersuchung des Selbstschärfeeffektes einsetzen wollte.

Den Einstieg in die Forschung habe ich unmittelbar im Anschluss an meine Diplomarbeit geschafft. Durch die intensive Betreuung bei UMSICHT, hatte ich während meiner Arbeit Einblicke in die Vielfältigkeit des Geschäftsfeldes und konnte in dem einen oder anderen Projekt neben meiner normalen Tätigkeit mitarbeiten. Schnell stand für mich fest, dass ich im Anschluss als wissenschaftlicher Mitarbeiter tätig sein wollte, mit dem Ziel, nach dem Studium eine Promotion anzuschließen.

Wie kann man sich aber nun den Berufsalltag an einem Forschungsinstitut vorstellen?
Der erste Arbeitstag als Dipl.-Ing., der Tag also, an dem das Studentenleben endgültig beendet war, verlief insofern ohne große Aufregung, als dass sich subjektiv noch nichts änderte. Dasselbe Büro, dieselben Kollegen und die Aufgabe, den während meiner Diplomarbeit erstellten Programmcode zu erweitern. Spannend wurde es kurze Zeit später, als sich die ersten Studenten auf eine von mir geschaltete Stellenanzeige bewarben. **Darauf wird man in der Hochschule nicht vorbereitet.** Für mich bedeutete dies erst einmal Unterlagen sichten und die Kollegen befragen, wie man ein solches Gespräch überhaupt führt. Ich weiß nicht, wer beim ersten Bewerbungsgespräch aufgeregter war, der Bewerber oder ich. Mittlerweile ist die Zahl der „Hiwis" auf stattliche drei gestiegen und es werden wohl noch mehr.

Zeitmanagement und andere Soft Skills

Etwas, dass ich hier am Institut sehr schnell dazu gelernt habe, könnte man grob mit dem Wort „Zeitmanagement" umschreiben. Da viele der zu bearbeitenden Projekte auf drei oder mehr Jahre angelegt sind, heißt es langfristig zu planen. Wer kann sich wann und wie lange welchem Thema widmen? Wie nutzt man zeiteffizient Ressourcen? Und da meist doch alles anders kommt: Wie reagiert man auf Probleme? Zwar hat das Studium neben einem soliden Grundlagenwissen auch die Fähigkeit vermittelt, sich schnell auf neue Sachverhalte einzustellen, dennoch heißt es für mich: Von den Kollegen lernen. Dabei

2.4 Berufsbild Ingenieur in der Forschung – ein Erfahrungsbericht vom Fraunhofer Institut

kommt den sooft zitierten Soft Skills eine erhebliche Bedeutung zu. Forschung bedeutet eben nicht nur die Arbeit im Labor oder am Schreibtisch. Ideen, neue Ansätze sowie Ergebnisse müssen in kontroversen Diskussionen mit Mitarbeitern und Auftraggebern diskutiert werden. Die Arbeit an einem Fraunhofer Institut erfordert vor allem interdisziplinäres Denken und Handeln. Jeder Mitarbeiter ist als Spezialist auf seinem Gebiet zumeist in mehreren Projekten gleichzeitig involviert. Das heißt, Teamgeist, Kommunikationsbereitschaft und Flexibilität sind gefragt, soll ein gemeinsames Vorhaben erfolgreich realisiert werden. Da fast alle Projekte in enger Kooperation mit Industriepartnern und Universitäten durchgeführt werden, bieten sich zahlreiche Möglichkeiten, Kontakte zu knüpfen und Netzwerke aufzubauen. Bei der Umsetzung eines Forschungsvorhabens sind dabei der Kreativität des jeweiligen Projektleiters, abgesehen vom zeitlichen und finanziellen Rahmen, nahezu keine Grenzen gesetzt. In wöchentlichen Treffen wird das gesamte Geschäftsfeld über den Fortschritt und etwaige Probleme informiert. Dies bietet durch die interdisziplinäre Zusammensetzung die Möglichkeit, alternative Sichtweisen und neue Impulse untereinander auszutauschen. Im Einzelnen setzen sich die zwölf wissenschaftlichen Mitarbeiter des Geschäftsfeldes aus Maschinenbau- und Chemieingenieuren sowie aus Werkstoffwissenschaftlern und Chemikern zusammen. Der Prototypenbau sowie die Betreuung der Versuchsanlagen werden durch vier technische Mitarbeiter übernommen. Hinzu kommen nochmals ca. 20 Studenten oder Praktikanten aus verschiedenen Bereichen der Naturwissenschaften, oder fachfremden Richtungen wie dem Industriedesign. Wirtschaftlich ähnelt das Geschäftsfeld einem Industriebetrieb. Es gilt, neue Forschungsmittel zu akquirieren, da sich die Fraunhofer Gesellschaft lediglich zu etwa einem Drittel aus Mitteln von Bund und Ländern finanziert. Das heißt, neue, vielversprechende und damit auch förderungswürdige Ideen müssen entwickelt werden, um die Finanzierung langfristig zu sichern. Wer also gerne Dingen auf den Grund geht und Spaß an innovativen Entwicklungen hat, ist in der Forschung genau richtig aufgehoben. Ich hoffe Ihnen hiermit einen Eindruck in das Berufsfeld des vermeintlich „verschrobenen Ingenieurs in der Forschung" gegeben zu haben und wünsche Ihnen auf Ihrem Weg viel Erfolg. Möglicherweise lernt man sich eines Tages persönlich kennen. Also dann, vielleicht bis bald.

Dipl.-Ing. Nils Mölders
wissenschaftlicher Mitarbeiter
Fraunhofer Institut UMSICHT

Literaturverzeichnis:
[Bednarz_2008] Elwira Bednarz,
Ansichten über Ingenieure, Kurzfilm, 2008,
http://www.vdinachrichten.
com/allgemein_00000089/seite.aspx

2.5 Alternativer Karrierestart über Recruitment-Dienstleister – Erfahrungsbericht am Beispiel Hays

Ingenieurinnen und Ingenieure gehören aktuell zu den meistgesuchten Berufsgruppen auf dem Arbeitsmarkt. Doch auch in Zeiten des Fachkräftemangels ist es für Hochschulabsolventen und Young Professionals kein einfaches Vorhaben, den Traumjob beim Wunscharbeitgeber zu finden. Der Weg über einen Recruitment-Dienstleister kann daher eine interessante Alternative zur Jobsuche in Eigenregie sein.

Personaldienstleister bilden eine effiziente Schnittstelle zwischen Unternehmen, die neue Mitarbeiter brauchen, und Fachkräften, die sich auf der Suche nach dem passenden Job befinden. Hays bündelt zum Beispiel die Nachfrage von über 600 Unternehmen nach Arbeitskräften aus dem hoch qualifizierten Bereich. Darunter sind viele namhafte Firmen, die unter Bewerbern als Toparbeitgeber gelten. Dies eröffnet sowohl Berufsanfängern als auch Berufserfahrenen die Chance, zügig den Wunschjob zu finden.

Einsatz bei interessanten Arbeitgebern

Der Einsatz junger Ingenieurinnen und Ingenieure erfolgt bei Hays zum Beispiel nach dem Temp-Modell. Das heißt, die Bewerber werden zeitlich unbefristet eingestellt und im Rahmen der Arbeitnehmerüberlassung beim Kunden eingesetzt. Insbesondere Unternehmen aus der Automobil- sowie der Luft- und Raumfahrtindustrie nutzen diese Möglichkeit, ihren Bedarf an Spezialisten zu decken – wobei sich die Einsatzdauer der Fachkräfte kontinuierlich gesteigert hat. Aktuell beträgt sie durchschnittlich bereits mehr als neun Monate. Viele Unternehmen lassen die Temp-Spezialisten nach getaner Arbeit auch nur ungern wieder gehen. Sie haben oft schon Folgejobs, die dringend von qualifizierten Fachkräften bearbeitet werden müssen, oder wollen die bewährten Jungingenieure gleich in ein festes Arbeitsverhältnis übernehmen. Der Weg über einen Personaldienstleister kann sich also durchaus als guter Karrierestart entpuppen.

Eine weitere Besonderheit: Der temporäre Einsatz über einen Recruitment-Dienstleister ermöglicht jungen Ingenieurinnen und Ingenieuren, schon am Anfang ihrer Karriere innerhalb kurzer Zeit Erfahrungen bei unterschiedlichen Unternehmen und in verschiedenen Bereichen zu machen – ohne dass sie jedes Mal den Arbeitgeber wechseln müssten. So können sie nach wenigen Jahren sowohl ein breites Erfahrungsspektrum als auch einen geradlinigen Lebenslauf vorweisen.

Der temporäre Einsatz bei einem Unternehmen im Rahmen der Arbeitnehmerüberlassung muss auch nicht mit finanziellen Einschränkungen verbunden sein, wie oft befürchtet wird. Hays bezahlt Ingenieuren zum Beispiel marktgerechte Gehälter, die mit denen der Festangestellten ihrer Kunden vergleichbar sind.

2.5 Alternativer Karrierestart über Recruitment-Dienstleister

Bewerbung und Vermittlung

Die Bewerbung bei einem Recruitment-Spezialisten kann auf zwei Wegen erfolgen: Entweder bewirbt man sich auf eine konkrete Position, die viele Dienstleister im Namen ihrer Kunden auf ihrer Website oder in Jobportalen und Printmedien anbieten. Oder man bewirbt sich initiativ und überlässt die Jobvorauswahl dem Recruiter. Letzteres ist schon deshalb sinnvoll, weil viele Unternehmen sehr kurzfristig Stellen zu vergeben haben, so dass die entsprechenden Angebote gar nicht in Stellenbörsen auftauchen, sondern direkt besetzt werden.

Bei Hays folgt nach Eingang einer Initiativbewerbung ein telefonisches oder persönliches Interview. Im Anschluss daran wird ein Abgleich mit den aktuell zu besetzenden Positionen durchgeführt, wobei darauf geachtet wird, dass die Vorstellungen des suchenden Unternehmens sich mit denen des Bewerbers exakt decken. Bei einer gefundenen Übereinstimmung wird dem Jobsuchenden die entsprechende Aufgabe vorgestellt. Stimmt dieser zu, wendet sich der Recruitment-Dienstleister mit den aussagekräftigen Unterlagen des Kandidaten an den Kunden.

Bei gegenseitigem Interesse wird dann ein telefonisches oder persönliches Vorstellungsgespräch mit dem Unternehmen durchgeführt. Durch das passgenaue Matching und eine gute Vorbereitung der Ingenieurinnen und Ingenieure auf das Bewerbungsgespräch funktioniert die Stellenbesetzung sehr häufig schon beim ersten Anlauf. Im Falle des Temp-Modells schließt der Bewerber seinen Arbeitsvertrag dann mit dem Recruitment-Dienstleister ab.

Schneller Start – Michael Cicchella berichtet

Ich habe an der Fachhochschule Mannheim Maschinenbau studiert und wollte dann im Bereich Konstruktion in der Automobilindustrie arbeiten. Doch bei den Unternehmen, die für mich interessant waren, ergab sich keine Möglichkeit zum baldigen Einstieg. Ein Kommilitone gab mir schließlich den Tipp, mich bei Hays zu bewerben, was ich auch tat. Eigentlich steht bei Hays am Anfang ein Telefoninterview auf dem Programm. Doch ich bekam kurzfristig einen Gesprächstermin und die Möglichkeit, mich gleich persönlich vorzustellen. Meine Ansprechpartner fragten sehr detailliert nach meinen Qualifikationen, Erfahrungen und beruflichen Wünschen.

Wir vereinbarten, dass ich mit meinem umfassenden Qualifikationsprofil in den Experten-Pool aufgenommen werde. Ich habe mich dann auf eine gewisse Wartezeit eingestellt – doch schon eine Woche später bot man mir einen Job bei einem Automobilzulieferer in meiner Nähe an. In einem ausführlichen Briefinggespräch konnte ich mich optimal auf den Vorstellungstermin bei dem Unternehmen vorbereiten. Das Bewerbungsgespräch, zu dem mich der verantwortliche Key Account Manager von Hays begleitete, verlief dann auch sehr positiv.

Bei IHI Charging Systems mache ich jetzt genau das, was von Anfang an mein Ziel war. Ich bin in der Serienentwicklung und konstruiere Komponenten für Turbolader, die in den Motoren renommierter Automobilhersteller eingesetzt werden. Obwohl meine Mitarbeit als temporärer Einsatz gedacht ist, bin ich voll ins Entwicklerteam von IHI integriert und fühle mich wie ein fester Mitarbeiter. Für mich macht es deshalb auch keinen Unterschied, ob mein Gehaltsscheck von IHI oder einem externen Personaldienstleister kommt.

Was ich dagegen als Vorteil an der Beschäftigung über einen Recruitment-

Dienstleister betrachte: Durch die große Anzahl an Kunden, die auf diesem Wege Ingenieurinnen und Ingenieure suchen, konnte ich genau den passenden Job finden. Zudem wäre ein Wechsel zu einem anderen Unternehmen oder in ein anderes Aufgabengebiet jederzeit möglich, die Jobauswahl ist auch vor Ort sehr groß.

Michael Cicchella
Design Engineer
aktuell bei IHI Charging Systems
International GmbH, Heidelberg

Für wen ist die alternative Jobsuche geeignet?

Interessant ist der Weg über einen Recruitment-Dienstleister prinzipiell für jeden mit einer gesuchten fachlichen Qualifikation – ob man nun frisch von der Hochschule kommend den Berufsstart plant oder mit einigen Jahren Berufserfahrung nach einer neuen Herausforderung sucht. Hays hat beispielsweise ständig 400 bis 600 offene Stellen mit Ingenieurinnen und Ingenieuren zu besetzen und sucht dafür qualifizierte Fachkräfte. Bewerberinnen und Bewerber verpflichten sich auch zu nichts, sondern können unter den Positionen, die sie angeboten bekommen, die passendste auswählen.

Dipl.-Ing. (FH) Markus Ley
Mitglied des VDI e.V. und Bereichsleiter
bei Hays

2.6 Unternehmer werden und durchstarten in die Selbstständigkeit!

„12 Stunden in Selbstständigkeit arbeiten, um nicht 8 Stunden für andere arbeiten zu müssen"- dies und ähnliches wird oft und gerne zitiert, wenn es um das Thema Selbstständigkeit geht. Dennoch träumen viele von einem solchen Schritt. Eine aktuelle Erhebung des VDI zeigt, dass annähernd 45% der Gründerinnen und Gründer es vor einer eigenen Gründung vorziehen, erste Erfahrungen in einem Unternehmen zu sammeln. 11% starten jedoch direkt aus der Hochschule in eine unternehmerische Tätigkeit.

Was bedeutet das im Einzelnen? Was sind Unternehmer? Welche Aufgaben haben sie?
So müssen Unternehmer dafür sorgen, dass
- ihre Idee sich von Anfang an am Markt bei den Käufern und gegenüber der Konkurrenz behaupten kann,
- das Unternehmen die Anforderungen seiner Finanziers erfüllt und den Nachweis der Wirtschaftlichkeit erbringen kann,
- alle notwendigen Genehmigungen eingeholt und die Steuer und andere rechtliche Nachweise bzw. Anträge ordentlich erbracht werden und
- das Unternehmen mittels Marketing, PR, Netzwerk- und Lobby-Arbeit am Markt platziert wird.

Doch was müssen Gründer mitbringen; an was ist zu denken?
Im Vordergrund einer Gründung steht die Gründungsidee. Die Erfahrungen zeigen, dass es aber auch Gründer gibt, die einfach Unternehmer sein wollen. Viele diskutieren über die Vor- und Nachteile beider Ausgangssituationen. In einem einzigen Punkt sind sich alle einig:

Gründer müssen Unternehmer sein!

Unternehmer müssen also wie in einem Theaterstück **viele Rollen** spielen oder besetzen. Im Bereich der Ingenieurwissenschaften kommt eine weitere entscheidende Aufgabe  auf die Unternehmer zu: Sie müssen ihre Entwicklung weiter vorantreiben bzw. in ihrem Einsatz erweitern oder neue Produkte entwickeln. **Diese fachlich intensive Arbeit mit den anderen Rollen des Unternehmerdaseins zu verbinden, ist der größte Spagat.**

Der Businessplan – was soll er leisten?

Das Planen ist für den Biotechnologie-Ingenieur Peter G. aus Berlin kein Fremdwort. So wie aus Ideen Projekte entstehen, so können aus **Geschäftsideen** erfolgreiche Unternehmen wachsen. In beiden Fällen ist ein guter Businessplan wertvoll und ein schlechter teuer. Hierbei soll der Plan helfen, **Ideen systematisch zusammenzutragen**, sie bereits während des Entstehens aufeinander abzustimmen und kritisch zu hinterfragen. Und er soll auch eine eigene Richtschnur sein, an der man sich nach dem Start orientieren kann.

Erst in zweiter Linie dient der Businessplan dazu, z. B. bei einer Bank oder bei staatlichen Institutionen **Fremdmittel oder Förderungen** zu beantragen. Dennoch empfiehlt es sich, beim Erstellen stets die Perspektive eines Dritten – beispielsweise eines Bankberaters oder Investors – einzunehmen.

> Stellen Sie sich die Frage: würde ich mein Geld einem Fremden, der mir diesen Plan vorlegt, leihen?

Da die Erfolgsfaktoren wie auch die spezifischen Risiken eines jeden **Gründungskonzeptes** verschieden sind, empfiehlt es sich, selbst zu prüfen, was im konkreten Fall überhaupt relevant ist, was fehlt und wie die einzelnen Sachverhalte zu gewichten sind.

Für Peter G. ist es wichtig aufzuzeigen, was für **Kunden** zukünftig bedient werden sollen und welche Ansprüche sie haben. Dies bildet den logischen Ausgangspunkt für den **Marketingplan** innerhalb seines Businessplans. In die Marketingplanung fließen Faktoren ein wie: „Wie gewinne ich Kunden?", aber auch Überlegungen zu Größe und Kaufkraft seiner zukünftigen Zielgruppe. Diese erhobenen Informationen spiegeln sich in der **Umsatzplanung** und den hiermit eng verbundenen Marktanteilen, die in direktem Zusammenhang mit der **Konkurrenz-Analyse** stehen, wider.

Was sind die weiteren, zentralen Inhalte eines Businessplans?

In seiner Vorhabensbeschreibung wird Peter G. kurz und prägnant darstellen, was er vorhat. Es muss den Lesern des Businessplans von Anfang an klar sein, was wem angeboten werden soll. Nur so kann er dem Konzept folgen. Peter G. will auch seine **fachlichen und kaufmännischen Qualifikationen** darstellen.

Selbstverständlich sind auch berufsrechtliche Grundlagen, die in diesem Zusammenhang eine Rolle spielen, von ihm berücksichtigt worden. Bei der **Standortanalyse** wird er im Wesentlichen die Anforderungen berücksichtigen, die sich aus dem Vorhaben ergeben. Diese können die Infrastruktur, die Raumgröße des Standortes selbst, die Kundennähe oder auch die Verkehrsanbindung sein.

Bei der **Absatz-/Zielgruppen- und Konkurrenzanalyse** muss Peter G. nun sehr genaue Erhebungen machen. Informationen wie Altersstruktur, Einkommen, Geschlechterstruktur aber auch Art der Firmen, Größe, Region und Land müssen beachtet werden. Des Weiteren erhebt er Informationen über den Bedarf seiner Kunden, damit er die mögliche Verkaufsstückzahlen bestimmen kann.

Abschließend müssen in seinen Überlegungen eventuelle Marktveränderungen zukünftiger Wettbewerber wie auch die Gestaltung seines Preis- und Leistungsangebots berücksichtigt werden.

Alle Aspekte des **Einkaufs von Fremdleistungen** bzw. der Beschaffung konnten von Peter G. schnell gelöst werden. Er wusste, mit welchen Firmen er zukünftig zusammen arbeiten wollte und kannte die damit einhergehenden Einkaufs- und Zahlungskonditionen.

Das die Einbindung von **Personal** im direkten Zusammenhang mit der Geschäftseröffnung stand, war klar. Er hatte sich darüber hinaus schon Gedanken über die Beschreibung der zu bildenden Arbeitsstellen und die zukünftige Personalplanung gemacht. Wie die kaufmännische **Organisation** - z. B. Angebots- und Rechnungserstellung - sowie das Sekretariat funktionieren sollten, war von ihm unter dem Punkt Organisation/Rechnungswesen in seinem Businessplan dargestellt worden. Er hatte eine genaue Vorstellung über die Aufgabenteilung innerhalb seiner Firma.

Zu dem Punkt **Marketing** hatte sich Peter G. ebenfalls bereits Gedanken gemacht und Maßnahmen wie Werbung, Werbemedien, Vertriebsaktivitäten und Kundenpflege für sich selber beantwortet. Damit war die Frage „wie komme ich an Kunden?" also gelöst.

Der letzte Aspekt seines Businessplanes, die **Finanzierung**, bereitete ihm die meisten Kopfschmerzen. Wie sollte er das Problem mit dem nicht vorhandenen Eigenkapital lösen? Wie den Bedarf an lang- und kurzfristigen Finanzmitteln decken? Und können Fördermittel in Anspruch genommen werden? Welche bzw. wie können Sicherheiten dargestellt werden?

Aus dem Finanzteil seines Businessplanes waren alle **Investitionskosten** und die Ergebnisplanung ersichtlich. Selbst die benötigte Liquiditätsplanung war für die ersten drei Jahre dargestellt. Er hatte beachtet, dass Eigen- wie aber auch Fremdkapitalgeber erkennen möchten, was „unterm Strich" übrig bleibt und ob die Zins- und Tilgungsleistungen mittel- bis langfristig gesichert sind. Bei der abschließenden Betrachtung des Finanzteils seines Businessplans konnte er erkennen, dass seine privaten Kosten, die für Lebensunterhalt sowie für die private Kranken- und Altersvorsorge notwendig sind, abgedeckt werden können.

Peter G. hat an all diese Punkte gedacht und mit seinem Businessplan einen **ersten, wichtigen Schritt** zur Gründung seiner Firma unternommen.

Welche Bedeutung hat die Rechtsform?

Peter G. steht nun mit seinem ausgefeilten Businessplan vor der Frage, in welcher Rechtsform er zukünftig sein Unternehmen betreiben will. Dabei möchte er zunächst sicherstellen, dass er sein persönliches Vermögen nicht opfern muss, wenn sich das Geschäft letztendlich nicht so entwickelt, wie er es zur Zeit plant.

Wenn Peter G. sein Unternehmen als einzelne Person, also als so genannter **Einzelkaufmann** führen würde, müsste er persönlich alle Verträge abschließen, die das Unternehmen betreffen, und dementsprechend natürlich auch persönlich für die Erfüllung dieser Verträge haften.

Auch wenn Peter G. das Geschäft mit einem oder mehreren Partnern betreiben will und eine **Gesellschaft** gründet, sei es als Gesellschaft bürgerlichen Rechts oder als Offene Handelsgesellschaft, haften sämtliche Gesellschafter nicht nur mit dem Gesellschaftsvermögen, sondern überdies auch jeder Einzelne mit seinem gesamten

Privatvermögen. Lediglich bei der Kommanditgesellschaft, einer weiteren Form der so genannten Personengesellschaften, ist die persönliche Haftung einiger Gesellschafter (der Kommanditisten) auf ihre Einlage beschränkt. Neben den Kommanditisten muss es aber immer mindestens eine Person geben, die vollumfänglich haftet; dies ist der so genannte Komplementär.

Bei den so genannten **Kapitalgesellschaften**, also bei der Gesellschaft mit beschränkter Haftung (GmbH) und der Aktiengesellschaft (AG) haftet dagegen nur das Gesellschaftsvermögen, dessen Aufbringung und Erhaltung durch die Gesellschafter zum Schutz der Gläubiger detailliert geregelt ist.

Für Peter G. scheint unter Berücksichtigung des Haftungsgesichtspunktes die Rechtsform der **GmbH** am zweckmäßigsten zu sein. Die Aktiengesellschaft scheidet er wohl zu Recht aus. Zum einen weisen die gesetzlichen Regelungen über die AG ein hohes Maß an Formenstrenge auf, die den praktischen Umgang mit dieser Gesellschaftsform bisweilen erschweren. Im Übrigen ist diese Rechtsform für Kapitalgeber, die Peter G. möglicherweise für die Ausweitung seines Geschäftes suchen wird, wegen der geringen Einwirkungsmöglichkeiten der Gesellschafter (Aktionäre) nicht sonderlich attraktiv. Nur wenn für Peter G. in Aussicht stünde, sein Unternehmen mit Hilfe von Investoren relativ kurzfristig an die Börse zu bringen, würde sich ggfs. die Rechtsform der AG schon bei Gründung empfehlen, um spätere Kosten der Umwandlung von einer GmbH in eine AG zu vermeiden.

Mit welchen Gründungskosten muss Peter G. rechnen?

Bei der Gründung eines Unternehmens in der Form eines Einzelkaufmanns fallen nur Gebühren für eine **Gewerbeanmeldung** und ggf. weitere erforderliche behördliche Erlaubnisse an. Bei der Gesellschaft bürgerlichen Rechts sieht das grundsätzlich nicht anders aus. Eines schriftlichen Vertrages bedarf es zur Gründung nicht, einer Eintragung in irgendein Register erst recht nicht. Wenn die Gesellschafter - was empfehlenswert ist - ihre gegenseitigen Rechte und Pflichten in einem durchdachten Vertragstext schriftlich festlegen wollen, so fallen dafür ggf. Kosten in Form von Honoraren an einen beratenden Rechtsanwalt an.

Betreibt die Gesellschaft ein **Handelsgewerbe** im Sinne des Handelsgesetzbuches, ist sie eine OHG und muss gebührenpflichtig ins Handelsregister eingetragen werden. Um die Haftung der Kommanditisten bei der Kommanditgesellschaft wirksam zu begrenzen, ist ebenfalls die gebührenpflichtige Eintragung ins Handelsregister notwendig. Die Handelsregisteranmeldung muss in allen Fällen durch einen Notar beglaubigt (nicht beurkundet!) werden.

Sehr viel aufwändiger ist die Gründung von **Kapitalgesellschaften**. Es bedarf eines notariell zu beurkundenden Gründungsaktes, im Rahmen dessen auch die zukünftige Satzung der Gesellschaft mit einem gesetzlich vorgeschriebenen Mindestinhalt zu verabschieden ist. Insbesondere sind diese Gesellschaftsformen mit einer gewissen Kapitalausstattung zu versehen, die bei der GmbH mindestens 25.000,00 EUR und bei der AG mindestens 50.000,00 EUR beträgt. Diese Beträge müssen bei Eintragung der Gesellschaft ins Handelsregister mindestens zu einem Viertel eingezahlt sein. Wird eine **Ein-Personen-Gesellschaft** gegründet, so muss der Gründer, die Gründerin für den nicht eingezahlten Teil des Stamm- bzw. Grundkapitals darüber hinaus Sicherheit leisten.

Schließlich fragt sich Peter G., inwieweit sich die in Betracht kommenden Rechtsformen in **steuerlicher Hinsicht** unterscheiden. Dabei wird er folgendes zu berücksichtigen haben:

Wenn Peter G. als Einzelperson das von ihm zu gründende Unternehmen betreibt, muss er einen erzielten Überschuss als Einkommen nach den für ihn persönlich geltenden Einkommensteuersätzen versteuern. Darüber hinaus muss er die nach dem Gewerbesteuergesetz von den Gemeinden in teilweise sehr unterschiedlicher Höhe erhobene Gewerbesteuer zahlen, deren Anknüpfungspunkte der Gewerbeertrag und das Gewerbekapital sind. Die Gewerbesteuerpflicht entfiele nur, wenn das Unternehmen eine **freiberufliche Tätigkeit** zum Gegenstand hätte. Diese Besteuerung ist im Prinzip in einer Personengesellschaft die gleiche: Gewerbesteuer wird von der Gesellschaft gezahlt, die Gesellschafter müssen den auf sie entfallenden Gewinnanteil als Einkommen versteuern.

Grundsätzlich anders sieht es bei den **Kapitalgesellschaften** aus: Zum einen sind sie, ungeachtet des Unternehmensgegenstandes, gewerbesteuerpflichtig. Zum anderen wird der Gewinn, den eine Kapitalgesellschaft erzielt, zunächst der Körperschaftsteuer unterworfen, die von der Gesellschaft zu zahlen ist. Der Körperschaftsteuersatz beträgt 15% (seit dem 01.01.2008, vorher 25%). Daneben haben die Gesellschafter der Kapitalgesellschaften die an sie ausgeschütteten Gewinne nach dem sog. Halbeinkünfteverfahren, d.h. also in Höhe der Hälfte, mit der jeweils anfallenden Einkommensteuer zu versteuern (ab dem 01.01.2009 nach dem sogenannten Teileinkünfteverfahren, also in Höhe von 60% der Erträge). Darüber hinaus gibt es noch Unterschiede in der Besteuerung zwischen Kapitalgesellschaften einerseits und Personengesellschaften und Einzelhandelsunternehmen andererseits, wenn Beteiligungen oder Betriebsteile veräußert werden. Das wird aber unseren Peter G. im Zweifel zum jetzigen Zeitpunkt noch nicht interessieren, zumal sich diesbezüglich die Gesetzeslage immer mal wieder ändert.

Schließlich wird sich Peter G. auch noch fragen müssen, welche **Rechtsform** er wählen sollte, um die Voraussetzungen für spätere **Finanzierungen** des Unternehmens durch Außenstehende zu schaffen.

Für die Erlangung von Bankdarlehen wird diese Frage nicht von Bedeutung sein. Dem Kreditgeber kommt es immer nur auf die Bonität seines Darlehensnehmers an, unabhängig davon, ob es sich um eine natürliche Person, eine Personen- oder Kapitalgesellschaft handelt. Tritt eine junge, noch nicht sehr kapitalstarke GmbH als Darlehensnehmer auf, wird eine Bank im Zweifel eine persönliche Verbürgung der Gründungsgesellschafter fordern, so dass auch für die Gesellschafter die Haftungsbegrenzung durch die Rechtsform nicht zum Tragen kommt. Anders aber, wenn nicht eine **Fremdfinanzierung**, sondern eine **Eigenkapitalfinanzierung** in der Weise erfolgen soll, dass sich ein Investor an dem Unternehmen beteiligt und Geld in das Unternehmen „steckt". Ein solcher Investor wird sein Risiko immer nur auf sein Investment begrenzen und sich deshalb nicht an einer Personengesellschaft beteiligen wollen.

Peter G. kommt also nach all diesen Überlegungen zu dem Schluss, dass wohl die Gründung einer GmbH für ihn der beste Weg sei. Wenn er dann noch dem beurkundenden Notar erklärt, dass er später weitere Gesellschafter zum Zwecke der

Finanzierung aufnehmen möchte, wird dieser durch geeignete Regelungen in der Satzung dafür Sorge tragen, dass dies unproblematisch möglich ist.

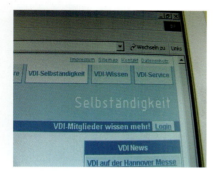

Mehr Informationen zum Thema Gründung: www.vdi-selbstaendigkeit.de

Ansprechpartner im VDI e.V.:
Dr. Markus Finck,
Bereich Technik und Wissenschaft,
biotechnologie@vdi.de

Autoren dieses Beitrages:
VDI-Fachausschuss Eigenkapitalfinanzierung (Kompetenzfeld Biotechnologie);
Beiträge von
Dr. Daniella Reschke,
Tamur GmbH (Gründungsidee),
Jörg T. Eckhold,
Eckhold & Klinger Unternehmensberatung GmbH (Businessplan),
Dr. Michael Tigges,
TIGGES Rechtsanwälte (Recht).

3. Netzwerk – die wirklich wahre Karrierehilfe

3.1 VDI Studenten und Jungingenieure Technik. Netzwerk. Karriere.

Wie man schon früh ein Netzwerk baut, die oft beschworenen Soft Skills trainiert und dabei noch jede Menge Spaß haben kann...

Beim Verein Deutscher Ingenieure e.V. (VDI) haben Studenten und Jungingenieure (suj) selbst die Initiative ergriffen und sich zu einem ehrenamtlich arbeitenden Bereich zusammengeschlossen. Das deutschlandweite Netzwerk besteht mittlerweile aus über 60 lokalen Teams an allen namhaften Hochschulen und Universitäten. Alle lokalen Teams weisen die gleiche Begeisterung für Technik und Wissenschaft auf. Zudem zeigen die Mitglieder, dass man als Ingenieurin und Ingenieur nicht im stillen Kämmerlein sitzt und alleine tüftelt, sondern schon frühzeitig über den eigenen Tellerrand hinausschaut und sich überregional Kontakte aufbaut.

Ein weiteres Thema, neben der Technik und dem Netzwerk, ist die Hilfestellung bei dem Berufseinstieg und die Unterstützung bei der Berufswegplanung. Ganz nebenbei lernt man bei der Mitarbeit schon frühzeitig, was es heißt, in einem Team, und letzten Endes in einem so großen Verein wie dem VDI, mitzuarbeiten. Dies umfasst gemeinsame Diskussionen und das Treffen von Entscheidungen, die großen Einfluss haben. Dabei haben nicht nur die Studierenden, sondern auch die Jungingenieurinnen und Jungingenieure die Möglichkeit, sich auszuprobieren und ihre für den Berufsalltag so wichtigen Soft Skills ohne Risiko weiter zu entwickeln.

Soft Skills – Pflicht oder Kür?

Als Voraussetzung für einen erfolgreichen Start in den vielseitigen Ingenieurberuf wird von Personalern meist gefordert, dass die Bewerber schon über ausgeprägte Soft Skills und ein bereits etabliertes Netzwerk verfügen. Mit Soft Skills bezeichnet man vor allem die ausgeprägten persönlichen Fähigkeiten eines Bewerbers aus den Bereichen Kommunikation und Organisation, wie etwa Rhetorik und Selbstmanagement. Sie gelten neben dem rein fachlichen Wissen, den so genannten „Hard Skills", mittlerweile sogar nicht mehr nur als Kür, sondern sind aufgrund veränderter Arbeitsformen und erhöhter Komplexität technischer Aufgaben unabdingbar geworden. Hintergrund sind die gestiegene Internationalität und der erhöhte Kosten-, Zeit- und Qualitätsdruck innerhalb von Projekten. Zwar kann eine ordentliche Portion „Soft" einen übermäßigen Mangel an „Hard" nicht ersetzen, jedoch durchaus den kleinen aber feinen Unterschied bei Bewerbungen, Jobeinstieg und vor allem Karriereweg ausmachen. Nicht umsonst trainieren erfolgreiche Führungskräfte regelmäßig ihre Persönlichkeit und Arbeitsmethoden und sind zudem in Netzwerken fest verwurzelt. Einen ersten Hinweis auf ein ausgeprägtes Sozialverhalten von Bewerberinnen und Bewerbern gibt beispielsweise die Mitgliedschaft in einem Verein oder das Engagement in einer freiwilligen Gemeinschaft. Jedoch haben die meisten dieser Mitgliedschaften aufgrund der Einrichtung selbst einen sehr geringen Bezug zum Ingenieurberuf. Genau an dieser Stelle haben sich nun seit einigen Jahren die suj, die Studenten und Jungingenieure im VDI, etabliert.

Das Besondere an den suj

Nun mag sich der Eine oder die Andere fragen, was denn angesichts der zahlreichen studentischen Initiativen an fast allen Hochschulstandorten bundesweit das Besondere an den suj ist. Was also sollte mich als Leser dazu veranlassen, das Thema VDI und suj genauer zu betrachten oder gar selbst aktiv zu werden? Ohne Zweifel gibt es in vielen studentischen Initiativen die Möglichkeit, im Rahmen ingenieurnaher Einrichtungen oder Wettbewerbe die zuvor beschriebenen Kenntnisse im Bereich der weichen Faktoren auszubauen. Auch dort werden Projekte mit Hilfe entsprechender Werkzeuge durchgeführt und Ergebnisse präsentiert. Dennoch existieren weitreichende Unterschiede:

- Einen ersten Hinweis bietet bereits der Name selbst. Während bei studentischen Initiativen für gewöhnlich ausschließlich die Studierenden angesprochen sind, sprechen die suj in gleichem Maße auch die „Young Professionals" an. Schließlich kann ein Ausbau an Wissen in den verschiedenen Bereichen des VDI förderlich sein, selbst wenn der Berufseinstieg bereits erfolgreich geschafft ist.

- Die Studenten und Jungingenieure agieren innerhalb des größten technisch-wissenschaftlichen Zusammenschlusses in Deutschland und damit auch auf europäischer und weltweiter Ebene. Sie bieten ein sehr großes und akzeptiertes Netzwerk und ein entsprechend großes Spektrum an technischen, aber auch politischen Aktivitäten auf sehr hohem Niveau.

- Einem jungen, aktiven Mitglied bietet der VDI eine große Auswahl verschiedenster Seminare und Literatur für die eigene Weiterbildung und Persönlichkeitsentwicklung. Für Studierende gibt es den kostenlosen Bewerbungscheck und die persönliche oder telefonische Karriereberatung (www.vdi-karriere.de oder www.ingenieurkarriere.de).

Die Bündelung der Karriere-Kompetenzen des größten technisch-wissenschaftlichen Vereins wird künftig nach außen vor allem durch einen neu gestalteten Internetauftritt deutlich, der zur Hannover Messe 2009 erstmals online gehen wird (www.vdi-studierende.de). Studierende, Jungingenieure und Schüler finden hier zahlreiche Informationen zu den Bereichen Technik, Netzwerk und Karriere. Mehr denn je wird die Internetplattform zur Drehscheibe für die Kommunikation untereinander und das schnelle Auffinden von Informationen. Selbstredend, dass bei der Gestaltung und Umsetzung ehrenamtliche suj-Aktive ganz vorne mit dabei sind.

Und was machen die suj?

Wie die Mitarbeit in einem lokalen Team aussieht, wer da so alles mitmacht und was das Ergebnis dieser Arbeit ist, das kann bundesweit in den lokalen Teams vor Ort selbst erlebt werden. Die Aktivitäten der lokalen Teams unterscheiden sich selbstverständlich voneinander, der Grundgedanke ist jedoch immer der gleiche: „Trainieren für das Berufsleben". Die suj bieten daher eine Menge Trainingsmöglichkeiten in Vorbereitung auf den Berufsalltag. Dabei geht es in erster Linie nicht darum, den Inhalt eines theoretischen Seminars nachzuvollziehen, vielmehr besteht die Möglichkeit, sich und seine Fähigkeiten anhand konkreter Projekte und Aufgaben in einer geschützten

3.1 VDI Studenten und Jungingenieure – Technik. Netzwerk. Karriere.

Umgebung auszuprobieren. Wichtig ist hierbei auch immer der Bezug zur Industrie und zu den lokalen Firmen, die durch das Netzwerk des VDI sehr leicht mit eingebunden werden können. Schwerpunkte sind hier zum Beispiel die Planung und Durchführung von Exkursionen und Vortragsreihen zu bestimmten Themen.

Des Weiteren stehen das Organisieren interessanter Workshops und die Mitarbeit bei Hochschul- und Bewerbermessen auf der Tagesordnung. In jüngster Zeit haben sich die suj auch immer mehr als verlässlicher Partner für andere Hochschulgruppen etabliert und helfen zum Teil auch bei deren Gründungen mit. So zum Beispiel an der Uni Kaiserslautern, der Uni Erlangen und der Hochschule Mannheim, an der die suj die Formula Student Teams aus der Taufe gehoben haben und sie mit ihren Kontakten unterstützen. Eine Übersicht über die regionalen Gruppen und deren Aktivitäten findet Ihr unter www.vdi.de/suj.

Neben den regelmäßigen Treffen und Aktivitäten auf regionaler Ebene gibt es auch immer mehr bundesweite Veranstaltungen, auf denen die suj-Aktiven deutschlandweit zusammen kommen. Ein gutes Beispiel hierfür ist der Stand des VDI auf der Hannover Messe, oder der Deutsche Ingenieurtag, welcher unter tatkräftiger Mithilfe der suj geplant und organisiert wird. Des Weiteren kommen interessante Projekte, wie das Förderprogramm VDI ELEVATE oder die Entwicklung der kleinsten Grußkarte der Welt als Geschenk an den VDI zu dessen 150sten Geburtstag hinzu. Der Möglichkeit verschiedenster Engagements, wie zum Beispiel der Mitarbeit in wissenschaftlichen Fachausschüssen, Mithilfe bei der Durchführung von Konstruktionswettbewerben, Initiierung von Förderprogrammen, Projektleitung, Pressearbeit und vieles mehr, sind fast keine Grenzen gesetzt.

Falls Euer Interesse geweckt ist und Ihr mehr über die suj in Eurer Umgebung erfahren wollt, meldet Euch ganz einfach bei dem lokalen Teamleiter an Eurer Hochschule. Ihr seid herzlich eingeladen, Euch von dem Mehrwert als Teil des größten Ingenieurnetzwerkes zu überzeugen und Euch über Eure Möglichkeiten und eine aktive Karriereförderung zu informieren. Sollte es an Eurer Hochschule noch kein lokales Team geben, Ihr Euch aber für die Leitung eines solchen begeistern, dann schreibt an suj@vdi.de.

Wir freuen uns auf Euch!

Christian Grossmann
(suj Vorstand für
Öffentlichkeitsarbeit)

Michael Just
(Projektgruppenleiter
Bewerbungshandbuch)

Christian Großmann ist seit 2003 Mitglied im VDI. Durch die Wiederbelebung der suj Hochschulgruppe an der Hochschule Ostwestfalen in Lemgo und den Aktivitäten im örtlichen Bezirksverein, fand er auch den Einstieg in die bundesweiten Projekte der Studenten und Jungingenieure. Nach Mitarbeit in verschiedenen Projektgruppen leitete er gemeinsam mit Henning Schröer 2005 die Aktivitäten der suj auf dem Deutschen Ingenieurtag. Seit 2006 hat Herr Großmann das Amt des Vorstands für Öffentlichkeitsarbeit der suj übernommen. Er ist hier deutschlandweit für die Präsentation der suj zuständig. Auch im örtlichen Bezirksverein Ostwestfalen-Lippe ist er im Vorstand und für die Öffentlichkeitsarbeit zuständig.

Michael Just ist seit 2002 VDI-Mitglied. Er gründete 2003 die VDI suj Hochschulgruppe Offenburg. Zu einem der ersten Projekte der Gruppe zählte die Gründung des Black Forest Formula Student Teams, das 2005 am Formula Student Wettbewerb in England teilnahm. Aufgrund seiner Erfahrungen in diesem Bereich, half er 2006 bei der Einführung des VDI Formula-Student Wettbewerbs in Deutschland mit. Nach Einstieg in das Berufsleben und einem Wechsel in den Bezirksverein Nordbaden-Pfalz, unterstützte Herr Just die VDI suj-Gruppen in Kaiserslautern und Mannheim. Herr Just ist heute im Württembergischen Ingenieurverein an der Universität Stuttgart und der FH Esslingen aktiv.

3.2 VDI ELEVATE – Das Karriereprogramm für Ingenieurstudierende

Den Anderen einen Schritt voraus sein! Unternehmen kennenlernen! Sich Soft Skills aneignen! Über den Tellerrand schauen! Schon jetzt die Karriereleiter erklimmen und den Sprung ins kalte Wasser – das Berufsleben – ein klein wenig mildern! Wer diesen Ehrgeiz verspürt, für den ist VDI ELEVATE genau das Richtige!

„Dem Ingenieur ist nichts zu schwör!" Nur in Sachen Sozial- und Managementkompetenzen windet er sich gelegentlich. Genau hier setzt VDI ELEVATE an und macht fit für den Berufseinstieg! Das Programm vermittelt ein interessantes Praktikum bei einem seiner Industriepartner, die ihrerseits alle Programmteilnehmer mit hochkarätigen Seminaren und Trainings in ganz Deutschland fördern. Hierbei entsteht ein wertvolles Netzwerk zwischen Studierenden und den Partnerunternehmen. Es entwickelt sich ein freundschaftlicher Zusammenhalt zwischen den Teilnehmern und der Spaß am Blick über den Tellerrand und gemeinsamen Unternehmungen kommt auch nicht zu kurz.

„ELEVATE, die Vierte"

Am 25.11.2008 war es wieder soweit: VDI ELEVATE ging in eine neue Runde - inzwischen die Vierte. Im Rahmen der offiziellen Kick-Off Veranstaltung kamen die 25 neuen Teilnehmer auf Einladung der Daimler AG in Stuttgart zusammen und lernten sich in ihrem ersten Training, dem Teamtraining besser kennen.
Die Daimler AG sorgte dabei nicht nur für den erstklassigen Tagungsort und das gute Essen, sondern rundete die Auftakt-Veranstaltung mit einem Besuch im Mercedes-Benz Museum und der Vorstellung von Einstiegsmöglichkeiten im Unternehmen ab.

Was erwartet mich? – Ein bis zwei hoch interessante Jahre!

Den Programmteilnehmern steht eine interessante Zeit bevor. Innerhalb von **ca. zwei Jahren**, je nachdem wie es das Zeitmanagement und der eigene Stundenplan erlaubt, absolvieren die ELEVATER **fünf Basis- und zwei Wahltrainings**. Alle Trainings werden von und bei den Partnerunternehmen veranstaltet. Da hierbei selbstverständlich alle Kosten für Anreise, Unterkunft und Verpflegung übernommen werden, ist ein wenig Rumkommen und vor allem das Kennenlernen hochkarätiger Unternehmen gleich inklusive.

Auch das **exzellente Praktikum**, welches bei VDI ELEVATE inklusive (und Pflicht) ist, lässt sich sonst nur schwer finden. Denn hier geht es wirklich um Praxis und nicht um Kaffeekochen oder Kopierservice! Die Partnerunternehmen legen sehr viel Wert darauf, die ELEVATER einzubinden und optimal zu fördern und zu fordern. Weiter fortgeschrittene Teilnehmer können anstatt eines Praktikums auch ihre Abschlussarbeit im Programm absolvieren.

Neben der kostenlosen VDI-Mitgliedschaft für die Dauer des Programms ist auch der Besuch eines **Aktiventreffens der Studenten und Jungingenieure im VDI** inklusive. Die Teilnehmer lernen im Programm das Netzwerk der Studenten und Jungingenieure (suj) kennen und werden zur Mitarbeit eingeladen. Ob man sich lieber in den lokalen Teams, in überregionalen oder internationalen Projektgruppen wie EYE (European Young Engineers), Formula Student, Hannover Messe oder auch ELEVATE engagieren möchte, ist einem jeden selbst überlassen.

Außerdem bietet die VDI-Gruppe den Teilnehmern bei VDI ELEVATE eine umfassende Unterstützung unmittelbar vor und beim Berufseinstieg. Es gibt einen kostenlosen **Check der Bewerbungsmappe und des ersten Arbeitsvertrags** sowie in Zusammenarbeit mit HDI Gerling kostenlosen **Versicherungsschutz** für die Programmdauer. Das VDI Wissensforum ermöglicht den Teilnehmern durch einen Gutschein im Wert von 1.500 Euro die Teilnahme am eigenen Seminarangebot, und im Anschluss an das Programm lernen die Teilnehmer für ein Jahr kostenlos die Vorteile der VDI-PLUS-Mitgliedschaft kennen.

Und nach dem Programm? – Technik. Netzwerk. Karriere.

Ist das Programm bei VDI ELEVATE erst einmal absolviert steht der Karriere nichts mehr im Weg. Die Partnerunternehmen wissen, was sie an ihren ELEVATERN haben und profitieren genau wie Ihr durch das Netzwerk und die Kontakte zu gut ausgebildeten, jungen Ingenieuren, die neben ihrer fachlichen Qualifikation nun auch Teamfähigkeit und viele weitere Sozialkompetenzen mitbringen. Somit seid Ihr Teil eines Pools von hochinteressanten, potenziellen Arbeitnehmern für alle VDI ELEVATE Partnerunternehmen. Auch die Kontakte unter den Teilnehmern, die sich zu einem späteren Zeitpunkt in der Wirtschaft meist als sehr nützlich erweisen, können über ein Alumni-Netzwerk von VDI ELEVATE weiterhin gepflegt werden.

Wie werde ich Teilnehmer? – Einfach bewerben!

Bewerben können sich alle, die an einer deutschen Hochschule in einem ingenieurwissenschaftlichen oder technischen Studiengang eingeschrieben sind, sich bereits durch etwas außeruniversitäres Engagement auszeichnen und sich zwei Jahre oder länger vor ihrem geplanten Studienabschluss (Bachelor / Diplom / Master) befinden. Eure Noten spielen dabei nur eine untergeordnete Rolle! Also lasst Euch nicht von einer vergeigten Klausur abschrecken, sondern glänzt mit Eurer Motivation, Eurem Ehrgeiz und Engagement! Bewerben könnt Ihr Euch ausschließlich über unsere Internetseite www.vdi.de/elevate. Dort findet Ihr unser Bewerbungsformular, in das Ihr Eure wichtigsten Daten eintragen und Euer Motivationsschreiben, Euren Lebenslauf und Eure Zeugnisse einfügen solltet.

Wie entstand VDI ELEVATE? – A Short History...

Bereits im Jahr 2005 wurde das Projekt VDI ELEVATE auf einem Aktiventreffen der suj ins Leben gerufen. Auf nur sechs ehrenamtlichen und zwei hauptamtlichen Schultern lag die Verantwortung, ein Programm zu entwickeln, das den Bedürfnissen der Studierenden, die durch die Hochschulen nicht befriedigt werden können, entsprach. Unter der damaligen Projektleitung von Laura Hufschmidt (heutige Vorsitzende der Studenten und Jungingenieure) wurde das Förderprogramm von der Projektgruppe ELEVATE in weniger als einem Jahr auf die Beine gestellt.

Seit 2007 nimmt sich nun Christoph Materne als ehrenamtlicher Projektleiter der Fortführung und kontinuierlichen Weiterentwicklung des Programms an. Verankert wurde VDI ELEVATE bei SACHEN MACHEN, der ersten bundesweiten Initiative zur Förderung und Stärkung des Technikstandortes Deutschland.

Zweimal im Jahr werden nun interessierte und motivierte Ingenieurstudierende gesucht, die ihr Studium auf etwas andere Weise komplettieren wollen. Dabei ist die Teilnehmerzahl nicht begrenzt – d.h. wer im Bewerbungsprozess überzeugt, ist auch dabei! Bis heute haben bereits rund 100 ELEVATER die Bewerbertage erfolgreich absolviert und sich einen der heiß begehrten Plätze gesichert. Sie haben mit Engagement und Willen überzeugt, das parallel zum Studium ablaufende Programm anzugehen.

Alle Informationen sowie die Möglichkeit zur Bewerbung gibt es im Internet unter www.vdi.de/elevate. Der Bewerbungsschluss ist jeweils zum 30.06. und 31.12. eines jeden Jahres. Für die Beantwortung aller Fragen, die offen geblieben sind, einfach eine Mail mit Eurer Fragen an vdi-elevate@vdi.de schicken.

Wir freuen uns auf Eure Bewerbungen!

Christoph Materne

3.3 Ausflug zur Daimler AG nach Stuttgart – 18. bis 20. April 2008

Erfahrungsbericht über die erste selbst organisierte Exkursion der Teilnehmer des VDI ELEVATE Programms

Auf dem Aktiventreffen der Studenten und Jungingenieure (suj) in Düsseldorf 2007 entstand bei den VDI ELEVATERN der ersten Runde die Idee, auf eigene Faust eine Exkursion zu organisieren. Mit unseren bisherigen Fahrten zu den Soft Skill-Schulungen, die ebenfalls von den teilnehmenden Partnerunternehmen durchgeführt werden, haben wir bislang durchweg sehr positive Erfahrungen gemacht. Die interessanten Einblicke und nicht zuletzt der Spaß, den wir dort immer in der Gruppe hatten, führten zu dem Wunsch, zusätzlich zu den Treffen auf den Seminaren weitere gemeinsame Aktionen zu planen. Noch am selben Abend des Aktiventreffens wurde am runden Tisch der geeignete Termin, nämlich das Wochenende zu Beginn des Sommersemesters (18. bis 20. April 2008) gefunden. Gemeinsam wurde Stuttgart als Veranstaltungsort festgelegt. Die weitere Organisation funktionierte völlig problemlos. Sofort fanden sich Freiwillige, die sich um die Anfrage bei der Daimler AG, die Unterkunft und das Rahmenprogramm kümmern wollten.

Nach unserer Ankunft in der Konzernzentrale der Daimler AG wurden wir durch Herrn Wegeleben, Leiter HR Marketing, sehr freundlich begrüßt und dann auch von ihm über den gesamten Tag hinweg begleitet. Schon der erste Programmpunkt übertraf bereits alle unsere Erwartungen. Gemeinsam mit zwei Testfahrern fuhren wir mit dem Bus zur hauseigenen Teststrecke. Dort erfuhren wir einige Hintergrundinformationen zu der Anlage und drehten im Bus eine Runde über das Gelände. Es folgte ein weiteres Highlight: Die Testfahrer luden uns ein, eine S-Klasse 350, einen E 280 CDI Bluetec, einen GL und einen ML 65 AMG hautnah auf der Strecke zu erleben. Sie fuhren mit uns über verschiedene Straßenbeläge; von Pflasterstein über Schlechtweg- und Zeitraffstrecke bis Flüsterasphalt. Mit dem Geländewagen bewältigten wir Steigungen bis 70 % und fuhren mit den Fahrzeugen (einschließlich Bus) durch die Wassertestanlage und die 90° Steilkurve.

Danach ging es zurück zum Mercedes-Benz Werk Untertürkheim und in das Van Evolution Center. Nach einem kurzen Imbiss hielt Herr Stefan Forberger (IT Entwicklung Mercedes-Benz Vans) einen interessanten Vortrag über das Virtual Reality Center. Es folgte eine Demonstration der mit 4 Projektoren ausgestatteten Powerwall. Wir durften einen Blick hinter die Powerwall in den Projektionsraum und den PC-Cluster werfen und sogar selbst mit einer 3D-Brille und einem Data-Wand („Zauberstab" - immersives Eingabegerät in VR-Anlagen) eine Montageuntersuchung an einem Digital-Mock-Up durchführen.

3.3   Ausflug zur Daimler AG nach Stuttgart – 18. bis 20. April 2008

Gruppenbild zum Abschluss der Exkursion

Anschließend präsentierte Herr Wegeleben weitere Details zum Daimler-Konzern und zu Einstiegs- und Karrieremöglichkeiten für Ingenieurinnen und Ingenieure. Dabei ging er ausführlich auf unsere Fragen ein und bot uns ein umfassendes Bild von Daimler als potenziellen Arbeitgeber. Zum Abschluss dieses ereignisreichen Tages erkundeten wir in der Gruppe die Stuttgarter Innenstadt bevor wir zur Übernachtung in unser Hotel zurückkehrten.

Am nächsten Morgen stand der Besuch des Mercedes-Benz Museums, der repräsentativen Mercedes-Benz Welt in Untertürkheim auf der Tagesordnung. Hier erfuhren wir in chronologisch geordneten „Mythosräumen" alles rund um das Thema Automobil – von den Anfängen des Kraftfahrzeugbaus über die Industrialisierung bis hin zu den historischen und modernen Sportwagen. In den großen „Collectionsräumen" befanden sich Exponate vom gemeinen Linienbus bis hin zum Papamobil und dem Geländewagen aus dem Film „Jurassic Park". In der Ausstellung „Faszination Technik" wurde uns schließlich der Arbeitsalltag der Entwickler und Ingenieure näher gebracht.

Am Nachmittag verabschiedete sich Herr Wegeleben von uns. Wir bedankten uns bei ihm für die hervorragende Betreuung und Organisation unseres Besuchs. Zum Abschluss des Tages zogen wir noch einmal zusammen in die Stadt und ließen den Tag nach einem gemeinsamen Abendessen auf der Dachterrasse des Hotels ausklingen. Der gesamte Ausflug war hochinteressant und hat sich in jeder Hinsicht gelohnt. Wir waren rundum begeistert und werden bestimmt bald wieder eine gemeinsame Unternehmung planen.

Andreas Braun
VDI ELEVATE-Teilnehmer der 1. Runde

3.4 Netzwerk
European Young Engineers (EYE)

28. EYE Konferenz in Düsseldorf wurde zu einem großen Erfolg

Unter der Überschrift: "Do it with a European engineer – More chances for your studies, career and private life" hatten die Studenten und Jungingenieure des VDI (suj) vom 24.-26.10.2008 in Düsseldorf zur 28. Konferenz der European Young Engineers (EYE) eingeladen. Für die 250 Studierenden und Jungingenieure aus 17 Nationen stand der internationale Austausch im Vordergrund. Attraktive Unternehmensbesichtigungen und zahlreiche Workshops gaben den Konferenzbesuchern eine Übersicht über die vielseitigen Chancen, die ihnen Europa im Studium, Beruf und in der Karriere bietet.

Netzwerk mit hoher Präsenz

Der 1994 gegründete Dachverband für Jungmitgliederabteilungen europäischer Ingenieurverbände EYE ist damit auf europäischer Ebene mittlerweile zu einer festen Größe geworden.
Derzeit sind 18 Ingenieurverbände und -vereine aus Belgien, Dänemark, den Niederlanden, Frankreich, Finnland, Großbritannien, Irland, Luxemburg, Norwegen, Italien, Bulgarien, Malta und Deutschland mit insgesamt mehr als 150.000 Mitgliedern Teil des EYE Netzwerks.
EYE versteht sich als parteipolitisch neutrales und unabhängiges transeuropäisches Netzwerk junger Ingenieure und Studierender, das dem Austausch von Wissen, der Förderung der Mobilität und der Entwick-

Foto: EYE Düsseldorf 2008 – Quelle: E.ON AG

3.4 Netzwerk – European Young Engineers (EYE)

lung persönlicher und beruflicher Fertigkeiten dient.

EYE ist durch seine Mitgliedsorganisationen sehr stark in den einzelnen Ländern präsent. Dadurch besteht die Möglichkeit, die Ziele und Aktivitäten von EYE auch in den jeweiligen Ländern zu präsentieren. Und auch umgekehrt: EYE-Mitglieder profitieren durch den Meinungsaustausch über nationale Aktivitäten.

„Hauptprodukt" der europäischen Jungingenieure sind die zweimal pro Jahr stattfindenden EYE Konferenz, die jeweils von den Mitgliedsverbänden organisiert werden. Die EYE Konferenzen sind Wochenendveranstaltungen, die neben den obligatorischen Gremiensitzungen vor allem Workshops zu interessanten ingenieurrelevanten Themen, Unternehmensbesichtigungen und ein reichhaltiges Kulturprogramm bieten.

Die letzten beiden Konferenzen fanden in Kopenhagen, Dänemark und in Valletta, Malta statt.

EYE-Information-System

Mit seinem bis zu viermal im Jahr erscheinenden Newsletter „EYE-Contact" informieren das EYE Sekretariat und die Mitgliedsvereinigungen über interessante technik- und berufsrelevante Themen, Aktivitäten und Entwicklungen.

Zentrales Medium ist die EYE Website (www.e-y-e.eu), die ständig aktualisiert wird und eine Fülle von Informationen sowie wichtige Links bietet. Mit dem sogenannten „EYE-Information-System" wird eine Plattform geschaffen, auf der EYE-Mitglieder direkt miteinander in Kontakt treten und Informationen austauschen können.

Die Mitgliedsorganisationen sind durch einen ernannten Repräsentanten im EYE Council vertreten, der im Rahmen der EYE Konferenz zusammentritt. Der EYE Council wird geleitet durch den von ihm gewählten Generalsekretär, der auch EYE nach außen vertritt. Zur Zeit nimmt Evert

Foto: EYE Valletta 2007 – Quelle: Wendy Samyn

van Lieshout aus den Niederlanden diese Aufgabe wahr. In der alltäglichen Arbeit wird das EYE Sekretariat in Brüssel durch eine Task Force unterstützt, welche die kontinuierliche Arbeit in strategischen Bereichen zwischen den Konferenzen gewährleistet. Als EYE Präsident wird der Council-Vertreter der Mitgliedsorganisation gewählt, die mit der Ausrichtung der nächsten EYE Konferenz betraut ist.

Europas Grenzen überwinden
Eine der EYE-Erfolgsgeschichten ist sicherlich die Einbindung neuer Mitglieder. Noch vor dem Beitritt Bulgariens zur EU wurde zum Beispiel der bulgarische Verband FNTS vor vier Jahren EYE-Mitglied und hat als Neumitglied die EYE-Familie im Mai 2006 zu einer facettenreichen EYE Konferenz nach Sofia eingeladen.

Auch für die Zukunft haben sich die europäischen Jungingenieure vorgenommen, weitere europäische Jungingenieursvereinigungen in ihren Kreis aufzunehmen, um eine noch stärkere Präsenz in der europäischen Öffentlichkeit zu schaffen. Eine intensivere Einbindung in europäische ingenieursrelevante Projekte steht ebenfalls auf der Agenda. In diesem Zusammenhang haben EYE und der europäische Ingenieur-Dachverband FEANI (Fédération Européenne d'Associations Nationales d'Ingénieurs) Anfang 2007 ein „Memorandum of Cooperation" unterzeichnet, das den Jungingenieuren die Möglichkeit eröffnet, nicht nur den Netzwerkcharakter der eigenen Institution weiter zu entwickeln, sondern auch verstärkt europäische Öffentlichkeitsarbeit zu betreiben.

EYE freut sich auf die Zusammenarbeit mit Ingenieurinnen und Ingenieuren aus ganz Europa und lädt alle Interessierten zur nächsten Konferenz nach Hasselt, Belgien vom 29.-31. Mai 2009 ein.

Marjan Taji
VDI Studenten und Jungingenieure
Vorstand Internationales
E-Mail: taji.marjan@vdi.de

Foto: EYE Sofia – Quelle: Timm Biernatzki

Weitere Informationen unter:
www.e-y-e.eu
www.vdi.de/suj

VDI-Büro Brüssel – EYE Sekretariat:
RA Björn S. Böker MBA
31, rue du Commerce
1000 Brüssel, Belgien

Tel.: +32 (0) 2 / 500 89 65
E-Mail: boeker@vdi.de

3.5 Frauen im Ingenieurberuf Netzwerk und mehr

Wer wir sind
Der Bereich Frauen im Ingenieurberuf (fib) des VDI setzt sich dafür ein, den Ingenieurberuf für Frauen attraktiver zu gestalten. Und das seit über 25 Jahren.
Wir vertreten die Interessen der Ingenieurinnen und Studentinnen der Ingenieur- und Naturwissenschaften in Gesellschaft und Technik.

Frauen in den Ingenieurberuf
Ingenieurinnen sollen in allen Lebensphasen die technische Entwicklung mit steuern können.

Auch der Nachwuchs liegt uns am Herzen: Wir möchten Schülerinnen für Technik begeistern und zum Ingenieurstudium ermutigen.

Vorurteile weiter abzubauen, veraltete Lebensmodelle zu ersetzen und die Strukturen im Berufsleben zu verändern, gehört dabei zu unseren wichtigsten Zielen.

Wir wollen unseren Einfluss nutzen, um verantwortlich und verantwortungsvoll die technische Entwicklung voran zutreiben.

Was wir tun

Wir sind in fast 40 Arbeitskreisen im gesamten Bundesgebiet aktiv.

Durch Informations- und Weiterbildungsveranstaltungen, regelmäßige Treffen und zahlreiche weitere Angebote fördern wir direkte Kontakte und den Erfahrungsaustausch.

Wir beraten vor Ort Schülerinnen, Studentinnen und Ingenieurinnen.

fib-Netzwerk

National und international - Wir pflegen ein umfangreiches Netzwerk. Wir bauen es stetig aus. So können wir ein breites Spektrum an Erfahrungen und persönlichen Kontakten anbieten.

Veranstaltungen - Wir organisieren und besuchen nationale und internationale Messen, Kongresse und Tagungen.

Im Zuge dessen erweitern wir unser Karriere Netzwerk.

Kooperationen und Gremien – Wir suchen und pflegen den Dialog mit anderen Verbänden und zu Partnern aus Wirtschaft, Wissenschaft und Politik.

Interesse?

Die Kontaktdaten Ihrer Ansprechpartnerin erhalten Sie in Ihrem Bezirksverein vor Ort oder unter www.vdi.de/fib

Sylke Pageler
Vorsitzende des Bereiches
Frauen im Ingenieurberuf fib

3.6 Interessante VDI Angebote zum Thema Studium, Berufseinstieg und Karriere

Allgemeine Informationen zum VDI und zur Mitgliedschaft unter
www.vdi.de und *www.vdi.de/mitgliedschaft*

Studium und Berufseinstieg
www.vdi-studierende.de
Informieren Sie sich über freie Stellenangebote, Kontaktmessen, interessante Netzwerke, lassen Sie Ihre Bewerbung telefonisch checken, bringen Sie sich fachlich weiter und noch vieles mehr....

Das VDI Förderprogramm für Studierende
www.vdi.de/elevate
VDI ELEVATE fördert Ingenieurstudierende und unterstützt Sie beim Erwerb von Soft- und Managementskills, hilft bei der Wahl des richtigen Weges nach dem Studium und erleichtert den Berufseinstieg. Auf unserer Internetseite finden Sie alle Infos, alle Partnerunternehmen und das Bewerbungsformular.

Karriere
www.vdi-karriere.de
Die Seite für Young Professionals und Professionals. Lassen Sie sich bezüglich Ihrer Karriere telefonisch beraten, besuchen Sie interessante Kontaktmessen sowie unser Stellenportal, lassen Sie Ihr Gehalt checken, bilden Sie sich fachlich weiter und vieles andere mehr....

www.vdi-selbstaendigkeit.de
Überlegen Sie sich selbstständig zu machen? Informationen und Expertentipps finden Sie auf dieser Seite.

Netzwerke
www.vdi.de/suj
Lernen Sie interessante Menschen kennen und machen Sie sich fit für die Praxis!
An fast allen Hochschulen in Deutschland engagieren sich Studenten und Jungingenieure (suj) aktiv in Form von Seminaren und fachübergreifenden Projekten. Die Bezirksvereine organisieren Messebesuche und Betriebsbesichtigungen, Vorträge, Workshops und Seminare.

www.vdi.de/fib
Ihr Netzwerk für Studentinnen und Ingenieurinnen: Tauschen Sie sich mit anderen Frauen aus. Holen Sie sich Unterstützung in Karrierefragen und nutzen Sie das Netzwerk für interessante Kontakte!

www.vdi.de/bezirksvereine
Suchen Sie z.B. den fachlichen Austausch zu aktiven Arbeitskreisen unterschiedlicher Fachrichtungen in Ihrer Region. Treffen Sie sich mit Fachkollegen und entwickeln Sie sich und die Technik weiter!

Bildungspolitik und Arbeitsmarkt
www.vdi.de/monitor-ing
Monitor-Ing ermöglicht Ihnen in den Themenbereichen Schule, Hochschule und Arbeitsmarkt individuelle Recherchen hinsichtlich arbeitsmarkt- und bildungspolitisch relevanter Daten im Bereich der Ingenieurwissenschaften. Abrufbar sind die stets aktuellsten Daten der amtlichen Statistik, Ergebnisse der HIS-Absolventenbefragung, die Gehaltsstudie der VDI nachrichten sowie weitere Studien.

www.vdi.de/bachelor-master
Informieren Sie sich über die Meinung des VDI zum Thema „Bachelor und Master in der deutschen Ingenieurausbildung".

Versicherungen
www.vdi.de/versicherungen
Der VDI-Versicherungsdienst bietet VDI-Mitgliedern individuelle Versicherungs- und Vorsorgelösungen rund um die private und berufliche Absicherung. Unsere Produkte und Dienstleistungen stimmen wir auf Ihren persönlichen Bedarf ab.

Haben Sie Fragen? Wir sind gerne für Sie da!

VDI-KundenCenter
Postfach 10 11 39
40002 Düsseldorf
Telefon: 0211 - 6214 - 0
Telefax: 0211 - 6214 - 575
E-Mail: kundencenter@vdi.de

Firmenspiegel

Inserentenverzeichnis

7(S) Engineering GmbH & Co.KG,	Hamburg
ADM Hamburg AG,	Hamburg
AREVA NP GmbH,	Offenbach
Atena Engineering GmbH,	München
Baker Hughes INTEQ GmbH,	Celle
Roland Berger Strategy Consultants,	München
Robert Bosch GmbH,	Stuttgart
BSH Bosch und Siemens Hausgeräte GmbH,	München
Friedrich Boysen GmbH & Co. KG,	Altensteig
Brose Fahrzeugteile GmbH & Co. KG,	Coburg
Bundesamt für Wehrtechnik und Beschaffung,	Koblenz
Bundesnachrichtendienst,	Pullach
CENIS Consulting-Engineering-Service GmbH,	München
Coca-Cola Erfrischungsgetränke AG,	Berlin
Continental AG,	Hannover
DEKRA Automobil GmbH,	Stuttgart
Deutsche Bahn AG,	Berlin
Diehl Stiftung & Co. KG,	Nürnberg
Dräger Medical AG & Co.KGaA,	Lübeck
Dyckerhoff AG,	Wiesbaden
EnBW Energie Baden-Württemberg AG,	Karlsruhe
Endress + Hauser GmbH & Co.KG,	Maulburg
ENERTRAG Aktiengesellschaft,	Dauerthal
E.ON Energie AG,	München
ESG Elektroniksystem- und Logistik-GmbH,	Fürstenfeldbruck
euro engineering AG,	Düsseldorf

Ferchau Engineering GmbH,	Gummersbach
Festo AG & Co. KG,	Esslingen
W.L. Gore & Associates GmbH,	Putzbrunn
Hays AG,	Mannheim
Hella KGaA Hueck & Co.,	Lippstadt
Hochtief AG,	Essen
Hydro Aluminium Deutschland GmbH,	Grevenbroich
IAV GmbH,	Berlin
Infineon Technologies AG,	Neubiberg
IPH – Institut für Integrierte Produktion Hannover gGmbH,	Hannover
Wilhelm Karmann GmbH,	Osnabrück
Knorr-Bremse AG,	München
Kraftanlagen München GmbH,	München
KSB Aktiengesellschaft,	Frankenthal
Lufthansa Technik AG,	Hamburg
Mahle GmbH,	Stuttgart
MB-technology GmbH,	Sindelfingen
MiRO Mineraloelraffinerie Oberrhein GmbH & Co. KG,	Karlsruhe
MTU Aero Engines GmbH,	München
Phoenix Contact GmbH & Co. KG,	Blomberg
Procter & Gamble GmbH,	Schwalbach
Roche Diagnostics GmbH,	Mannheim
Rohde & Schwarz GmbH & Co. KG,	München
Rolls-Royce Deutschland Ltd & Co KG,	Blankenfelde
Salzgitter AG,	Salzgitter
Schaeffler KG,	Herzogenaurach

Schott AG,	Mainz
SCHÜCO International KG,	Bielefeld
SEW-EURODRIVE GmbH & Co KG,	Bruchsal
Shell Deutschland Oil GmbH,	Hamburg
Siemens AG Management Consulting,	München
SOLON SE,	Berlin
Stadtwerke München GmbH,	München
Tintschl Technik GmbH,	Erlangen
TL Engineering GmbH,	Wiesbaden
Tognum AG,	Friedrichshafen
TRW Automotive,	Koblenz
TÜV Rheinland,	Köln
TÜV SÜD AG,	München
Unilever Deutschland GmbH,	Hamburg
Vestas Deutschland GmbH,	Husum
VINCI Energies Deutschland GmbH,	Ludwigshafen
Voith AG,	Heidenheim
Volkswagen Coaching GmbH,	Wolfsburg
Wieland-Werke AG,	Ulm
Witzenmann GmbH,	Pforzheim
ZF Friedrichshafen AG,	Friedrichshafen

7(S) Engineering

7(S) Engineering GmbH & Co. KG

	Unternehmensdaten
Branche	Engineering-Dienstleistung
Produkte und Dienstleistungen	Planung, Entwicklung und Konstruktion
	Prozess- und Projektmanagement
	Technische Redaktion/Dokumentation
	Arbeitsvorbereitung
	Fertigungssteuerung/Produktionsplanung
	Programmierung und Inbetriebnahme
	Facility Management
Mitarbeiter insg. (m/w)	> 350, davon 60 % Ingenieure
Jahresumsatz	30 Mio € (geplant in 2009)
	Angebote für Studierende (m/w)
Praktika und Werkstudenten	möglich im Bereich der mechanischen Konstruktion in einem unserer Technischen Büros
Studien- und Diplomarbeiten	möglich im Bereich der mechanischen Konstruktion in einem unserer Technischen Büros
	Angebote für Berufseinsteiger (m/w)
Personalbedarf 2009	200 Ingenieure/Techniker
Bevorzugte Fachrichtungen	Maschinen- u. Anlagenbau, Luft- und Raumfahrt, Fahrzeugtechnik, Schiffbau, Kunststofftechnik, Konsumgüter, Gebäudetechnik, Bauwesen, Elektrotechnik, Verfahrestechnik
Einstiegsmöglichkeiten	Direkteinstieg im Projekt beim Kunden vor Ort oder in einem unserer Technischen Büros
Anfangsgehälter	je nach Qualifikation und Erfahrung
Möglicher Auslandseinsatz	bedingt möglich
	Einstellungsvoraussetzungen
Bewerbungsunterlagen	Gern online Bewerbung über unsere Homepage/Jobbörse, per E-Mail oder Post mit vollständigen Unterlagen
Auswahlverfahren	persönliches Gespräch
Bewerberprofil	abgeschlossenes Ingenieurstudium oder vergleichbare technische Ausbildung, CAD-, CAE-Kenntnisse, Einsatzbereitschaft, Teamfähigkeit, Flexibilität
Kontaktadresse	Carina Jackowski, Personalreferentin
	Spaldinstraße 74, 20097 Hamburg
	Tel. 040 238064-0, Fax 040 238064-30
	karriere-hamburg@7s-engineering.com
	www.7s-engineerng.com

Vorsprung mit Spezialisten

7(S) Engineering ist in der international agierenden 7(S)-Gruppe der Spezialist für Engineering & Consulting. Ob Flugzeugbau, Maschinen- und Anlagenbau, Schiffbau, Automotive, Bauwesen oder Elektrotechnik, wir sind der perfekte Partner mit Lösungskonzepten in jedem Bereich der Fertigungsprozesskette – Design und Simulation, Entwicklung und Konstruktion, Fertigungsplanung und -steuerung, Technische Dokumentation und Qualitätsmanagement. Die Umsetzung erfolgt in eigenen Technischen Büros oder bei den Unternehmen vor Ort.

Wir suchen bundesweit für unsere Niederlassungen

Ingenieure und Techniker (m/w)

aus den Branchen:
- **Luft- und Raumfahrt**
- **Fahrzeugbau**
- **Schiffbau**
- **Elektrotechnik / IT**
- **Maschinen- & Anlagenbau**
- **Bauwesen**

für die Bereiche:
- **Planung, Entwicklung und Konstruktion**
- **Prozess- und Projektmanagement**
- **Qualitätsmanagement / techn. Dokumentation**
- **Arbeitsvorbereitung / Fertigungsplanung**
- **Programmierung / Inbetriebnahme**

Für alle Positionen benötigen Sie neben dem fachlichen Know-how ein hohes Maß an Flexibilität, gute Englisch-Kenntnisse und Teamfähigkeit. Wir bieten interessante Aufgaben und berufliche Perspektiven bei guter sozialer Absicherung.

Haben wir Ihr Interesse geweckt? Dann freuen wir uns auf Ihre Bewerbung.

Weitere Informationen und aktuelle Stellenangebote finden Sie unter
www.7s-engineering.com

Wünsche gesucht!
www.karrierefee.com

7(S) Engineering GmbH & Co. KG
Spaldingstraße 74 · 20097 Hamburg
karriere-hamburg@7s-engineering.com
www.7s-engineering.com

7(S) Engineering
Ein Unternehmen der 7(S)-Gruppe

Branche	**Unternehmensdaten** Verarbeitung landwirtschaftlicher Produkte wie Soja, Mais, Weizen, Kakao etc. Herstellung von Biodiesel, Ethanol etc.
Produkte und Dienstleistungen	aus den Rohstoffen für die Industrie (wie z.B. Sojaöl, Sojaschrot, Raffinat). Energie (Biodiesel, Ethanol etc.).
Mitarbeiter insg. (m/w)	27 000
Jahresumsatz	ca. 70 Mrd. US-$ (zum 30. 6. 2008)
	Angebote für Studierende (m/w)
Praktika und Werkstudenten	ja
Studien- und Diplomarbeiten	ja
	Angebote für Berufseinsteiger (m/w)
Personalbedarf 2009	laufend
Bevorzugte Fachrichtungen	Verfahrenstechnik, Chemieingenieurwesen, Maschinenbau, Elektrotechnik, Automatisierungstechnik
Einstiegsmöglichkeiten	Direkteinstieg oder umfangreiches, internationales Nachwuchsförderungsprogramm (Traineeship)
Anfangsgehälter	abhängig von Qualifikation, Einsatz und Vereinbarung
Möglicher Auslandseinsatz	ja; z. B. Koog an de Zaan (NL), Europoort (NL), Erith (UK)
	Einstellungsvoraussetzungen (m/w)
Bewerbungsunterlagen	vollständige Unterlagen, gerne auch per Mail (bis max. 1 MB)
Auswahlverfahren	Vorstellungsgespräche (Fach- und Persönlichkeitsinterview) mit Personal- und Fachabteilung, z. T. auf Englisch
Bewerberprofil	Zügiges Studium, guter Hochschul-/ Fachhochschulabschluss, erste Berufserfahrung durch anspruchsvolle mehrmonatige Praktika, entsprechende Ausbildung oder Anstellung. Sehr gute Englischkenntnisse, idealerweise zweite Fremdsprache
Kontaktadresse	Silo Rothensee GmbH & Co. KG (ADM Gruppe) Nippoldstraße 117 21107 Hamburg HRHamburg@adm.com www.adm.com

make your
mark

Junge Talente mit frischen Ideen sind die Führungskräfte von morgen. Ihre Förderung liegt ADM besonders am Herzen - als strategische Investition in die Qualität unserer Leistung und unserer Innovationskraft. Deshalb bieten wir unschlagbare internationale Karrierechancen. Wir möchten, dass Sie bei ADM Ihre Persönlichkeit entfalten, Ihre Potenziale entwickeln und Ihre Fähigkeiten ausbauen. Wir suchen

Diplom-Ingenieure (m/w) als Überzeugungstäter

Ihr Aufgabengebiet | Sie tragen Verantwortung bereits als Nachwuchskraft. Von Anfang an! Eingebunden in den Produktionsprozess. In Zusammenarbeit mit allen relevanten Fachbereichen koordinieren und bearbeiten Sie Projekte. Bereits direkt nach Ihrer Einarbeitungszeit übernehmen Sie herausfordernde Management-Aufgaben.

Ihr Profil | Natürlich erwarten wir, dass Sie Ihr Fachgebiet exzellent beherrschen und "Ihr" Handwerkszeug sinnvoll einsetzen. Um aber ein/e ADM-Ingenieur/in zu werden, müssen Sie Ihre Persönlichkeit in Ihre Arbeit einbringen: Ihre Intelligenz, Ihre Kreativität, Ihren Mut und Ihre persönliche Integrität. Hohe technische Ansprüche fordern Sie heraus; die praktische Umsetzung liegt Ihnen am Herzen. Dazu überzeugen Sie durch analytische und konzeptionelle Fähigkeiten, unternehmerisches Engagement, hohe Motivation, Pragmatismus, soziale Kompetenz, Kreativität sowie Humor und Gelassenheit.

Ihre Perspektive | Eine interessante Tätigkeit in Teams mit angenehmer Arbeitsatmosphäre • Absolut herausfordernde Entwicklungsmöglichkeiten in einem internationalen Konzern mit spannendem Umfeld • Eine leistungsorientierte Dotierung mit ansprechenden Sozialleistungen

Täglich tragen die 27000 Mitarbeiter/innen von Archer Daniels Midland Company mit Headquarter in den USA (Decatur/ Illinois) dazu bei, die (Ernährungs-)Bedürfnisse einer wachsenden Welt zu befriedigen. In mehr als 240 Verarbeitungs- und Fertigungsstätten veredeln wir Mais, ölhaltige Samen, Weizen und Kakao zu Nahrungsmittel-, Tierfutter-, Chemie- und erneuerbaren Energieprodukten. Darüber hinaus betreiben wir eines der in der Welt führenden Erzeugungs- und Transportnetzwerke, das Pflanzenproduktion und Märkte in über 60 Ländern optimal verbindet.

Wenn Sie wie wir die tägliche Herausforderung lieben und Dinge bewegen wollen, senden Sie uns bitte Ihre Bewerbung (für NL und UK bitte auf Englisch), gerne auch per E-Mail. Wir freuen uns auf Sie!

www.adm.com

AREVA NP GmbH

	Unternehmensdaten
Branche	Energietechnik / Anlagenbau
Produkte und Dienstleistungen	Unsere Geschäftsbereiche: Versorgung, Reaktoren und Service, Entsorgung, Energieübertragung und Verteilung
Mitarbeiter insg. (m/w)	75 000 weltweit
Jahresumsatz	2,5 Mrd. €
	Angebote für Studierende (m/w)
Praktika und Werkstudenten	ja
Studien- und Diplomarbeiten	ja
	Angebote für Berufseinsteiger (m/w)
Personalbedarf 2009	> 700
Bevorzugte Fachrichtungen	Maschinenbau, Verfahrens-/Kerntechnik, Elektrotechnik, Informatik, Bauwesen, Physik, Chemie, Werkstoff-/Materialwissenschaften, Wirtschaftsingenieurwesen, BWL
Einstiegsmöglichkeiten	Direkteinstieg
Anfangsgehälter	überdurchschnittlich, je nach Qualifikation und Aufgabenstellung
Möglicher Auslandseinsatz	ja, international
	Einstellungsvoraussetzungen
Bewerbungsunterlagen	vorzugsweise online: www.areva-np.com/karriere
Auswahlverfahren	Einzelgespräch und/oder Bewerbertage
Bewerberprofil	zügiges und erfolgreich abgeschlossenes Studium, gute Englisch- und Deutschkenntnisse, Mobilität, Teamgeist, Lernbereitschaft
Kontaktadresse	Bernhild Pflanzer Human Resources Kaiserleistraße 29 63067 Offenbach Telefon 069 2557-1404 bernhild.pflanzer@areva.com www.areva-np.com

Wollen Sie an der Lösung der Energiefragen mitwirken? Kommen Sie ins AREVA-Team!

Wir bieten unseren Kunden zuverlässige technologische Lösungen für CO_2-freie Energieerzeugung sowie die Stromübertragung und -verteilung. 75.000 Mitarbeiterinnen und Mitarbeiter weltweit arbeiten tagtäglich für die klimafreundliche Energie von morgen.

Allein in diesem Jahr suchen wir weltweit 10.000 Talente, die an einer der großen Herausforderungen des 21. Jahrhunderts mitwirken wollen. Hochschulabsolventinnen und -absolventen der folgenden Fachrichtungen mit und ohne Berufserfahrung haben beste Chancen bei AREVA:

> Maschinenbau
> Verfahrenstechnik
> Elektrotechnik
> Informatik

> Physik
> Chemie
> Werkstoff-/Materialwissenschaften
> Bauingenieurwesen

Ihre zukünftige Herausforderung finden Sie unter:
www.areva-np.com/karriere

AREVA
PURE ENERGY

Atena Engineering GmbH

	Unternehmensdaten
Branche	Automobilbau, Triebwerks- und Turbinenbau, Luftfahrt, Anlagenbau und Energiegewinnung
Produkte und Dienstleistungen	Engineering Dienstleistungen (Berechnung – Konstruktion – Engineering Services)
Mitarbeiter insg. (m/w)	ca. 300, davon ca. 90 % Ingenieure + Techniker
	Angebote für Studierende (m/w)
Praktika und Werkstudenten	kontinuierlicher Bedarf in unseren Hauptgeschäftsfeldern
	Angebote für Berufseinsteiger (m/w)
Personalbedarf 2009	ca. 50 Neueinstellungen geplant (m/w), vor allem: – Konstruktionsingenieure – Berechnungsingenieure – Test- und Fertigungsingenieure – Projektingenieure – Techniker – Technische Zeichner
Bevorzugte Fachrichtungen	Maschinenbau, Fahrzeug-, Konstruktions-, Verfahrenstechnik, Wirtschaftsingenieurwesen, Luft- und Raumfahrttechnik, Energie- und Anlagentechnik
Einstiegsmöglichkeiten	Direkteinstieg bzw. Training on the job
Anfangsgehälter	branchenüblich
Möglicher Auslandseinsatz	projektabhängig
	Einstellungsvoraussetzungen
Bewerbungsunterlagen	vollständig und aussagekräftig
Auswahlverfahren	Vorstellungsgespräch bzw. Telefoninterview
Bewerberprofil	ingenieurwiss. Studium oder Technikerausbildung, erste Berufserfahrung wünschenswert, branchenspezifische Toolerfahrung, Kunden- und Dienstleistungsorientierung, kommunikative Kompetenz, Selbständigkeit, Flexibilität
Kontaktadresse	Rainer Stoll, Abteilung Personal und Recht, Dachauer Str. 655, 80995 München Telefon 089 189600-6778, jobs@atena.de www.atena.de

Womit haben Sie als Kind gespielt?

Entwickeln Sie mit Atena die Technik von morgen. Gestalten Sie die Innovationen der Zukunft. Begeistern Sie mit Ihrer Arbeit andere, so wie Sie bereits als Kind von Technik fasziniert waren und es immer noch sind. **Das ist das einzig Entscheidende – für Sie und für uns.**

Atena ist Premium Engineering-Partner der Industrie in den Branchen Automotive, Aerospace, Turbo Machines und Energy. Als Mitglied der Assystem Group arbeiten wir mit über 9.000 Kollegen weltweit in 15 Ländern.

Zu unseren Kunden zählen die führenden Unternehmen der Hochtechnologie. Diese Position haben wir uns mit technischen Spitzenleistungen erarbeitet und wollen sie mit Ihrer Hilfe ausbauen.

Bewerben Sie sich jetzt bei ATENA.

 Interessante Stellenangebote mit detaillierten Informationen warten auf Sie im **ATENA KARRIERE PORTAL: www.karriere.atena.de**

Informieren Sie sich im ATENA KARRIERE PORTAL oder schicken Sie uns Ihre Bewerbung per E-mail an jobs@atena.de oder per Post an: Atena Engineering GmbH, Rainer Stoll, Personalabteilung, Dachauer Straße 655, 80995 München

Baker Hughes

	Unternehmensdaten
Branche	Service für die Erdöl- und Erdgasindustrie.
Produkte und Dienstleistungen	Entwicklung & Produktion von Tiefbohrtechnik
Mitarbeiter insg. (m/w)	36 000 weltweit, 1 200 Deutschland
davon Ingenieure	ca. 300 in Deutschland
Jahresumsatz	ca. 9 Mrd. US-$ weltweit
	Angebote für Studierende (m/w)
Praktika und Werkstudenten	ja
Studien- und Diplomarbeiten	ja
	Angebote für Berufseinsteiger (m/w)
Personalbedarf 2009	Regelmäßiger Bedarf
Bevorzugte Fachrichtungen	Maschinenbau, Elektrotechnik, Nachrichtentechnik, Mess- und Regelungstechnik, Geologie, Geophysik, Softwareentwicklung
Einstiegsmöglichkeiten	Direkteinstieg in den Bereichen Forschung & Entwicklung, Produktion, Prototypentesting, Anwendungstechnik, Vertrieb & Service
Anfangsgehälter	je nach Qualifikation ab ca. € 45 000 p. a.
Möglicher Auslandseinsatz	möglich
	Einstellungsvoraussetzungen
Bewerbungsunterlagen	Online-Bewerbung: www.bakerhughes.de
Auswahlverfahren	Interviews
Bewerberprofil	Abschlüsse, Studienleistungen, Studiendauer, Studienschwerpunkte, praktische Erfahrungen, Auslandserfahrungen, außeruniversitäre Aktivitäten, unternehmerischen Denken, gute Englischkenntnisse, Teamfähigkeit, Flexibilität, Belastbarkeit und Begeisterungsfähigkeit
Kontaktadresse	Baker Hughes INTEQ GmbH Carolyn Radzuweit Human Resources www.bakerhughes.de

WIR FÖRDERN ZUKUNFT.

Als einer der führenden Service-Konzerne mit weltweit 36.000 Mitarbeitern bieten wir unseren Kunden aus der Erdöl- und Erdgasindustrie umfassende Lösungen bei der Erkundung und Erschließung von Lagerstätten.

In Celle entwickeln und produzieren rund 1.300 Mitarbeiter Bohr- und Messysteme, die höchsten technischen Anforderungen gerecht werden. Innovative Ideen gehören zu unserem Tagesgeschäft. Dafür brauchen wir hochqualifzierte, kreative Mitarbeiter, die Neues denken und technologische Grenzen immer wieder in Frage stellen. Menschen, die sich stets aufs Neue fordern und die wir entsprechend fördern.

Wir suchen regelmäßig Absolventen/Studierende (m/w) der folgenden Fachrichtung

Elektrotechnik
Nachrichtentechnik
Mess- und Regelungstechnik
Maschinenbau

Geologie
Geophysik
Softwareentwicklung

Starten Sie Ihre berufliche Zukunft bei uns! Schon während des Studiums können Sie bei Baker Hughes als Praktikant/-in einsteigen. Wenn Sie eine interessante, innovative Studien- oder Diplomarbeit erstellen möchten, sind Sie herzlich willkommen.

Oder haben Sie Ihr Studium bereits abgeschlossen und suchen eine echte Herausforderung? Bei Baker Hughes finden Sie eine Menge Raum dafür – Motivation und Engagement bringen Sie mit. Es erwarten Sie spannende Aufgaben auf technisch sehr hohem Niveau und eine enge Zusammenarbeit in einem kreativen und internationalen Umfeld. So fördern Sie mit uns gemeinsam Zukunft.

Möchten Sie in einem technologisch führenden Unternehmen mit hervorragenden Entwicklungsperspektiven mitarbeiten? Dann freuen wir uns auf Ihre **Online-Bewerbung**.

Baker Hughes INTEQ GmbH
Baker-Hughes-Str. 1, D-29221 Celle

www.bakerhughes.de

Roland Berger
Strategy Consultants

Roland Berger Strategy Consultants

	Unternehmensdaten
Branche, Dienstleistung	Strategische Unternehmenberatung
Mitarbeiter insg. (m/w)	2100 weltweit
Jahresumsatz	670 Mio. €
	Angebote für Studierende (m/w)
Praktika und Werkstudenten	ja
Studien- und Diplomarbeiten	in Einzelfällen nach Praktikum
	Angebote für Berufseinsteiger (m/w)
Personalbedarf 2009	150 neue Berater
Bevorzugte Fachrichtungen	alle Fachrichtungen
Einstiegsmöglichkeiten	– Praktika für Studierende
	– Consulting Analyst für Bachelor-Absolventen
	– Junior Consultant für Hochschulabsolventen
	– Consultant für Doktoranden und Professionals mit ein bis zwei Jahren Berufserfahrung
	– Senior Consultant für Professionals mit drei bis sechs Jahren Berufserfahrung
Möglicher Auslandseinsatz	Durch internationale Projekte sowie durch das International Staff Exchange Programm, das den Wechsel in eines der internationalen Büros ermöglicht.
	Einstellungsvoraussetzungen
Bewerbungsunterlagen	Anschreiben, Lebenslauf, alle Zeugnisse, Bewerbung online oder per Post.
Auswahlverfahren	Recruitingtag in München mit Analytiktest, Fach- und Persönlichkeitsinterviews sowie Fallstudie im Team. Am Ende des Tages erhalten alle Kandidaten ein detailliertes Feedback. Für erfolgreiche Bewerber schließt sich ein weiteres Gespräch mit dem zukünftigen Mentor an.
Bewerberprofil	Universitätsabsolventen aller Studienrichtungen mit ausgeprägtem Interesse für betriebswirtschaftliche Fragestellungen. Praxiserfahrung durch mehrmonatige anspruchsvolle Praktika, Auslandserfahrung durch Studium oder Praktika und sehr gute Englischkenntnisse.
Kontaktadresse	Jennifer Runde, Human Resources
	Mies-van-der-Rohe-Straße 6, 80807 München
	Telefon 089 9230-9677, www.karriere.rolandberger.com
	jennifer_runde@de.rolandberger.com

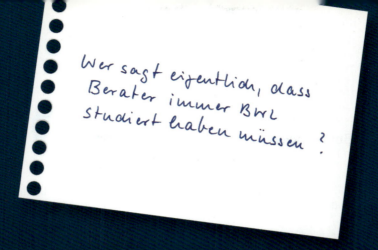

Wer sagt eigentlich, dass Berater immer BWL studiert haben müssen?

Wir nicht! Für den Einstieg als

PRAKTIKANT (M/W)

suchen wir Universitätsstudenten ingenieurwissenschaftlicher Fachrichtungen, insbesondere für unsere technisch orientierten Competence Center Automotive, Energy & Chemicals, InfoCom, Operations Strategy und Transportation. Gemeinsam mit unseren Klienten entwickeln und realisieren wir wertsteigernde Strategien und Geschäftsmodelle.

Praktikanten sind bei uns vollwertige Teammitglieder. Sie (m/w) bringen ein ausgeprägtes Interesse an betriebswirtschaftlichen Fragestellungen mit und überzeugen durch analytische Fähigkeiten und Ihre gewinnende Persönlichkeit. Sie sollten Ihr Vordiplom bzw. das vierte Semester eines Bachelorstudienganges abgeschlossen und zwei anspruchsvolle Praktika absolviert haben. Auslandserfahrung sowie sehr gute schulische und universitäre Leistungen setzen wir voraus.

Interessiert? Dann informieren Sie sich auf www.karriere.rolandberger.com. Wir freuen uns auf Ihre vollständigen Bewerbungsunterlagen. Bitte füllen Sie dazu unser Online-Formular aus oder schicken Sie Ihre Unterlagen per Post an: Roland Berger Strategy Consultants, Frau Stefanie Galdia, Mies-van-der-Rohe-Straße 6, 80807 München.

Bei Fragen steht Ihnen Frau Galdia gerne unter Tel. +49 89 9230-9265 zur Verfügung.

Wir freuen uns auf Ihre Bewerbung!

PERSÖNLICHKEIT ZÄHLT.

WWW.KARRIERE.ROLANDBERGER.COM

Roland Berger
Strategy Consultants

Robert Bosch GmbH

	Unternehmensdaten
Branche	Kraftfahrzeugzulieferer, Maschinenbau, Elektroindustrie
Produkte und Dienstleistungen	Kraftfahrzeugtechnik, Industrietechnik, Gebrauchsgüter und Gebäudetechnik
Mitarbeiter insg. (m/w)	282 000 weltweit
Jahresumsatz	45 Mrd. € weltweit
	Angebote für Studierende (m/w)
Praktika/Werkstudenten (m/w)	ja, alle Fachrichtungen
Studien-/Diplomarbeiten	ja, alle Fachrichtungen
	Angebote für Berufseinsteiger (m/w)
Personalbedarf 2009	500 Hochschulabsolventen und Berufserfahrene
Bevorzugte Fachrichtungen	Informatik, Ingenieurwissenschaften (insbesondere Maschinenbau, Elektrotechnik und Nachrichtentechnik), Physik, Wirtschaftsingenieurwesen, Wirtschaftswissenschaften
Einstiegsmöglichkeiten	Direkteinstieg, Traineeprogramm, Promotion
Anfangsgehälter	je nach Qualifikation und Aufgabe
Möglicher Auslandseinsatz	ja – in mehr als 50 Ländern weltweit
	Einstellungsvoraussetzungen
Bewerbungsunterlagen	Bewerbungsschreiben, Lebenslauf, Zeugniskopien
Auswahlverfahren	Interviews mit Personalreferenten und Fachvorgesetzten und/oder Assessment Center
Bewerberprofil	– sehr guter bis guter Hochschulabschluss und gute Fremdsprachenkenntnisse – anspruchsvolle Industriepraktika oder Studienarbeit – überdurchschnittliches Engagement – Kreativität und Eigeninitiative – Flexibilität sowie Fähigkeit zur Teamarbeit – Weltoffenheit
Kontaktadresse	Dezentrale Stellenbesetzung. Das Einreichen mehrerer Bewerbungen parallel an verschiedenen Standorten ist somit möglich. Ausnahme: Das Traineeprogramm wird zentral koordiniert. Aktuelle Vakanzen und detaillierte Informationen sind zu finden unter: www.bosch-career.de

Den Bachelor in der Tasche – den Master im Visier!

Mit unserem PreMaster Programm unterstützen wir Sie aktiv auf Ihrem Weg zum Mastertitel. Die Kombination aus anspruchsvoller Praxis und fachspezifischem Know-how ist das ideale Erfolgsrezept für Ihre persönliche Entwicklung – intensive Betreuung und beste Karrierekontakte gehören natürlich dazu. Nehmen Sie die Herausforderung an? Hier ist Ihre Chance!

Jeder Erfolg hat seinen Anfang.
Ihrer könnte jetzt beginnen! Alle Infos zum PreMaster Programm gibt's online unter:

www.bosch-career.de

B/S/H/

BSH Bosch und Siemens Hausgeräte GmbH

	Unternehmensdaten
Branche	Elektrotechnik
Produkte und Dienstleistungen	Hausgeräte (Kochen, Waschen, Trocknen, Kühlen, Gefrieren, Spülen, Bodenpflege, Consumer Products)
Mitarbeiter insg. (m/w)	ca. 39 000 weltweit
Jahresumsatz	über 8,8 Mrd. €
	Angebote für Studierende (m/w)
Praktika und Werkstudenten	ja
Studien- und Diplomarbeiten	ja
	Angebote für Berufseinsteiger (m/w)
Personalbedarf 2009	ca. 60 Hochschulabsolventen in Deutschland
Bevorzugte Fachrichtungen	Ingenieurwissenschaften, Wirtschaftswissenschaften, Naturwissenschaften
Einstiegsmöglichkeiten	Traineeprogramm, Direkteinstieg
Möglicher Auslandseinsatz	im Rahmen des Traineeprogramms, sonst je nach Funktion möglich
	Einstellungsvoraussetzungen
Bewerbungsunterlagen	Vollständige Bewerbungsmappe
Auswahlverfahren	Interviews, Assessment Center
Bewerberprofil	Zielstrebigkeit, Flexibilität, uneingeschränkte Mobilität. Bereitschaft, Verantwortung zu übernehmen. Überdurchschnittlicher Studienabschluss; Auslandserfahrung erwünscht.
Kontakatadresse	Traineeprogramme: Karin Wahl Tel. 089 4590-2334, mcw-traineeprogramme@bshg.com
	Direkteinstieg München: Initiativbewerbung unter der Homepage www.bsh-group.de
	Inlandspraktika, Diplomarbeiten, Werkstudenten München: Nicola Tamme, Tel. 089 4590-2180 mcw-praktikum@bshg.com
	Auslandspraktika: Frau Juliane Reichpietsch Tel. 089 4590-2005, auslandspraktikum@bshg.com
	Weitere Kontakte unserer deutschlandweiten Standorte finden Sie unter www.bsh-group.de

B/S/H/

BSH BOSCH UND SIEMENS HAUSGERÄTE GMBH

Check-in
for innovation

Willkommen beim Innovationsführer für Hausgeräte, willkommen im Team! Mit unseren Produkten der Marken Bosch, Siemens, Neff, Constructa und Gaggenau machen wir das Leben leichter und begeistern anspruchsvolle Kunden auf der ganzen Welt: durch intelligente Technik, ausgezeichnetes Design und höchsten Bedienkomfort. Denken auch Sie mit uns weiter.

www.bsh-group.de

Friedrich Boysen GmbH & Co. KG

	Unternehmensdaten
Branche	Automobilzulieferer
Produkte und Dienstleistungen	komplette Abgassysteme, Krümmer, Katalysatoren, Dieselpartikelfilter und Schalldämpfer
Mitarbeiter insg. (m/w)	rd. 1 700
davon Ingenieure	rd. 70
Jahresumsatz	rd. 650 Mio. €
	Angebote für Studierende (m/w)
Praktika und Werkstudenten	möglich
Studien- und Diplomarbeiten	Diplomarbeiten, projektabhängig
	Angebote für Berufseinsteiger (m/w)
Personalbedarf 2009	Ingenieure verschiedener Fachrichtungen
Bevorzugte Fachrichtungen	Fahrzeugtechnik, allg. Maschinenbau, Umwelttechnik, Konstruktionstechnik, Luft- und Raumfahrttechnik, Physik, physikalische Technik
Einstiegsmöglichkeiten	Direkteinstieg als Versuchs-, Berechnungs- oder Entwicklungsingenieur, Traineeprogramm
Anfangsgehälter	funktionsabhängig
Möglicher Auslandseinsatz	kürzere Auslandseinsätze im Rahmen von Projektarbeit, Dienstreisen
	Einstellungsvoraussetzungen
Bewerbungsunterlagen	Lebenslauf mit Bild, Zeugnisse, Angaben zu Interessensschwerpunkten
Auswahlverfahren	1. Vorauswahl auf Basis der Bewerbungsunterlagen, 2. Interviews
Bewerberprofil	sehr gute Abschlussnote, sehr gute Englischkenntnisse, Kommunikationsfähigkeit, Zusatzqualifikationen
Kontaktadresse	Friedrich Boysen GmbH & Co. KG Dr. Clemens Amann Leiter Personalwesen Friedrich-Boysen-Straße 14-17 72213 Altensteig Tel. 07453 20-240, Fax 07453 20-4240 clemens.amann@boysen-online.de http://www.boysen-online.de

Boysen ist Spezialist für Abgassysteme. Als mittelständisches Unternehmen mit rund 1700 Beschäftigten sind wir der David unter den Goliaths der Branche. Als Experten für innovative Lösungen sind wir Systempartner von Audi, BMW, Daimler, Porsche und anderen namhaften Automobilherstellern. Für interessante Aufgaben in unserem Entwicklungs- und Verwaltungszentrum in Altensteig suchen wir motivierte Mitarbeiter (m/w).

Entwicklungsingenieure

- **Konstruktion**
- **Berechnung**
- **Versuch**

Boysen bietet Hochschulabsolventen (m/w) der Fachrichtungen Fahrzeugtechnik, Maschinenbau, Luft- und Raumfahrttechnik und Physik hervorragende Einstiegsmöglichkeiten in den Beruf. Dazu gehören ausgezeichnete Arbeitsbedingungen, die Arbeit in einem kleinen Team und die Aussicht, frühzeitig Verantwortung zu übernehmen.

Interessiert? Dann wenden Sie sich bitte direkt an unseren Leiter Personalwesen:

Friedrich Boysen GmbH & Co. KG
z. Hd. Dr. Clemens Amann
Friedrich-Boysen-Straße 14-17
72213 Altensteig
Telefon 0 74 53 / 20 - 240
Telefax 0 74 53 / 20 - 42 40
clemens.amann@boysen-online.de
www.boysen-online.de

Spezialist für Abgastechnik.
Partner für Entwicklung, Produktion und Logistik.

Brose Fahrzeugteile GmbH & Co. KG.

Unternehmensdaten

Branche	Automobilzulieferindustrie
Produkte und Dienstleistungen	Fensterheber • Türsysteme • Sitzverstellungen • Elektromotoren • Schließsysteme
Mitarbeiter insg. (m/w)	über 14 000
Jahresumsatz	2,8 Mrd. € (2008)

Angebote für Studierende (m/w)

Praktika und Werkstudenten	ja/ja
Studien- und Diplomarbeiten	ja/ja

Angebote für Berufseinsteiger (m/w)

Personalbedarf 2009	laufender Bedarf an qualifizierten Mitarbeitern
Bevorzugte Fachrichtungen	Maschinenebau, Elektrotechnik, Wirtschaftsingenieurwesen, Mechatronik, Fertigungs- und Fahrzeugtechnik
Einstiegsmöglichkeiten	Direkteinstieg, Trainee-Programm, First in Training-Programm FIT
Anfangsgehälter	branchenüblich
Möglicher Auslandseinsatz	ja

Einstellungsvoraussetzungen

Bewerbungsunterlagen	Vollständige Bewerbungsunterlagen bevorzugt online unter www.brose.com
Auswahlverfahren	Interview mit Personal- und Fachabteilung
Bewerberprofil	Guter Studienabschluss, erste Praxiserfahrung, Problemlösungskompetenz, Leistungsbereitschaft, internationale Orientierung, Belastbarkeit, Team- und Kommunikationskompetenz
Kontaktadresse	Achim Oettinger, Leiter Personalmarketing Ketschendorfer Straße 38-50, 96450 Coburg Tel. 09561 21-1778 Fax 09561 21-2538 karriere@brose.com www.brose.com

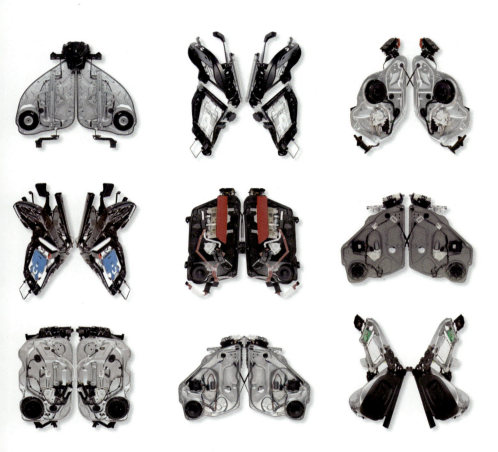

Technik-Schwärmer gesucht!

Sie sind fasziniert von der Möglichkeit, Ihre Ideen in Automobilen von morgen wiederzufinden? Dann sollten wir uns kennenlernen. Erleben Sie in unserem weltweit wachsenden Familienunternehmen die Neue Brose Arbeitswelt. Hier finden Sie Gestaltungsfreiräume und haben Chancen, schnell Verantwortung zu übernehmen. Strecken Sie Ihre Fühler aus. Weitere Informationen von Achim Oettinger: +49 9561 21 1778, achim.oettinger@brose.com

www.brose.com – Mehr Komfort und Sicherheit für den mobilen Alltag

Bundesamt für Wehrtechnik und Beschaffung (BWB) Bundesamt für Informationsmanagement und Informationstechnik der Bundeswehr (IT-AmtBw)

	Unternehmensdaten
Branche	Zivile Bundeswehr, Technische Behörden
Produkte und Dienstleistungen	bedarfsgerechtes Ausrüsten der Streitkräfte mit moderner Technik in Spitzenqualität, von der persönlichen Ausrüstung des Soldaten bis zu komplexen Waffen- und Informationssystemen
Standorte	Inland: Zentrale BWB/IT-AmtBw in Koblenz, Dienststellen im gesamten Bundesgebiet Ausland: Dienststellen in den USA, Kanada und Europa.
Mitarbeiter insg. (m/w)	BWB ca. 9 600 IT-AmtBw ca. 1 400
Personalbedarf 2009 (m/w)	340 Diplom-Ingenieurinnen/-Ingenieure (130 TH/TU/Master, 210 FH/Bachelor)
Gesuchte Fachrichtungen	Elektrotechnik, Elektronik, Nachrichtentechnik, Starkstromtechnik, Informationstechnologie, Technische Informatik, Informatik, Maschinenbau, Fahrzeugtechnik, Feinwerktechnik, Luft- und Raumfahrttechnik, Mechatronik, Verfahrenstechnik, Physik, Schiffbau, Schiffsmaschinenbau, Luftfahrzeugbau/-antriebe, sonstige
Tätigkeitsbereiche	Forschung & Entwicklung mit der Industrie, Projektmanagement, Führungsaufgaben, techn. Erprobung
Einstiegsmöglichkeiten (m/w)	Trainee, Einstieg in die Beamtenlaufbahnen des gehobenen (FH) bzw. höheren (TH/TU) technischen Dienstes.
Anfangsgehälter	gem. Bundesbesoldungsgesetz
Möglicher Auslandseinsatz	nach der Ausbildung: Mitarbeit in internationalen Arbeitsgruppen und Projektbüros, Arbeitsplätze bei ausländischen Dienststellen
Einstellungskriterien und sonstige Informationen	www.bwb.org

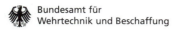 Bundesamt für Wehrtechnik und Beschaffung

 Bundesamt für Informationsmanagement und Informationstechnik der Bundeswehr

Dieser Vogel macht frei.

So muss Zukunft sein. Keine Verkaufsvorgabe, keine Design-Norm, keine Ausrichtung auf Rendite. Stattdessen Ingenieurleistung pur. Wer darauf zielt, neue Ideen allein funktionsgebunden wahr werden zu lassen, hat jetzt seine Chance. Das macht den Weg frei für ausgesucht Ambitionierte, für SIE und IHN Richtung Wehrtechnik.

Als Dipl.-Ing. in den Bereichen Luft- und Raumfahrttechnik, Nachrichten-technik, Schiffbau, Elektrotechnik, Mechatronik, Maschinenbau, Technische Informatik, Kraftfahrzeugtechnik, Physik und Chemie. **Kreativität trifft Sicherheit – das ist die Freiheit, die wir meinen.**

Bewerbung bitte an >> Bundesamt für Wehrtechnik und Beschaffung, Personalgewinnung, Postfach 300165, 56057 Koblenz **Infos >> www.bwb.org**, Telefon (0261) 400-2125, E-Mail BWBNachwuchswerbung@bwb.org
>> Hinweise: Das Einstellungshöchstalter ist 31 Jahre (Sonderregelungen für Schwerbehinderte und diesen gleich-gestellte behinderte Menschen und Soldatinnen/Soldaten auf Zeit). Bewerbungen von Frauen sind besonders erwünscht. Bewerberinnen/Bewerber mit einem anerkannten Grad der Behinderung von wenigstens 50 (oder gleich-gestellt) werden bei gleicher Eignung vorrangig berücksichtigt, ein Mindestmaß an körperlicher Eignung wird verlangt. Einstellungstermine >> Juni und Dezember für Uni-/Master-Absolventinnen/Absolventen. März, Juli und November für FH-/Bachelor-Absolventinnen/Absolventen.

Bundesnachrichtendienst

Bundesnachrichtendienst

	Unternehmensdaten
Branche	Öffentlicher Dienst
Produkte und Dienstleistungen	Gewinnung von Informationen über das Ausland – zu internationalem Terrorismus, Waffen- und Drogenhandel, Geldwäsche, illegaler Migration und zu anderen aktuellen Aufklärungsschwerpunkten
Mitarbeiter insg. (m/w)	ca. 6 000
	Angebote für Studierende (m/w)
Praktika und Werkstudenten	nein
Studien- und Diplomarbeiten	nein
	Angebote für Berufseinsteiger (m/w)
Bevorzugte Fachrichtungen	ET/NT, Informatik, Mathematik, Sprachen usw.
Einstiegsmöglichkeiten	Direkteinstieg
Anfangsgehälter	nach dem TvöD
Möglicher Auslandseinsatz	nach längerer Dienstzugehörigkeit möglich
	Einstellungsvoraussetzungen
Bewerbungsunterlagen	Bewerbungsmotivationsschreiben, tabellarische Darstellung über den bisherigen Werdegang inkl. sämtlicher Nachweise und Zeugnisse, Personalbogen 2-fach
Auswahlverfahren	Assessment Center
Bewerberprofil	– überdurchschnittlicher Studienabschluss – deutsche Staatsangehörigkeit
Kontaktadresse	Bundesnachrichtendienst Personalgewinnung Postfach 120 82042 Pullach jobs@bundesnachrichtendienst.de www.bundesnachrichtendienst.de

Bundesnachrichtendienst

Der Bundesnachrichtendienst ist der Auslandsnachrichtendienst der Bundesrepublik Deutschland. Schnelle und umfassende Informationsbeschaffung und -analyse sind die Hauptaufgaben; in einer Zeit neuer sich wandelnder Bedrohungsszenarien bedarf es dazu einer ständigen Anpassung der eingesetzten technischen Möglichkeiten.

Die Einzigartigkeit der Aufgabenstellung führt zu außergewöhnlichen Herausforderungen auf den Gebieten der Nachrichtentechnik, Datenverarbeitung, Telekommunikation und Kryptotechnik sowie bei deren Zusammenspiel.

Wir suchen für unsere technischen Fachbereiche motivierte und engagierte

Ingenieure/innen ET/NT
Informatiker/innen
Mathematiker/innen
Physiker/innen

mit den Abschlüssen Diplom/Master/FH/Bachelor

Wir bieten interessierten Bewerber/innen die Möglichkeit

- des Direkteinstieges nach Tarifvertrag für den öffentlichen Dienst (TVöD) im vergleichbar höheren bzw. gehobenen Dienst des BND in einem unbefristeten Arbeitsverhältnis oder
- der Laufbahnausbildung im gehobenen Dienst der Fernmelde- und Elektronischen Aufklärung des Bundes.

Weitere Informationen

zum Bundesnachrichtendienst und zur Bewerbung, sowie Details zu den Stellenangeboten erhalten Sie unter **www.bundesnachrichtendienst.de** oder per E-mail **jobs@bundesnachrichtendienst.de**

CENIS Consulting-Engineering-Service GmbH

	Unternehmensdaten
Branche	Engineering-Dienstleistungen
Produkte und Dienstleistungen	Projektierung, Forschung und Entwicklung, Konstruktion, Berechnung, Simulation, Erprobung und Versuch, Dokumentation, Qualitätsmanagement
Mitarbeiter insg. (m/w)	ca. 500 Mitarbeiter
davon Ingenieure	ca. 150 Mitarbeiter
Jahresumsatz	ca. 20 Mio. €
	Angebote für Studierende (m/w)
Praktika und Werkstudenten	Ja (projektabhängig)
Studien- und Diplomarbeiten	Nein
	Angebote für Berufseinsteiger (m/w)
Personalbedarf 2009	100 Ingenieure / Hochschulabsolventen
Bevorzugte Fachrichtungen	Maschinen- und Anlagenbau, Energietechnik (konventionell und regenerativ), Fahrzeugtechnik, E-Technik und Elektronik, Informatik, Hard- und Software-Entwicklung, Telematik, Mechatronik, Luft- und Raumfahrt, Verfahrenstechnik, Medizintechnik
Einstiegsmöglichkeiten	Direkteinstieg, Training on the job
Anfangsgehälter	Je nach Qualifikation und Projekt
Möglicher Auslandseinsatz	Projektabhängig
	Einstellungsvoraussetzungen
Bewerbungsunterlagen	Bewerbung schriftlich oder auf www.cenis.de
Bewerberprofil	Qualifiziert, interessiert, motiviert und flexibel
Kontaktadresse	Jürgen Müller
	Niederlassungsleiter CENIS-Stuttgart /
	Zentrales Bewerbermanagement
	Friedrichstraße 9
	70174 Stuttgart
	Telefon 0711 997994-0
	Telefax 0711 997994-20
	juergen.mueller@cenis.de
	www.cenis.de

Neue Perspektiven

Nutzen Sie unsere Topleistungen als Sprungbrett für den Einstieg in anspruchsvolle und hochinteressante Projekte bei uns und unseren Partnern.

CENIS

der Spezialist für hochwertige Engineering-Dienstleistungen

Berlin

München

Stuttgart

Als strategischer Partner in der **Automobilentwicklung**, als Know-How-Träger im Bereich **Luft-/Raumfahrt** und als Lieferant hochwertiger Lösungen in den Bereichen

Anlagenbau

Umwelttechnik

Produktionslogistik

Qualitätsmanagement

Regenerative Energien

Automatisierungstechnik

suchen wir **Sie** für unsere Dienstleistungsprojekte im In- und Ausland.

Warum **Sie**?

Weil Ihr Wissen dem neuesten Stand entspricht, weil Sie darauf brennen, es praktisch umzusetzen und weil Sie das tun werden mit dem Bewusstsein, dass dies die Initialzündung für den Start Ihrer beruflichen Karriere ist.

Darum **Sie!**

CENIS Consulting-Engineering-Service GmbH   www.cenis.de

Hauptniederlassung	Zweigniederlassung	Zweigniederlassung
Leopoldstraße 87	Fritschestraße 62	Friedrichstraße 9
80802 München	10627 Berlin	70174 Stuttgart
+49 89 383389-0	+49 30 327712-0	+49 711 997994-0
muenchen@cenis.de	berlin@cenis.de	stuttgart@cenis.de

Wir freuen uns auf Sie

Coca-Cola Erfrischungsgetränke AG

	Unternehmensdaten
Branche	Konsumgüterindustrie
Produkte und Dienstleistungen	Über 60 Produkte im alkoholfreien Getränkesegment
Mitarbeiter insg. (m/w)	ca. 11 500
	Angebote für Studierende (m/w)
Praktika und Werkstudenten	Ja
Studien- und Diplomarbeiten	Ja (ggf. in Verbindung mit Praktikum)
	Angebote für Berufseinsteiger (m/w)
Personalbedarf 2009	ca. 15 – 20
Bevorzugte Fachrichtungen	Wirtschaftswissenschaften, Wirtschaftsingenieurwesen, Ingenieurwissenschaft in den Fachrichtungen Brauwesen und Getränketechnologie, Maschinenbau, Verpackungstechnologie oder Verfahrenstechnik
Einstiegsmöglichkeiten	Direkteinstieg, Traineeprogramm
Anfangsgehälter	ca. 40 000 Euro
Möglicher Auslandseinsatz	Je nach Position möglich
	Einstellungsvoraussetzungen
Bewerbungsunterlagen	Komplette Bewerbungsunterlagen
Auswahlverfahren	Je nach Position Interviews und Assessment Center
Bewerberprofil	Überdurchschnittlich abgeschlossenes Studium, erste praktische Erfahrungen durch relevante Praktika oder Werkstudententätigkeit, konversationssichere Englischkenntnisse, hohes Maß an Eigeninitiative, Einsatzbereitschaft und Begeisterungsfähigkeit sowie Teamfähigkeit
Kontaktadresse	Tanja Biber Human Resources Friedrichstrasse 68 10117 Berlin Telefon 030 9204-0 personalmarketing@cceag.de www.cceag.de

Karriere mit Erfrischung!

Studenten, Hochschulabsolventen und Professionals, die neue Ideen, Eigeninitiative, Flexibilität und Teamgeist mitbringen, bieten wir interessante Einstiegsmöglichkeiten. Beginnen Sie Ihre Karriere mit Erfrischung!

Weitere Informationen unter www.cceag.de und www.coca-cola-gmbh.de

Continental AG

Branche	**Unternehmensdaten**
Produkte und Dienstleistungen	Automobilzuliefererindustrie
	Produkte und Dienstleistungen: Bremssysteme, Systeme und Komponenten für Antrieb und Fahrwerk, Instrumentierung, Infotainment-Lösungen, vernetzte automobile Kommunikation, Fahrzeugelektronik, Reifen, technische Elastomerprodukte
Mitarbeiter insg. (m/w)	rund 146 500 weltweit
Jahresumsatz	Anvisiert für das Jahr 2008: 25 Mrd. Euro
	Angebote für Studierende
Praktika und Werkstudenten/ Studien- und Diplomarbeiten	circa 1 000 Praktikanten (inkl. Abschlussarbeiten) deutschlandweit
	Angebote für Berufseinsteiger (m/w)
Personalbedarf 2009	circa 750 Hochschulabsolventen
Bevorzugte Fachrichtungen	Chemie, Elektrotechnik, Fahrzeugtechnik, Feinwerktechnik, Maschinenbau, Mechatronik, Ingenieurwissenschaften, Informatik, Naturwissenschaften, Physik, Wirtschaftsingenieurwesen, Wirtschaftswissenschaften
Einstiegsmöglichkeiten	Einkauf, Marketing, Controlling, Vertrieb, Arbeitssicherheit, Forschung & Entwicklung, Elektronik, Mechatronik, strategische Technologie, Fertigung, Fertigungsplanung, Konstruktion, Logistik, Montage und Inbetriebnahme, Operation Research, Qualitätssicherung
Anfangsgehälter	je nach Position zwischen 3575 € – 4475 € / Monat
Möglicher Auslandseinsatz	ja
	Einstellungsvoraussetzung
Auswahlverfahren	Telefoninterview, Vorstellungsgespräch, Assessment-Center
Bewerberprofil	Qualifizierte Praktika (vorzugsweise in der Automobil- und Zuliefererindustrie), interdisziplinär und breit gefächerter akademischer Hintergrund, gute bis sehr gute Englischkenntnisse, gute Kommunikationsfähigkeit, Teamfähigkeit, Projekterfahrung, internationale Mobilität
Bewerbungsunterlagen	Bewerbungen ausschließlich online auf www.careers-continental.com

Are you auto-motiviert? Welcome!

Der Continental-Konzern ist einer der weltweit führenden Zulieferer der Automobilindustrie. Als Anbieter von Bremssystemen, Systemen und Komponenten für Antrieb und Fahrwerk, Instrumentierung, Infotainment-Lösungen, Fahrzeugelektronik, Reifen und technischen Elastomerprodukten trägt das Unternehmen zu mehr Fahrsicherheit und zum Klimaschutz bei. Continental ist darüber hinaus ein kompetenter Partner in der vernetzten, automobilen Kommunikation. Für Sie ergeben sich daraus vielfältige Möglichkeiten, Ihre Karriere anzukurbeln – in einer Atmosphäre, die durch Offenheit, flache Hierarchien, Internationalität und Eigenverantwortlichkeit geprägt ist. Möchten Sie bei uns einsteigen? Hier geht`s zu unserem High-Performance-Team:

www.careers-continental.com

DEKRA

DEKRA Automobil GmbH

Unternehmensdaten

Branche	Dienstleistungen
Produkte und Dienstleistungen	Technische und sicherheitsorientierte Dienstleistungen rund um Kraftfahrzeuge
Mitarbeiter insg. (m/w)	6 300
davon Ingenieure	4 173
Jahresumsatz	750 Mio. EUR (2007)

Angebote für Studierende (m/w)

Praktika und Werkstudenten	Ja
Studien- und Diplomarbeiten	Ja

Angebote für Berufseinsteiger (m/w)

Personalbedarf 2009	150 Ingenieure Maschinenbau, Fahrzeugtechnik, Mechatronik, Elektrotechnik
Einstiegsmöglichkeiten	Direkteinstieg mit interner Ausbildung zum Prüfingenieur oder/und Schadengutachter
Möglicher Auslandseinsatz	In Einzelfällen

Einstellungsvoraussetzungen

Bewerbungsunterlagen	Anschreiben, Lebenslauf, Zeugniskopien
Bewerberprofil	Abgeschlossenes Fach-/Hochschulstudium der o. g. Fachrichtungen, Ausbildung und/oder Praktika im Kfz-Bereich, selbstständige Arbeitsweise, Freude am Umgang mit Kunden
Kontaktadresse	DEKRA Automobil GmbH Personalbeschaffung und -betreuung, Frau Wolf Handwerkstr. 15 70565 Stuttgart Telefon 0711 7861-1873 stefanie.wolf@dekra.com www.dekra.de/jobs

Bring die Welt in Sicherheit!

Unser Team braucht Verstärkung: Prüfingenieure gesucht.

Unsere Welt braucht Sicherheit – deshalb: Komm als Prüfingenieur/in in unser Team! Bundesweit suchen wir FH-/Uni-/BA-Absolventen der Fachrichtungen Maschinenbau, Fahrzeugtechnik, Elektrotechnik oder Mechatronik, die uns in den Bereichen Prüfwesen und Gutachten verstärken.

Bewirb dich jetzt unter der Kennziffer „VDI" bei uns! Nähere Infos unter: www.dekra.de/jobs

www.dekra.de   Automotive — Industrial — Personnel

Deutsche Bahn AG

	Unternehmensdaten
Branche	Transport, Verkehr, Logistik
Produkte und Dienstleistungen	Integrierte Mobilitäts- und Logistikdienstleistungen
Mitarbeiter insg. (m/w)	237 000 weltweit (183 000 deutschlandweit)
Jahresumsatz	31 Mrd. €
	Angebote für Studierende (m/w)
Praktika und Werkstudenten	ja, siehe www.deutschebahn.com/karriere
Studien- und Diplomarbeiten	ja, siehe www.deutschebahn.com/karriere
	Angebote für Berufseinsteiger (m/w)
Personalbedarf 2009	ca. 400 Hochschulabsolventen, davon ca. 250 Ingenieure
Bevorzugte Fachrichtungen	Elektrotechnik, Maschinenbau, Wirtschaftsingenieurwesen, Verkehrsingenieurswesen, Bauingenieurwesen
Einstiegsmöglichkeiten	TRAIN Tec – das 12monatige Einstiegsprogramm für Ingenieure; Direkteinstieg
Anfangsgehälter	marktüblich
Möglicher Auslandseinsatz	nur im Einzelfall im Ressort Transport&Logistik
	Einstellungsvoraussetzungen (m/w)
Bewerbungsunterlagen	Anschreiben, Lebenslauf, Zeugnisse; bevorzugt online unter: www.deutschebahn.com/karriere
Auswahlverfahren	Telefoninterviews, Assessmentcenter
Bewerberprofil	Innovative Technologien sind die Grundlagen des Erfolgs unseres Unternehmens. Als ein Unternehmen im Change-Management-Prozess, finden Absolventen bei uns ausgezeichnete Möglichkeiten, die Erneuerung des Konzerns aktiv mitzugestalten. Wir suchen Nachwuchs mit Teamfähigkeit, Mobilität, hoher Selbstmotivation, unternehmerischem Denken und den Willen etwas bewegen zu wollen. Darüber hinaus erwarten wir gute bis sehr gute Studienleistungen sowie fachspezifische Praktika.
Kontaktadresse	db-hochschulmarketing@bahn.de
Bewerbungsadresse	Deutsche Bahn, Service Center Personal Bewerbermanagement akademischer Nachwuchs Kennwort: VDI Bewerberhandbuch Karlstraße 6, 60329 Frankfurt am Main Nähere Informationen zu den Onlinebewerbungen und Jobangeboten unter: www.deutschebahn.com/karriere

Torsten Schnaase,
Teilnehmer des Programms TRAIN Tec

„Mit der DB habe ich bereits während des Studiums **die richtige Technik für meine Karriere** angewendet."

„Mit der DB bin ich während meines gesamten Studiums immer gut gefahren: erst ein technisches Grundpraktikum vor Studienbeginn, dann ein Praktikum mit speziellem Schwerpunkt nach dem 4. Semester. Zurzeit absolviere ich das Einstiegsprogramm TRAIN Tec, das mich gezielt auf meine zukünftige Karriere vorbereitet. Es bietet mir beste Aussichten für mein berufliches Weiterkommen."

Mehr zu unseren ingenieurwissenschaftlichen Studiengängen, Ansprechpartnern und zur Bewerbung erfahren Sie unter **www.deutschebahn.com/karriere.**

DB. Zukunft bewegen.

DIEHL

Diehl Stiftung & Co. KG

Branche	**Unternehmensdaten**
Produkte und Dienstleistungen	Metall- und Elektroindustrie, Luftfahrt, Verteidigung
	Flight Controlsysteme, Cockpit-Displays & innovative Lichtsysteme für die Luftfahrtindustrie, integrierte Systemlösungen im Bereich der Kabinenausstattung, Steuerungen für die Haus- und Heizungstechnik, Wasser- und Wärmezähler, intelligente Verteidigungssysteme, Kupfer- und Messinghalbzeuge, Synchronringe für die Fahrzeugindustrie
Mitarbeiter insg. (m/w)	11 500
Jahresumsatz	2,3 Mrd. €
	Angebote für Studierende (m/w)
Praktika und Werkstudenten	ja, gerne
Studien- und Diplomarbeiten	ja, gerne
	Angebote für Berufseinsteiger (m/w)
Personalbedarf 2009	kontinuierlicher Bedarf vorhanden
Bevorzugte Fachrichtungen	Elektrotechnik, Automatisierungs- und Regelungstechnik, Nachrichten- und Informationstechnik, Feinwerktechnik, Technische Informatik, Maschinenbau, Fertigungstechnik, Luft- und Raumfahrttechnik, Physik, Wirtschaftsingenieurwesen
Einstiegsmöglichkeiten	18-monatiges Traineeprogramm, Training-on-the-job mit individuellem Einarbeitungsprogramm
Anfangsgehälter	abhängig von Stelle und Qualifikation
Möglicher Auslandseinsatz	ja, bedarfs- und projektabhängig
	Einstellungsvoraussetzungen
Bewerbungsunterlagen	möglichst E-Mail-Bewerbung mit aussagekräftigem Anschreiben, Lebenslauf und Zeugnissen
Auswahlverfahren	2 – 3 Gesprächsrunden in Personal- und Fachabteilungen Wir wünschen uns flexible und kommunikationsstarke Mitarbeiter mit Fachpraktika, die hohes Engagement und Eigeninitiative zeigen.
Kontaktadresse	Carolin Wendel, Personalmarketing Stephanstr. 49, 90478 Nürnberg Telefon 0911 947-2636 perspektiven@diehl.de Lernen Sie uns kennen unter: www.diehl.de

Innovation aus Tradition
Gestalten Sie mit uns die Zukunft!

Die Diehl Stiftung & Co. KG ist ein international operierendes Technologieunternehmen in Familienbesitz. 11.500 Beschäftigte* in mehr als vierzig selbstständigen Unternehmenseinheiten, zusammengefasst in die vier Teilkonzerne Metall, Controls, Defence und Aerosystems sowie die Gruppe "Operative Beteiligungen", erwirtschaften einen Jahresumsatz von 2,2 Mrd. Euro.

Seit mehr als 100 Jahren entwickeln unsere Mitarbeiter zusammen mit unseren Kunden innovative Produktlösungen. Permanente Investitionen in das Wissen und die Fähigkeiten sowie in die Entwicklung der Persönlichkeiten unserer Mitarbeiter sichern unsere Wettbewerbsfähigkeit und Innovationskraft.

Bei uns erwarten Sie flexible, mittelständisch geprägte Strukturen und kurze Kommunikations- und Entscheidungswege. Nutzen Sie diese für die Umsetzung Ihrer Ideen und die Möglichkeit innerhalb internatio-naler Firmennetzwerke schnell Verantwortung zu übernehmen!

Herausfordernde Aufgabengebiete und ideale Entwicklungsmöglichkeiten bieten wir Studenten und Absolventen der Studienrichtungen **Elektrotechnik, Nachrichtentechnik, Automatisierungs- und Regelungstechnik, Hochfrequenztechnik, (Technische) Informatik, Feinwerktechnik, Luft- und Raumfahrttechnik, Maschinenbau, Fertigungstechnik, Physik** sowie **Wirtschaftsingenieurwesen.**

Sie begeistern sich für Technik und neueste Technologien? - Dann sind Sie bei uns genau richtig!

Lernen Sie uns kennen unter **www.diehl.de** oder nehmen Sie direkt Kontakt zu uns auf:

Diehl Stiftung & Co. KG
Personalmarketing
Carolin Wendel
Stephanstr. 49, 90478 Nürnberg
E-Mail: perspektiven@diehl.de

DIEHL

*Der vorliegende Text bezieht sich gleichermaßen auf männliche und weibliche Personen. Alleine aus Gründen der besseren Lesbarkeit wurde auf die zweifache Schreibweise verzichtet.

Dräger

Dräger

	Unternehmensdaten
Branche	Medizin- u. Sicherheitstechnik (Metall- u. Elektroindustrie)
Produkte und Dienstleistungen	Medizintechnik (Narkose- und Beatmungstechnik, Notfallgeräte, Neonatologie, Krankenhausinformationssysteme, Monitoring, Service) und Sicherheitstechnik (Arbeitsschutzgeräte, Chemikalienschutzanzüge, Masken und Filter), Gasmesstechnik (Sensoren und Messgeräte), Tauchtechnik
	Es gibt Dinge, für die lohnt es sich zu arbeiten: Wir bei Dräger entwickeln und fertigen seit 120 Jahren Technik für das Leben: Innovative Geräte und Lösungen in den Bereichen Medizin- und Sicherheitstechnik, die Leben von Menschen auf der ganzen Welt schützen, unterstützen und retten.
Mitarbeiter insg. (m/w)	in Deutschland 4 800, weltweit 10 900
davon Ingenieure	70 %
Jahresumsatz	1,9 Mrd. Euro
	Angebote für Studierende (m/w)
Praktika und Werkstudenten	ja
Studien- und Diplomarbeiten	ja
	Angebote für Berufseinsteiger (m/w)
Personalbedarf 2009	ca. 200, davon ca. 50 Hochschulabsolventen
Bevorzugte Fachrichtungen	Wi.Ing., Ing. (Medizintechnik, Maschinenbau, Elektrotechnik, Mechatronik, Informatik, Chem.-Ing., Verf.-technik), WiWi. (Finance, Controlling)
Einstiegsmöglichkeiten	Direkteinstieg und „Life" – internationales Trainee-Programm
Anfangsgehälter	Absolventen: ca. 47 000 Euro p.a.
Möglicher Auslandseinsatz	ja
	Einstellungsvoraussetzungen
Bewerbungsunterlagen	Vollständige, lückenlose Unterlagen, online oder per E-Mail
Auswahlverfahren	Vorstellungsgespräche mit dem Fachbereich und HR, ACs
Bewerberprofil	Dem Stellenprofil entsprechende Fachqualifikation, schnelle Integration in bestehende Teams, Offenheit, interkulturelles Verständnis für international unterschiedliche Arbeitsweise
Kontaktadresse	www.draeger.com/jobs

Dräger

Alkohol am Steuer kostet jedes Jahr in Deutschland 500 Menschen das Leben. Helfen Sie uns, das zu ändern.

Es gibt Dinge, für die lohnt es sich zu arbeiten:
beispielsweise für Alkoholmessgeräte, die unsere Straßen ein gutes Stück sicherer machen. Arbeiten Sie (m/w) mit uns als Praktikant, im Rahmen Ihrer Diplom-, Master- oder Bachelor-Arbeit oder nach Ihrem Hochschulabschluss als Trainee oder Direkteinsteiger.
www.draeger.com/jobs

Dräger. Technik für das Leben®

Dyckerhoff AG

	Unternehmensdaten
Branche	Baustoffindustrie
Produkte und Dienstleistungen	Zement, Beton
Mitarbeiter insg. (m/w)	7 500 (weltweit)
davon Ingenieure	8 %
Jahresumsatz	2 Mrd. €
	Angebote für Studierende (m/w)
Praktika und Werkstudenten	ja
Studien- und Diplomarbeiten	ja
	Angebote für Berufseinsteiger (m/w)
Personalbedarf 2009	ca. 10 (Fach-) Hochschulabsolventen
Bevorzugte Fachrichtungen	BWL, Wirtschaftswissenschaften, Chemie, Elektrotechnik, Maschinenbau, Verfahrenstechnik, Wirtschaftingenieurwesen, Mineralogie, Geologie, Informatik
Einstiegsmöglichkeiten	Direkteinstieg
Anfangsgehälter	nach Vereinbarung
Möglicher Auslandseinsatz	bedingt
	Einstellungsvoraussetzungen
Bewerbungsunterlagen	vollständige Bewerbungsunterlagen, gerne per E-Mail
Auswahlverfahren	Vorstellungsgespräch mit Fach- und Personalabteilung
Bewerberprofil	zügig absolviertes Studium, guter Hochschul-/Fachhochschulabschluss, gute Englischkenntnisse, unternehmerisches Denken
Kontaktadresse	Georg Markowski
	Zentrale Personal- und Rechtsabteilung
	Biebricher Straße 69
	65203 Wiesbaden
	Telefon 0611 676-1632
	Personalmarketing@dyckerhoff.com
	www.dyckerhoff.de

Ein Traum ist unerlässlich, wenn man die Zukunft gestalten will.
Dyckerhoff ermöglicht die Umsetzung von Visionen.

Solides Fachwissen, Enthusiasmus und der stete Wille, Gutes noch besser machen zu wollen, sind unser Antrieb und das Fundament unserer internationalen Erfolgsgeschichte. Wir suchen Menschen, die sich dieser Herausforderung stellen und mit uns innovative Wege gehen wollen.

Informationen und Stellenangebote finden Sie auf
www.dyckerhoff.de

EnBW Energie Baden-Württemberg AG

	Unternehmensdaten
Branche	Energie
Produkte und Dienstleistungen	Strom, Gas, Energie- und Umweltdienstleistungen
Mitarbeiter insg. (m/w)	ca. 20 000
davon Ingenieure	k. A.
Jahresumsatz	über 14 Mrd. € (2007)
	Angebote für Studierende (m/w)
Praktika und Werkstudenten	ja
Studien- und Diplomarbeiten	ja
	Angebote für Berufseinsteiger (m/w)
Personalbedarf 2009	ca. 250 Einsteiger ohne und mit Berufserfahrung
Bevorzugte Fachrichtungen	Ingenieurwesen, insb. Elektrotechnik, Energietechnik, Leittechnik, Versorgungstechnik, Maschinenbau, Kraftwerkstechnik; Wirtschaftsingenieurwesen, Wirtschaftswissenschaften, (Wirtschafts-)Informatik
Einstiegsmöglichkeiten	Direkteinstieg, Traineeprogramm
Anfangsgehälter	40 000 – 46 000 € (Trainees, Direkteinstieg FH/Uni)
Möglicher Auslandseinsatz	ja, im Rahmen des Traineeprogramms
	Einstellungsvoraussetzungen
Bewerbungsunterlagen	unter www.enbw.com/karriere
Auswahlverfahren	Vollständige Bewerbungsunterlagen, Bewerbergespräche mit Personal- und Fachabteilung, Assessment-Center
Bewerberprofil	Qualifikationen hängen vom jeweiligen Stellenprofil ab.
Kontaktadresse	EnBW Energie Baden-Württemberg AG Personalmarketing & Rekrutierungsstrategie Frau Daniela Schmitt 76180 Karlsruhe Tel. 0721 63-14001 Fax 0721 63-13915 da.schmitt@enbw.com www.enbw.com/karriere

Ein Arbeitgeber, der Energie bietet und Leistung sucht.

EnBW Energie Baden-Württemberg AG – dahinter stehen ca. 20.000 Mitarbeiter, die sich für Strom, Gas und energienahe Dienstleistungen stark machen. Heute sind wir Deutschlands drittgrößtes Energieversorgungsunternehmen und nutzen auch in Mittel- und Osteuropa unsere Chancen.

Begegnen Sie mit uns gemeinsam den Herausforderungen des Energiemarkts. Wir suchen Menschen, die Impulse aufnehmen, aber auch Impulse geben.

Wir freuen uns auf Ihre energiegeladene Bewerbung!

Mehr Informationen unter:
www.enbw.com/karriere

EnBW
Energie braucht Impulse

Endress+Hauser

	Unternehmensdaten
Branche	Messtechnik und Automatisierungslösungen für die Prozesstechnik
Produkte und Dienstleistungen	Endress+Hauser ist einer der international führenden Anbieter von Messgeräten, Dienstleistungen und Lösungen für die industrielle Verfahrenstechnik
Mitarbeiter insg. (m/w)	über 8 000 weltweit
Jahresumsatz	1,113 Mrd. Euro
	Angebote für Studierende (m/w)
Praktika und Werkstudenten	ja
Studien- und Diplomarbeiten	ja
	Angebote für Berufseinsteiger (m/w)
Personalbedarf 2009	stetiger Bedarf an Nachwuchskräften
Bevorzugte Fachrichtungen	Elektrotechnik, Verfahrenstechnik, Physik, Product Engineering, Maschinenbau, Informatik, Mechatronik, Wirtschafsingenieurwesen, Sensorsystemtechnik, Nachrichtentechnik, Mikrosystemtechnik
Einstiegsmöglichkeiten	Direkteinstieg mit individuellem Einarbeitungsplan
Anfangsgehälter	40 000 - 45 000 Euro
Möglicher Auslandseinsatz	nach Bedarf und einigen Jahren Berufserfahrung
	Einstellungsvoraussetzungen
Bewerbungsunterlagen	per Post oder online, vorzugsweise über unser Jobportal mit Anschreiben, Lebenslauf und Kopien der wichtigsten Zeugnisse
Auswahlverfahren	Telefoninterviews, persönliche Interviews mit Fach- und Personalabteilung, eventuell Schnuppertag
Bewerberprofil	Abgeschlossenes Studium, erste Praxiserfahrung durch Praktika oder Bachelor- und Masterthesen, gute Englischkenntnisse aufgrund unserer Internationalität, Teamspirit, Begeisterungsfähigkeit und Engagement
Kontaktadresse	www.career.endress.com www.endress.com (HR Jobportal)

Teamplayer?

Seit über 50 Jahren entwickeln wir als unabhängiges Familienunternehmen innovative Produkte und Dienstleistungen für die Prozessautomatisierung. Mit einer Vielfalt von Messgeräten, Systemen und Gesamtlösungen sind wir einer der weltweit führenden Anbieter. Dieser Erfolg ist der Erfolg unserer über 8000 Mitarbeiterinnen und Mitarbeiter. Denn sie bringen nicht nur außergewöhnliche fachliche Fähigkeiten mit, sondern zeigen auch ein hohes Engagement und Verantwortungsbewusstsein. Wenn auch Sie Lust haben auf ein starkes Team, dann starten Sie mit uns durch.

Informationen zu unseren Jobangeboten und zur Endress+Hauser Gruppe:
www.career.endress.com
www.endress.com

ENERTRAG Aktiengesellschaft

	Unternehmensdaten
Branche	Energieerzeugung aus erneuerbaren Energien
Produkte und Dienstleistungen	Projektentwicklung, Errichtung und Betrieb von Windkraftanlagen in ganz Europa
Mitarbeiter insg. (m/w)	300
davon Ingenieure	40
Jahresumsatz	300 Mio. €
	Angebote für Studierende (m/w)
Praktika und Werkstudenten	ja, entsprechende Angebote auf der Homepage
Studien- und Diplomarbeiten	ja, entsprechende Angebote auf der Homepage
	Angebote für Berufseinsteiger (m/w)
Personalbedarf 2009	Tagesaktuell auf unserer Homepage
Bevorzugte Fachrichtungen	Elektrotechnik, Maschinenbau, erneuerbare Energien
Einstiegsmöglichkeiten	Direkteinstieg und Traineeprogramme
Anfangsgehälter	variiert je nach Qualifikation und Aufgabengebiet
Möglicher Auslandseinsatz	ja / Frankreich, England, Osteuropa
	Einstellungsvoraussetzungen
Bewerbungsunterlagen	vollständige Bewerbungsunterlagen vorzugsweise per Mail
Auswahlverfahren	persönliches Bewerbungsgespräch
Bewerberprofil	Praktische Erfahrungen, vertiefte Sprachkenntnisse, breite Kompetenzen auf dem jeweiligen Fachgebiet, hohe Einsatzbereitschaft
Kontaktadresse	Herr Asmus Franke Personalmanager / Personalabteilung Gut Dauerthal 17291 Dauerthal Telefon 039854 6459-307 asmus.franke@enertrag.com www.enertrag.com

ENERTRAG steht für sichere Arbeits- und Ausbildungsmöglichkeiten in einem der führenden europäischen Windenergieunternehmen. Mit 580 MW am Netz erzeugen wir in verschiedenen Regionen Europas jährlich über eine Milliarde Kilowattstunden Strom - genug, um den Jahresbedarf von einer Million Menschen zu decken.

Zum weiteren Ausbau unserer Aktivitäten in den Bereichen des Energieanlagenbaus und der technischen Betriebsführung suchen wir derzeit für unseren Hauptsitz in der Nähe von Prenzlau

Ingenieure/-innen der Fachrichtungen Elektro- und Steuerungstechnik sowie Maschinenbau

Die Aufgaben:
- Für den Bereich Elektro- und Steuerungstechnik: Innerhalb unseres erfahrenen Ingenieurteams unterstützen Sie uns bei der Planung und Realisierung oder beim Betrieb unserer Windenergie- und Biogasanlagen sowie unseres Mittel-, Hoch- und Höchstspannungsnetzes. Als Projektleiter/in begleiten Sie Bauvorhaben von der Planungs- bis zur Realisierungsphase. Dabei verantworten Sie die elektrotechnische Planung und koordinieren den Projektablauf von der Vergabe der einzelnen Gewerke (Schaltanlagen, Kabelanlagen, Umspannwerke etc.) bis zur Inbetriebnahme der Netze und der angeschlossenen Erzeugungsanlagen.
- Für den Bereich Maschinenbau: Als Spezialist/in auf Ihrem Gebiet übernehmen Sie während der Betriebsphase verantwortungsvolle Aufgaben auf den Gebieten der Maschinenüberwachung und Maschinensteuerung. Zur Fehlerfrüherkennung analysieren Sie dabei mit Hilfe modernster Technik den technischen Zustand einzelner Bauteile (wie Getriebe und Umrichter) und koordinieren die Durchführung der erforderlichen Instandhaltungsmaßnahmen.

Die Anforderungen:
Sie haben erfolgreich ein Studium der oben genannten Fachrichtung absolviert, im Bereich der Elektrotechnik mit dem Schwerpunkt elektrische Maschinen/Antriebe, Energie-, Steuerungs- oder Umrichtertechnik bzw. im Bereich des Maschinenbaus. Erste Erfahrungen auf den Gebieten der Projektleitung im Bereich der Energiewirtschaft oder der Betriebsführung von Windenergie-, Biogas- oder Netzanlagen sind wünschenswert, aber nicht unbedingt erforderlich. Sie sind bereit mit Ausdauer und hohem Einsatz an der Realisierung unserer Projekte mitzuwirken. Systematisches Vorgehen und die Fähigkeit, Ihre Arbeit selbstständig zu organisieren, sind für Sie selbstverständlich. Sie verfügen über Englisch- und vorzugsweise auch Französischkenntnisse, beherrschen das MS-Office-Paket und besitzen einen Führerschein.

Das Angebot:
Als wachsendes Unternehmen bieten wir Ihnen eine vielseitige und anspruchsvolle Aufgabe. Verantwortungsbewusstsein und Einsatzbereitschaft verbinden sich bei ENERTRAG mit einem hohen Maß an Entscheidungsfreiheit und Teamgeist. Dieses offene Arbeitsklima macht Ihre tägliche Arbeit zu mehr als einem Job. Persönliche Entwicklungschancen sind bei uns ebenso selbstverständlich wie leistungsgerechte Bezahlung. Ihr Arbeitsplatz befindet sich am ENERTRAG Hauptsitz in der Nähe von Prenzlau.

Wir freuen uns auf Ihre Bewerbung - gern per E-Mail- an:

ENERTRAG Aktiengesellschaft
Herr Asmus Franke
Gut Dauerthal • 17291 Dauerthal / Uckermark
E-Mail: asmus.franke@enertrag.com
www.ENERTRAG.com

ENERTRAG - Arbeit mit Energie

E.ON Energie AG

	Unternehmensdaten
Branche	Energiewirtschaft
Produkte und Dienstleistungen	Strom, Gas
Mitarbeiter insg. (m/w)	46 675 in Europa, 31 967 in Deutschland
Jahresumsatz	41,1 Mrd. € in 2008 für den Teilkonzern E.ON Energie
	Angebote für Studierende (m/w)
Praktika und Werkstudenten	ja
Studien- und Diplomarbeiten	ja
	Angebote für Berufseinsteiger (m/w)
Bevorzugte Fachrichtungen	Wirtschaftswissenschaften (Finance, Rechnungswesen, Controlling), Wirtschaftsingenieurwesen, Ingenieurwissenschaften (Elektrotechnik, Maschinenbau, Verfahrenstechnik)
Einstiegsmöglichkeiten	Direkteinstieg, Internationales E.ON Graduate Program, regionale Traineeprogramme
Möglicher Auslandseinsatz	ja
	Einstellungsvoraussetzungen
Bewerbungsunterlagen	Bitte bewerben Sie sich online unter www.eon-energie.com/karriere
Auswahlverfahren	Telefoninterview, Teilnahme am Career Day
Bewerberprofil	In angemessener Studiendauer sehr gut abgeschlossenes Hochschulstudium, 2 fachspezifische Praktika, gute Englischkenntnisse, Auslandserfahrung, Eigeninitiative, Teamgeist, Flexibilität, Mobilität Pluspunkte: Interessenschwerpunkt Energiewirtschaft
Kontaktadresse	Ansprechpartner der verschiedenen Konzerngesellschaften für Ihre Bewerbung finden Sie unter www.eon-energie.com/karriere
	E.ON Energie AG Brienner Straße 40 80333 München

Stephan Kaminski,
Trainee im E.ON
Graduate Program

Wir suchen Mitarbeiter (m/w), die auch mal die Perspektive wechseln.

Unsere ambitionierten Kolleginnen und Kollegen stellen wir immer wieder vor Herausforderungen. Denn bei uns geht es darum, eine große Vision zu realisieren: E.ON möchte das führende Strom- und Gasunternehmen der Welt werden. Um dieses Ziel zu erreichen, investieren wir bis Ende 2010 rund 60 Mrd. Euro – 70 Prozent davon allein in Wachstum! Das macht nicht nur die Energieversorgung sicherer, sondern schafft in Deutschland dauerhaft 15.000 zusätzliche Arbeitsplätze. Für Sie ergeben sich dadurch viele spannende Einstiegs- und Entwicklungsmöglichkeiten als Direkteinsteiger oder Trainee in einem unserer Nachwuchsprogramme.

Wir freuen uns auf Sie, wenn Sie die Herausforderungen des globalen Energiemarktes suchen und die hervorragenden Chancen eines weltweit erfolgreichen Konzerns für sich nutzen möchten.
Ihre Energie gestaltet Zukunft.

www.eon-energie.com/karriere

ESG Elektroniksystem- und Logistik-GmbH

Unternehmensdaten

Branche	System- und Softwarehaus
Produkte und Dienstleistungen	Systementwicklung, Systemintegration (Militär, Behörden, Zivile Kunden, Schwerpunkte Automotive und Luftfahrt)
Mitarbeiter insg. (m/w)	1 200
davon Ingenieure	ca. 75 % Ingenieure
Jahresumsatz	186 Mio. € (2007)

Angebote für Studierende (m/w)

Praktika und Werkstudenten	ja (Schwerpunkte Softwareentwicklung und Elektronik Automotive oder Luftfahrt)
Studien- und Diplomarbeiten	ja (Schwerpunkte Softwareentwicklung und Elektronik Automotive oder Luftfahrt)

Angebote für Berufseinsteiger (m/w)

Personalbedarf 2009	ca. 30
Bevorzugte Fachrichtungen	Elektro-, Nachrichtentechnik, Automotive Engineering, Informatik, Physik, Luft-/Raumfahrttechnik, Maschinenbau (Schwerpunkt Elektronik), Systems Engineering
Einstiegsmöglichkeiten	Direkteinstieg > Training on the job
Anfangsgehälter	marktgerecht
Möglicher Auslandseinsatz	ja (mit ESG-Erfahrung und guten Sprachkenntnissen)

Einstellungsvoraussetzungen (m/w)

Bewerbungsunterlagen	vollständige Unterlagen per mail oder Post
Auswahlverfahren	gemeinsames Gespräch mit Fach- und Personalabteilung
Bewerberprofil	gute Fachkenntnisse, Schwerpunkte während des Studiums, fachbezogene studienbegleitende Tätigkeiten, Teamfähigkeit, Offenheit für Neues, Flexibilität
Kontaktadresse	ESG Elektroniksystem- und Logistik-GmbH Frau Geuting Personalwesen Livry-Gargan-Straße 6 82256 Fürstenfeldbruck Tel. 089 9216-2826, Fax 089 9216-2116 karriere@esg.de, www.esg.de

TURNING SYSTEM EXPERTISE INTO VALUE

Leidenschaft für Technik leben

Lassen Sie sich verführen durch innovative Entwicklungen und neueste Technologien in der Welt der Elektronik.

Seit vier Jahrzehnten entwickelt, integriert und betreibt die ESG Elektronik- und IT-Systeme. Zu unseren Kunden zählen Unternehmen der Automobil-, der Luft- und Raumfahrtindustrie, Telekommunikationsfirmen sowie der öffentliche Auftraggeber. Als High-Tech-Unternehmen steht die ESG für einen Technologietransfer zwischen unterschiedlichen Märkten. Aufgrund des breiten Kundenspektrums und unseren Aktivitäten in Zukunftsfeldern bieten wir Ihnen herausfordernde Tätigkeiten. In allen Geschäftsbereichen greifen dabei Technik und Beratung ineinander. Kurze Wege und eine offene Unternehmenskultur bedeuten für Sie ein überschaubares und angenehmes Arbeitsumfeld, in dem Sie wachsen und sich entwickeln können.

Ingenieure (m/w) für die Bereiche Avionik und Automotive

- Elektrotechnik (Elektronik, Automatisierungs-, Nachrichtentechnik)
- Automotive Engineering
- Systems Engineering
- Luft-/Raumfahrttechnik
- Informatik / Computational Engineering
- Mechatronik

Informieren Sie sich unter **www.esg.de** oder schicken Sie Ihre Bewerbung an **Karriere@esg.de**
MÜNCHEN FÜRSTENFELDBRUCK INGOLSTADT STUTTGART RAUNHEIM KÖLN WOLFSBURG PARIS

euro engineering

euro engineering AG

	Unternehmensdaten
Branche, Produkte und Dienstleistungen	Ingenieurdienstleistungen Engineering entlang der Prozesskette Entwicklung, Konstruktion, Berechnung/Simulation, Versuch/Erprobung, Projektmanagement, Qualitätsmanagement, Support/Technische Dokumentation, Consulting
Mitarbeiter insg. (m/w)	mehr als 2 100
davon Ingenieure	68 %
Jahresumsatz	123,9 Mio. € (2007)
	Angebote für Studierende (m/w)
Praktika und Werkstudenten	ja
Studien- und Diplomarbeiten	ja
	Angebote für Berufseinsteiger(m/w)
Personalbedarf 2009	400 Ingenieure/ Hochschulabsolventen
Bevorzugte Fachrichtungen	Maschinenbau, Fahrzeugtechnik, Anlagenbau, E-Technik und Elektronik, Informatik, Mechatronik, Verfahrenstechnik, Luft-und Raumfahrttechnik, Wirtschaftsingenieurwesen, Medizintechnik, Hard- und Softwareentwicklung
Einstiegsmöglichkeiten	Direkteinstieg, training-on-the-job
Anfangsgehälter	Einstufung ist abhängig von den Anforderungen des Projektes und der Qualifikation des Bewerbers
	Einstellungsvoraussetzungen
Bewerbungsunterlagen	online Bewerbung über www.ee-ag.com
Auswahlverfahren	persönliches Gespräch
Bewerberprofil	abgeschlossenes Ingenieurstudium, CAD-Kenntnisse, Teamfähigkeit, gute Kommunikationsfähigkeit, Flexibilität
Kontaktadresse	Human Resources Niederkasseler Lohweg 18 40547 Düsseldorf Tel. 0211 530653-941 Fax 0211 530653-733 hr@ee-ag.com www. ee-ag.com

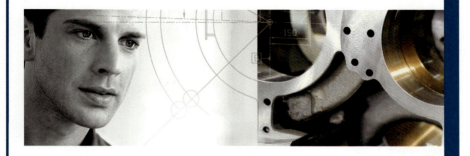

Mit branchenübergreifender Engineering-Kompetenz und mehr als 2.100 Mitarbeitern in 43 Niederlassungen ist die euro engineering AG der führende Engineering-Dienstleister in der Produktentwicklung wie auch der Prozessgestaltung – von der Konzeption über Konstruktion, Berechnung/Simulation, Versuch bis hin zu Produktion und Fertigung.

ERFOLG SUCHEN

- Anlagenbau
- Automotive
- Elektrotechnik
- Feinwerktechnik
- Luft- und Raumfahrt
- Nutzfahrzeuge
- Medizintechnik
- Maschinenbau

ZUKUNFT FINDEN

Beste Perspektiven für Berufseinsteiger und Berufserfahrene! Wir bieten Ihnen anspruchsvolle, vielseitige Aufgaben und individuelle Weiterentwicklung – persönlich und fachlich. Sie (m/w) haben die Wahl, an welchem unserer bundesweiten Standorte Sie starten wollen.

Nehmen Sie mit uns Kontakt auf.

CREATING FUTURE

www.ee-ag.com

FERCHAU Engineering GmbH

	Unternehmensdaten
Branche	Engineering
Produkte und Dienstleistungen	Engineering-Dienstleistungen (Entwickeln, Konstruieren, Dokumentieren, Projektieren, Programmieren und Berechnen)
Mitarbeiter insg. (m/w)	mehr als 4 200
davon Ingenieure	ca. 2 500
Jahresumsatz	310 Mio. € (2008) (Vorjahresumsatz: mehr als 270 Mio. €), 2009 sollen mehr als 360 Mio. € erzielt werden
	Angebote für Studenten (m/w)
Praktika und Werkstudenten	ja
Studien- und Diplomarbeiten	ja
	Angebote für Berufseinsteiger (m/w)
Personalbedarf 2009	600 Mitarbeiter, davon 250 Hochschulabsolventen, 350 Young Professionals und Professionals
Bevorzugte Fachrichtungen	Anlagen-/Stahlbau, Elektrotechnik/Elektronik/Informatik, Fahrzeugtechnik, Luft- und Raumfahrttechnik, Maschinenbau, Schienenfahrzeugtechnik, Schiffbau, Offshore-Technik
Einstiegsmöglichkeiten	Direkteinstieg; Trainee im Vertrieb
Anfangsgehälter	je nach Qualifikation
Möglicher Auslandseinsatz	nach Absprache und Bedarf
	Einstellungsvoraussetzungen
Bewerbungsunterlagen	Anschreiben, Lebenslauf, Zeugnisse
Auswahlverfahren	Bewerberinterviews, ggf. Assessment-Center, Qualifikations-Check
Bewerberprofil	Studium, positionsspezifische technische Kenntnisse, Kommunikationsfähigkeit, Flexibilität, Teamfähigkeit, idealerweise erste Praxiserfahrung
Kontaktadresse	Dana Schmidt Schützenstraße 13 51643 Gummersbach Fon +49 2261 3006-120 Fax +49 2261 3006-99 bewerber@ferchau.de www.ferchau.de

KARRIERE IM TECHNISCHEN VERTRIEB.

Als Deutschlands Marktführer im Bereich Engineering-Dienstleistungen arbeiten wir für die ersten Adressen der Industrie. Unsere Kunden schätzen Know-how und Engagement von mehr als 4.200 hochqualifizierten Mitarbeitern in über 50 Niederlassungen und Standorten. Eine Spitzenposition, die wir auch in Zukunft weiter ausbauen werden.

Und dazu brauchen wir Ihr akquisitorisches Potential als

TRAINEE (M/W) IM VERTRIEB
Ingenieur, Wirtschaftsingenieur, Informatiker, Naturwissenschaftler

Ihr Fokus ist der Vertrieb, und Sie begeistern Kunden für unser Leistungsspektrum – wir machen Sie fit für eine leitende Position! In der 6-monatigen Traineezeit bereiten wir Sie zielgerichtet auf die verschiedenen vertrieblichen Aufgaben bei FERCHAU vor: angefangen mit Neukundenakquisition, Verkaufsgespräch und Kundenbetreuung bis hin zu Personalmarketing, Personalauswahl und Mitarbeiterführung. Ihre Perspektive ist eine der vertrieblichen Führungspositionen: Vertriebsingenieur, Key Account Manager, Stellvertretender Niederlassungsleiter oder Niederlassungsleiter.

Sie sind aktiv, bleiben am Ball und wissen, was Sie wollen. Mit Leidenschaft bei der Sache, bauen Sie gemeinsam mit uns die Spitzenposition weiter aus. Sie haben Ihr Studium erfolgreich abgeschlossen und idealerweise bereits erste Berufserfahrungen gesammelt.

Weil wir besser sein wollen als die anderen, ist unsere Unternehmenskultur von kurzen Wegen und einem hohen Maß an Gestaltungs- und Entscheidungsfreiheit geprägt. Nach 6 Monaten erhalten Sie eine Erfolgsbeteiligung sowie einen Dienstwagen auch zur privaten Nutzung. In unserer FERCHAUacademy fördern wir Sie durch individuelle Programme.

Wir freuen uns auf Ihre Bewerbung unter der Kennziffer 2009-010-5552 mit Angabe des frühestmöglichen Eintrittstermins und Ihrer Gehaltsvorstellung an Frau Dana Schmidt. Wenn Sie Fragen haben, rufen Sie uns an. **Wir entwickeln Sie weiter.**

FERCHAU Engineering GmbH
Zentrale
Schützenstraße 13   51643 Gummersbach
Fon +49 2261 3006-120   Fax +49 2261 3006-99
bewerber@ferchau.de   www.ferchau.de

FESTO

Festo AG & Co. KG

	Unternehmensdaten
Branche	Industrie- und Prozessautomatisierung
Produkte und Dienstleistungen	25 000 Katalogprodukte für die pneumatische und elektrische Automatisierungstechnik / industrielle Aus- und Weiterbildung
Mitarbeiter insg. (m/w)	12 800
Jahresumsatz	1,65 Mrd. Euro (2007)
	Angebote für Studierende (m/w)
Praktika und Werkstudenten	ja
Studien- und Diplomarbeiten	ja
	Angebote für Berufseinsteiger (m/w)
Personalbedarf 2009	kontinuierlicher Bedarf
Bevorzugte Fachrichtungen	Maschinenbau, Automatisierungstechnik, Elektrotechnik, Feinwerktechnik, Konstruktions- und Fertigungstechnik, Mechatronik, Pneumatik, Produktionstechnik, Mess- und Regeltechnik, Mikroelektronik, Energietechnik, Wirtschaftsingenieurwesen, Informatik, Wirtschaftsinformatik, Technische Informatik, u. ä.
Einstiegsmöglichkeiten	Direkteinstieg mit Training-on-the-job und begleitenden Weiterbildungsmaßnahmen, Traineeprogramm
Möglicher Auslandseinsatz	ja
	Einstellungsvoraussetzungen
Bewerbungsunterlagen	Vollständige Bewerbungsunterlagen über www.festo.com/jobs
Auswahlverfahren	je nach Zielgruppe Interview oder Assessment Center
Bewerberprofil	siehe www.festo.com/jobs
Kontaktadresse	Stefanie Kurz Personalmarketing / HR-MI Bewerberhotline: 0711 347-4130 www.festo.com bzw. www.festo.com/jobs

GORE – W. L. Gore & Associates GmbH

Unternehmensdaten

Branche	Luft- und Raumfahrt, Automobil, Elektronik/Telekommunikation, Umwelt, Medizin, Fertigung & chemische Prozesstechnik, Verteidigung, Pharmazie, Sicherheit & Schutz, Bekleidung, Schuhe und Zubehör für Sport.
Produkte und Dienstleistungen	Durch unser tiefgreifendes wissenschaftliches Verständnis über Fluorpolymerkunststoffe können wir PTFE und ePTFE zu besonderen Formen mit hochgeschätzten Merkmalen, Funktionen und Vorteilen verarbeiten. Beispielprodukte sind: Dichtungen, Filtervliese, Gefäßprothesen, Kabel-Ummantelungen, Gitarrensaiten, Textil-Laminate, Produkte für die Be- und Entlüftung
Mitarbeiter insg. (m/w)	1 200 Associates in Deutschland, 8 500 Associates weltweit
davon Ingenieure	ca. 500 Ingenieure in Deutschland
Jahresumsatz	2,1 Mrd. € weltweit

Angebote für Studierende (m/w)

Praktika und Werkstudenten	ja
Studien- und Diplomarbeiten	ja

Angebote für Berufseinsteiger (m/w)

Personalbedarf 2009	ca. 20 Positionen für Ingenieure, Wirtschaftsingenieure, Naturwissenschaftler
Bevorzugte Fachrichtungen	Maschinenbau, Elektrotechnik, Textilingenieurwesen, Luft- und Raumfahrt, Verfahrenstechnik, Chemie, Wirtschaftsingenieurwesen
Einstiegsmöglichkeiten	Direkteinstieg in alle Unternehmensbereiche
Möglicher Auslandseinsatz	je nach Aufgabengebiet

Einstellungsvoraussetzungen

Bewerbungsunterlagen	Online Bewerbung mit Anschreiben und Lebenslauf
Auswahlverfahren	Telefoninterview, strukturierte Interviews mit Personal- und Fachabteilung
Bewerberprofil	gute Englischkenntnisse, Engagement, Kommunikationsfähigkeit, Kreativität, unternehmerisches Denken, Flexibilität, interkulturelle Erfahrung / Auslandserfahrung
Kontaktadresse	European Recruiting Team. Bewerbungen bitte ausschließlich online über: www.gore-careers.com Telefon 089 4612-2800, www.gore.com

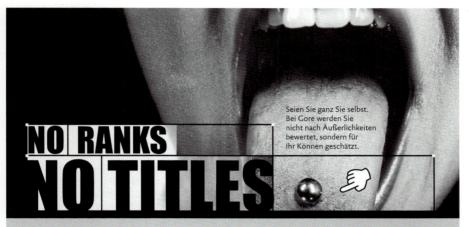

Seien Sie ganz Sie selbst. Bei Gore werden Sie nicht nach Äußerlichkeiten bewertet, sondern für Ihr Können geschätzt.

NO RANKS NO TITLES

Gore setzt auf eigenverantwortliches Handeln. So wird man nicht für das geschätzt, was man ist, sondern für das, was man kann. Diese Einstellung und Produkte wie die GORE-TEX® Membrane haben uns international an die Spitze gebracht. Wenn Sie mit uns dort hin wollen, sollten Sie etwas mitbringen, damit wir dort bleiben. Freuen Sie sich auf ein besonderes Unternehmen: Gore belegt in allen Rankings in Europa und den USA einen Platz unter den Top 10 der besten Arbeitgeber.

Ingenieure und Kaufleute (w | m)

Grenzen sind für Sie nur da, um überschritten zu werden. Innovative Lösungen sind Ihr Ziel. Dabei denken Sie kreativ, prozessorientiert und eben den entscheidenden Schritt weiter. Weil es Sie reizt, Neues zu entwickeln und Bestehendes zu verbessern. Und genau das können Sie bei Gore auf vielfältigste Weise tun. Denn was viele gar nicht wissen: Die Textilbranche ist nur ein Bereich unserer Arbeit. Darüber hinaus finden Sie unsere Produkte auf der ganzen Welt, bei medizinischen, elektronischen und industriellen Anwendungen. Ebenso wie unsere Standorte. Allein in Deutschland haben wir drei Standorte, an denen Sie sich entwickeln können – Putzbrunn bei München, Feldkirchen-Westerham nahe Rosenheim und Pleinfeld bei Nürnberg. Können Sie sich das vorstellen? Alles, was Sie brauchen: einen Studienabschluss in Maschinenbau, Wirtschaftswissenschaften/BWL, Wirtschaftsingenieurwesen, Luft- und Raumfahrt, Elektrotechnik oder einer Naturwissenschaft und gute Englischkenntnisse.

Interessiert? Ergreifen Sie die Initiative. Alle Vakanzen mit konkreten Stellenbeschreibungen finden Sie im Internet unter www.gore-careers.com. Bewerben Sie sich online und überzeugen Sie uns von Ihren Fähigkeiten, Interessen und Vorstellungen.

Bei Rückfragen wenden Sie sich bitte an unser European Recruiting Team.
Telefon: +49 89 4612-2800

GORE-TEX®, GORE® und Bildzeichen sind eingetragene Marken der W. L. GORE & Associates

HAYS

Branche Produkte und Dienstleistungen	**Unternehmensdaten** Spezialisierte Personaldienstleistungen Hays ist ein weltweit führender Personaldienstleister, der sich auf die Rekrutierung von Spezialisten konzentriert – sowohl für den Projekteinsatz als auch für Festanstellungen und die Arbeitnehmerüberlassung. In Deutschland, Österreich und der Schweiz vertrauen mehr als 600 internationale Topunternehmen auf unsere qualitätsgesicherten Prozesse, wenn sie Experten für die Bereiche IT, Engineering, Finance, Legal, Pharma, Construction & Property sowie Sales & Marketing suchen.
Mitarbeiter insg. (m/w) Jahresumsatz	über 800 € 3,4 Mrd. weltweit
Praktika und Werkstudenten Studien- und Diplomarbeiten	**Angebote für Studierende (m/w)** auf Anfrage auf Anfrage
Personalbedarf 2009 Bevorzugte Fachrichtungen Einstiegsmöglichkeiten Anfangsgehälter Möglicher Auslandseinsatz	**Angebote für Berufseinsteiger (m/w)** Einige hundert Ingenieure Maschinenbau, Verfahrenstechnik, Elektrotechnik, Informatik, Wirtschaftsingenieurwesen, Bauingenieurwesen, Luft & Raumfahrt sowie Fahrzeugtechnik Direkter Karriereeinstieg bei führenden Unternehmen k. A. D, CH, AT
Bewerbungsunterlagen Auswahlverfahren Kontaktadresse	**Einstellungsvoraussetzungen** Lebenslauf und Zeugnisse Telefoninterviews und Vorstellungsgespräche Eser Özay, Department Manager/Recruitment Management Willy-Brandt-Platz 1-3, 68161 Mannheim Telefon 0621 1788-1340 Telefax 0621 1788-1299 eser.oezay@hays.de, www.hays.de

Hays. Die Anschlussgeber.

Ingenieurdiplom in der Tasche und auf der Suche? Hays verschafft Ihnen schnell den richtigen Empfang: Als Marktführer verbinden wir weltweit Spezialisten mit Unternehmen. Wir vermitteln Sie in die Position, wo Ihre Wellenlänge ankommt. Bei Innovationsführern in Sachen Technologien und Prozesse. In spannenden Projekten, bei denen Sie sich beweisen können. Als fester oder freier Mitarbeiter bei einem von mehr als 600 internationalen Spitzenunternehmen. Interessiert?

Kontaktieren Sie uns unter engineering@hays.de
oder telefonisch unter 0621 1788 1271.

Specialist Recruitment   hays.de

Hella KGaA Hueck & Co.

Branche	**Unternehmensdaten** Automobilzulieferer, Elektrotechnik
Produkte und Dienstleistungen	Kfz-Beleuchtung, Kfz-Elektronik, Kfz-Module, Kfz-Zubehör im Handelsprogramm
Mitarbeiter insg. (m/w)	25 000
Jahresumsatz	Deutschland: 1,4 Mrd. €, weltweit: 3,9 Mrd. €
	Angebote für Studierende (m/w)
Praktika und Werkstudenten	ja
Studien- und Diplomarbeiten	ja
	Angebote für Berufseinsteiger (m/w)
Personalbedarf 2009	ca. 50 Absolventen/-innen
Bevorzugte Fachrichtungen	Elektrotechnik, Fahrzeugtechnik, Maschinenbau, Wirtschaftsingenieurwesen, Feinwerktechnik, Mechatronik, Nachrichtentechnik, Physik
Einstiegsmöglichkeiten	Direkteinstieg im Training-on-the-job
Anfangsgehälter	branchenüblich
Möglicher Auslandseinsatz	ja
	Einstellungsvoraussetzungen
Bewerbungsunterlagen	Bewerbungsschreiben, Lebenslauf, relevante Zeugnisse
Auswahlverfahren	Vorstellungsgespräche mit der Personal- und Fachabteilung
Bewerberprofil	Teamfähigkeit, einschlägige Praktika, industrienahe Diplomarbeit wünschenswert, erste Erfahrungen im Projektmanagement wünschenswert, gute Englischkenntnisse, Begeisterung für innovative Entwicklungen
Kontaktadresse	Birgit Zander Personalmarketing Rixbecker Straße 75 59552 Lippstadt 02941 38-1155 02941 38-7260 birgit.zander@hella.com www.hella.com/jobs

Ideen für das Auto der Zukunft

Gestalten Sie die Zukunft der Lichttechnik und Elektronik für die großen Automarken der Welt

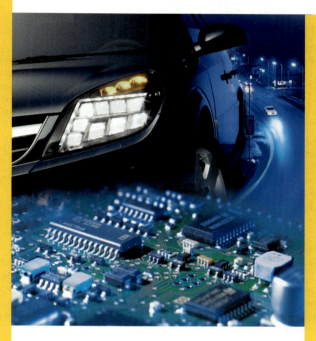

Unsere innovativen Produkte in den Geschäftsfeldern Licht, Elektronik und Aftermarket setzen Qualitätsstandards bei den großen Automarken der Welt. Mit dem Erfolg unserer intelligenten Lösungen wächst unser Bedarf an weiteren hellen Köpfen. Derzeit beschäftigen wir rund 25.000 Mitarbeiter/innen an 70 Standorten in mehr als 30 Ländern, davon über 7.000 in unserer Zentrale in Lippstadt. Möchten Sie unser Team verstärken?

Hella bietet Ihnen viele Vorzüge: faszinierende Aufgaben im Markt der Automobiltechnik, das innovative Umfeld eines weltweiten Technologieführers, die Sicherheiten eines traditionsreichen mittelständischen Konzerns und ein einzigartiges familiäres Arbeitsklima. Wir setzen darauf, die Potenziale unserer Mitarbeiter/innen sorgfältig und systematisch zu fördern, Verantwortung zu übertragen und gezielte Karrierechancen zu eröffnen.

Angebot für Studierende
Praktika und Abschlussarbeiten werden in allen Unternehmensbereichen angeboten. Ab dem 4. Fachsemester bzw. mit Vordiplom erhalten Sie eine monatliche Vergütung. Zusätzlich bieten wir Studierenden ein kostenloses, möbliertes Zimmer in Werksnähe oder alternativ einen Fahrtkostenzuschuss. Detaillierte Informationen über unsere Jobangebote finden Sie unter www.hella.com/jobs.

In**genie**ure $\tfrac{m}{w}$

ELEKTROTECHNIK
MASCHINENBAU
MECHATRONIK
PHYSIK
WIRTSCHAFTS-
INGENIEURWESEN

und alle, die es werden wollen, herzlich willkommen!

Hella KGaA Hueck & Co.
Frau Birgit Zander – HCC-Personalmarketing
Kennziffer: VDI01/2009
Rixbecker Straße 71 · 59552 Lippstadt
Tel.: 02941 38-1155 · E-Mail: birgit.zander@hella.com

www.hella.de

HOCHTIEF

	Unternehmensdaten
Branche	Bau
Produkte und Dienstleistungen	HOCHTIEF ist einer der führenden internationalen Baudienstleister und deckt mit Leistungen in den Bereichen Entwicklung, Bau, Dienstleistungen, Konzessionen und Betrieb den kompletten Lebenszyklus von Infrastrukturprojekten, Immobilien und Anlagen ab.
Mitarbeiter insg. (m/w)	53 000 (2007)
Jahresumsatz	16,45 Mrd (2007)
	Angebote für Studierende (m/w)
Praktika und Werkstudenten	ja
Studien- und Diplomarbeiten	ja
	Angebote für Berufseinsteiger (m/w)
Personalbedarf 2009	100
Bevorzugte Fachrichtungen	Bauingenieurwesen, Elektrotechnik, Technische Gebäudeausrüstung
Einstiegsmöglichkeiten	Direkteinstieg oder als Traineeprogramm
Anfangsgehälter	36 000 – 44 000
Möglicher Auslandseinsatz	Ja, allerdings ist hier immer zu prüfen, ob dieser für die zukünftige Position wichtig ist
	Einstellungsvoraussetzungen
Bewerbungsunterlagen	Bewerbung via online Bewerbungsformular auf unseren Karriereseiten im Internet
Auswahlverfahren	Interviews und Assessment-Center
Bewerberprofil	Anforderungen an die Bewerber sind sehr unterschiedlich, da viele verschiedene Positionen zu besetzen sind. Generell gilt: solide Studienleistungen sowie die Fähigkeit und Motivation sich ständig weiterzuentwickeln sind von großem Vorteil, um bei HOCHTIEF Fuß zu fassen.
Kontaktadresse	Stephanie Kovacic Referentin Personalmarketing und Bewerbermanagement Alfredstraße 236, 445133 Essen Telefon 0201 824-1932 stephanie.kovacic@hochtief.de www.hochtief.de

TATENDRANG

Von Anfang an mittendrin

Bei HOCHTIEF sind Sie als Nachwuchskraft von Anfang an in das Tages- und Projektgeschäft eines internationalen Baudienstleisters eingebunden. Starten Sie mit unserem Blue-Chip-Einstiegsprogramm und arbeiten Sie aktiv bei einem der besten Arbeitgeber in Deutschland* mit. HOCHTIEF bietet Ihnen die Möglichkeit eines Direkteinstiegs oder eines Traineeprogramms. Gemeinsam mit Ihnen planen wir die ersten Monate. Wie Ihre Einarbeitung aussehen wird, hängt von Ihrer Qualifikation, Ihren bisherigen Erfahrungen und Ihrer zukünftigen Position ab.

Wir suchen Hochschulabsolventen, insbesondere der Fachrichtungen **Bauingenieurwesen, Elektrotechnik, Technische Gebäudeausrüstung** und **Versorgungstechnik** sowie der **Betriebswirtschaftslehre** oder des **Wirtschaftsingenieurwesens**. Kommen Sie in unser Team und meistern Sie mit uns verantwortungsvolle Projekte!

Unter **www.hochtief.de/karriere** finden Sie weitere Informationen zu unserem Einstiegsprogramm sowie unsere aktuellen Stellenausschreibungen.

*Auszeichnung als „Top-Arbeitgeber Ingenieure 2008" von der Corporate Research Foundation

Aus Visionen Werte schaffen. **HOCHTIEF**

HYDRO

Hydro Aluminium Deutschland GmbH

	Unternehmensdaten
Branche	Aluminiumindustrie
Produkte und Dienstleistungen	Aluminium und Aluminiumprodukte

Mitarbeiter insg. (m/w)	23 000 Mitarbeiter weltweit, davon 5 000 Mitarbeiter in Deutschland
Jahresumsatz	ca. 11,85 Mrd. € in 2007

	Angebote für Studierende (m/w)
Praktika und Werkstudenten	ja
Studien- und Diplomarbeiten	ja

	Angebote für Berufseinsteiger (m/w)
Personalbedarf 2009	6
Bevorzugte Fachrichtungen	Werkstoffwissenschaften, Metallurgie, Maschinenbau (z.B. Verfahrenstechnik, Fertigungs- und Produktionstechnik, Automatisierungstechnik), Wirtschaftsingenieurwesen
Einstiegsmöglichkeiten	Traineeprogramm
Möglicher Auslandseinsatz	ja

	Einstellungsvoraussetzungen
Bewerbungsunterlagen	komplette Bewerbungsmappe
Auswahlverfahren	Bewerbungsinterview
Bewerberprofil	Studienfach/Schwerpunkt, Notenspiegel, Praktika/erste Berufserfahrung, Auslandsaufenthalt/Sprachen, kommunikative & soziale Kompetenz, außeruniversitäre Aktivitäten

Kontaktadresse	Hydro Aluminium Deutschland GmbH Sector Rolled Products Jan Patrick Turra / Human Resources & Organisation Aluminiumstr. 1 41515 Grevenbroich
	Telefon 02181 66-1514 jan-patrick.turra@hydro.com www.hydro-karriere.de

Und was wirst du?

ICH WERDE EINE LIMOUSINE

Was haben eine Limousine, eine Yacht, eine Safttüte und ein Bügeleisen gemeinsam? Ganz einfach: Ohne Aluminium hätten es alle vier Produkte wirklich schwer. Ob in Karosserien, Leitungen, Beschichtung oder Feinschliffsohlen – Alu kommt in vielen Bereichen ganz groß raus. In Zukunft auch mit deinen Ideen? Nutze die Chance für den ganz großen Auftritt – bei Hydro. Was wirst du?

www.hydro-karriere.de

IAV GmbH – Ingenieurgesellschaft Auto und Verkehr

	Unternehmensdaten
Branche	Automobilindustrie
Produkte und Dienstleistungen	Entwicklungsdienstleistungen
Mitarbeiter insg. (m/w)	3 850 (in 2008)
davon Ingenieure	61 %
Jahresumsatz	380 Mio. EUR in 2008

	Angebote für Studierende (m/w)
Praktika und Werkstudenten	ja
Studien- und Diplomarbeiten	ja

	Angebote für Berufseinsteiger (m/w)
Personalbedarf 2009	nach Bedarf
Bevorzugte Fachrichtungen	nahezu alle Ingenieurstudiengänge
Einstiegsmöglichkeiten	Direkteinstieg
Anfangsgehälter	Branchenüblich
Möglicher Auslandseinsatz	ggf. ja

	Einstellungsvoraussetzungen
Bewerbungsunterlagen	Die IAV erbittet die Nutzung des Online-Bewerbungs-Tools auf den Karriereseiten von www.iav-inside.com
Auswahlverfahren	Interview
Bewerberprofil	siehe individuelle Stellenausschreibungen auf den Karriereseiten von www.iav-inside.com
Kontaktadresse	Die IAV erbittet die Nutzung des Online-Bewerbungs-Tools auf den Karriereseiten von www.iav-inside.com

Liebhaber gesucht!*

Wenn Sie darauf brennen, Ihre Leidenschaft zum Automobil endlich auszuleben, und damit sogar noch Karriere machen möchten, dann gibt es in der Automotivebranche keinen besseren Ansprechpartner als uns. Die Ingenieurgesellschaft Auto und Verkehr ist mit über 3.000 Mitarbeitern einer der führenden Engineering-Partner der Automobilindustrie. Mit unserer Expertise in der Elektronik-, Antriebsstrang- und Fahrzeugentwicklung erhalten unsere Kunden zukunftsweisende Lösungen für kommende Fahrzeuggenerationen. Zu unseren Auftraggebern gehören alle namhaften Automobilhersteller und Zulieferer.

Wir suchen Studenten, Diplomanden und Ingenieure mit Leidenschaft und Herzblut für spannende Projekte in der Automobilentwicklung. Konkrete Jobangebote und einen Online-Bewerbungsbogen finden Sie unter www.iav-inside.com

Fragen beantwortet Ihnen gerne unsere Karriere-Hotline unter +49 30 39978-9382

*Natürlich sprechen wir ausdrücklich Automobilliebhaber und Automobilliebhaberinnen an!

Die IAV fördert den Engineering-Nachwuchs: hermann-appel-preis.de

Innovationen in Serie

IAV GmbH
Ingenieurgesellschaft Auto und Verkehr

Infineon Technologies

	Unternehmensdaten
Branche	Halbleiter
Produkte und Dienstleistungen	Halbleiter- und Systemlösungen für Automobil- und Industrieelektronik, Datensicherheit sowie für Anwendungen in der Kommunikation, die drei zentrale Herausforderungen der modernen Gesellschaft adressieren: Energie-Effizienz, Kommunikation und Sicherheit.
Mitarbeiter insg. (m/w)	ca. 29 000 weltweit, davon ca. 9 000 Ingenieure
Jahresumsatz	ca. 4 Milliarden EUR
	Angebote für Studierende (m/w)
Praktika und Werkstudenten	ja
Studien- und Diplomarbeiten	ja
	Angebote für Berufseinsteiger (m/w)
Personalbedarf 2009	Wir sind immer wieder auf der Suche nach herausragenden Persönlichkeiten, die sich für einen Einstieg in der High-Tech Branche interessieren und freuen uns auf Ihre Bewerbung.
Bevorzugte Fachrichtungen	Elektrotechnik & Informationstechnik, Informatik, Physik, Chemie, Mathematik, Maschinenbau, Mikrosystemtechnik, Wirtschaftswissenschaften, Rechtswissenschaften
Einstiegsmöglichkeiten	Forschung & Entwicklung, Verarbeitung/Produktion, Produktmarketing & Vertrieb, Finanzen, Einkauf, Planung & Logistik, Personal, Investor Relations, Kommunikation, Strategie, IT
Anfangsgehälter	Infineon zahlt marktübliche Einstiegsgehälter.
Möglicher Auslandseinsatz	Für qualifizierte Mitarbeiter/-innen möglich.
	Einstellungsvoraussetzungen (m/w)
Bewerbungsunterlagen	Vollständige Bewerbungsunterlagen
Auswahlverfahren	Interview (Persönlich, Telefonisch)
Bewerberprofil	Fachliches Know-How, Englisch (weitere Fremdsprachen von Vorteil), Ergebnisorientierung, Offenheit, Teamfähigkeit, Flexibilität, internationale Orientierung, Mobilität
Kontaktadresse	Bitte wenden Sie sich an unseren Recruiting-Dienstleister Kelly OCG, Guido Münch, Schanzenstr. 23, 51063 Köln Telefon 0221 956490-111 infineon@kellyocg.eu, www.infineon.com/careers

Bring Technology to LIFE !

For students & graduates of :

- Engineering Sciences

- Natural Sciences

- Computer Sciences

- Economics

WE CHANGE THE WORLD by making people more independent of time, space and limitations. We ask questions. Through our semiconductor and system solutions we address three central challenges to modern society: energy efficiency, communications and security. About 29.000 Infineon team members worldwide cooperate to turn ideas into answers for the future.

CURIOUS TO WORK ON LEADING-EDGE TECHNOLOGIES and world-class products in an international environment? If so, you are welcome to find out more about the various possibilities for students and graduates in our company. Whether you join us as an intern, a temporary student employee, or if you are planning to write your thesis with us, there are many ways to become a member of the Infineon team.

MORE INFORMATION about career opportunities at Infineon:

[www.infineon.com/careers]

IPH – Institut für Integrierte Produktion Hannover gGmbH

	Unternehmensdaten
Branche	Beratung, Forschung und Entwicklung
Produkte und Dienstleistungen	Produktionsmanagement, Technische Informationssysteme, Produktionstechnologie, Produktionslogistik
Mitarbeiter insg. (m/w)	61
davon Ingenieure	26
Jahresumsatz	2,3 Mio. €
	Angebote für Studierende (m/w)
Praktika und Werkstudenten	ja
Studien- und Diplomarbeiten	ja
	Angebote für Berufseinsteiger (m/w)
Personalbedarf 2009	7
Bevorzugte Fachrichtungen	Maschinenbau, Wirtschaftsingenieurwesen
Einstiegsmöglichkeiten	als Projektingenieur
Möglicher Auslandseinsatz	im Rahmen europäischer Verbund- u. Beratungsprojekte
	Einstellungsvoraussetzungen
Bewerbungsunterlagen	vollständige Bewerbungsunterlagen
Auswahlverfahren	persönliches Gespräch
Bewerberprofil	Wir erwarten Interesse an der Kombination von Beratung und Forschung im Bereich Produktionstechnik, Interesse an der Promotion zum Dr.-Ing.; erfolgreich abgeschlossenes Hochschulstudium, Teamfähigkeit, sicheres und aufgeschlossenes Auftreten, gute Englischkenntnisse
Kontaktadresse	Dr.-Ing. Dipl.-Oec. Rouven Nickel Geschäftsführung Hollerithallee 6 30419 Hannover
	Telefon 0511 27976-155 Telefax 0511 27976-888 jobs@iph-hannover.de www.iph-hannover.de www.beratung-forschung-promotion.de

Forschung und Beratung für die Produktion

Für unser Team suchen wir Maschinenbau- und Wirtschaftsingenieure (w/m) sowie Absolventen angrenzender Studienrichtungen.

Wollen Sie innovative Beratung namhafter Produktionsunternehmen mit anspruchsvollen Forschungsvorhaben kombinieren und sich durch eine Promotion im Bereich Produktionstechnik inhaltlich weiterentwickeln? Dann möchten wir Sie kennenlernen!

Mit Kreativität und Fachkompetenz gestalten wir schon heute jeden Tag die industrielle Produktion von morgen.

Als Beratungs- und Forschungsunternehmen entwickeln wir für unsere Partner und Kunden aus der Industrie anwendungsorientierte Lösungen in den Bereichen Fertigungsorganisation und Produktionsmanagement.

Weitere Informationen, Jobangebote für Absolventen und Studierende sowie Projektbeispiele finden Sie unter **www.iph-hannover.de**.

IPH – Institut für Integrierte Produktion Hannover gGmbH
Hollerithallee 6, 30419 Hannover
Telefon (0511) 27 97 61 55, Telefax (0511) 27 97 68 88,
www.iph-hannover.de, jobs@iph-hannover.de

Praktika, Diplomarbeiten, Studienarbeiten im Internet: www.iph-hannover.de

Karmann GmbH

	Unternehmensdaten
Branche	Automobilzulieferer
Produkte und Dienstleistungen	Technische Entwicklung, Betriebsmittel, Dachsysteme und Fahrzeugbau
Ingenieure	ca. 800
Jahresumsatz	1 500 Mio. €
	Angebote für Studierende (m/w)
Praktika und Werkstudenten	ja; Stellenangebote auf unserer Homepage
Studien- und Diplomarbeiten	ja; Themen auf unserer Homepage
	Angebote für Berufseinsteiger (m/w)
Personalbedarf 2009	projektbezogen
Bevorzugte Fachrichtungen	Maschinenbau, Elektrotechnik, Wirtschaftsingenieurswesen, Kunststofftechnik, BWL, Fertigungstechnik, Informatik, Fahrzeugtechnik
Einstiegsmöglichkeiten	Praktika, Diplomarbeiten, Direkteinstieg
Anfangsgehälter	je nach Aufgabe
Möglicher Auslandseinsatz	aufgaben-/projektbezogen (USA, Mexiko, Portugal, Großbritannien, Polen, Japan)
	Einstellungsvoraussetzungen
Bewerbungsunterlagen	vollständige Bewerbungsunterlagen, bevorzugt Online-Bewerbung über unsere Homepage
Auswahlverfahren	Vorstellungsgespräche
Bewerberprofil	sehr gute Fachkenntnisse, Flexibilität, Teamfähigkeit, sehr gute Englischkenntnisse, Bereitschaft zu nationalen und internationalen Einsätzen, EDV-Kenntnisse, selbstständiges Arbeiten, Projekterfahrung
Kontaktadresse	Alfred Steiner (Diplomanden u. Praktikanten) Telefon 0541 581-7464 Telefax 0541 581-8032 asteiner@karmann.com — Annegret Biermanski Telefon 0541 581-2392 Telefax 0541 581-132392 abiermanski@karmann.com
	Karmannstraße 1 49084 Osnabrück www.karmann.com

KNORR-BREMSE

Knorr-Bremse AG

Produkte und Dienstleistungen	**Unternehmensdaten** Maschinenbau, Fahrzeugtechnik, Brems- und Sicherheitssysteme für Schienen- und Nutzfahrzeug, Drehschwingungsdämpfer, On-Board-Systeme für Schienenfahrzeuge (z. B. Zug- und Bahnsteigtüren, Scheibenwischer, Klimaanlagen, Stromversorgung, Telematik-, Diagnose- und Informationssysteme)
Mitarbeiter insg. (m/w) Jahresumsatz	ca. 15 000 ca. 3,38 Mrd. € (2008)
Praktika und Werkstudenten Studien- und Diplomarbeiten	**Angebote für Studierende (m/w)** ja, in allen Fachrichtungen im In- und Ausland Diplom- und Abschlussarbeiten
Bevorzugte Fachrichtungen Einstiegsmöglichkeiten Möglicher Auslandseinsatz	**Angebote für Berufseinsteiger (m/w)** Maschinenbau, Elektrotechnik, Wirtschaftsingenieurwesen, Wirtschaftsinformatik, Informatik, Mechatronik Direkteinstieg, Trainee-Programm: Management-Entwicklungs-Programm (MEP) ja, an rund 60 Standorten in 25 Ländern
Bewerbungsunterlagen Auswahlverfahren Auswahlkriterien	**Einstellungsvoraussetzungen** Anschreiben, Lebenslauf, Zeugniskopien, Lichtbild Interviews mit Personalabteilung und Fachbereich außeruniversitäre Aktivitäten, Auslandsaufenthalt, Abschlussnote, Sprachkenntnisse, Teamfähigkeit, praktische Erfahrungen
Kontaktadresse	Knorr-Bremse AG Corporate Personnel Development Frau Berna Tulga-Akcan Moosacher Straße 80 80809 München Tel. 089 3547-1814 Fax 089 3547-1358 www.knorr-bremse.com

Knorr-Bremse Group

Der **Knorr-Bremse Konzern** ist weltweit der führende Hersteller von Brems- und Sicherheitssystemen für Schienen- und Nutzfahrzeuge. Als technologischer Schrittmacher treibt das Unternehmen seit über 100 Jahren maßgeblich die Entwicklung, Produktion und den Vertrieb modernster Bremssysteme voran.

Create
the world of mobility –
with us!

Start your career!

Knorr-Bremse bietet engagierten Studenten/Absolventen (m/w) und Young Professionals (m/w) optimale Voraussetzungen für ihre spätere berufliche Karriere. Engagieren Sie sich in unserem global agierenden Unternehmen und bei unseren geschäftsfeldspezifischen, hoch interessanten Herausforderungen – von Teilaufgaben bis zu komplexen Projekten – als (m/w):

- **Werkstudent**
- **Praktikant**
- **Diplomand**
- **Berufseinsteiger**
  direkt oder als Teilnehmer unseres
  18-monatigen Management-Entwicklungsprogramms (MEP)

Mehr Information im Stellenmarkt unter **www.knorr-bremse.de**

Kraftanlagen München GmbH

	Unternehmensdaten
Branche	Anlagen- und Rohrleitungsbau
Produkte und Dienstleistungen	Kraftwerks- und Versorgungstechnik, Energie- und Umwelttechnik, Chemische und Petrochemische Anlagen, Erdverlegter Rohrleitungsbau, Erneuerbare Energien
Mitarbeiter insg. (m/w)	> 2500 (in 2008)
Jahresumsatz	383 Mio. € (2008)
	Angebote für Studierende (m/w)
Praktika und Werkstudenten	ja
Studien- und Diplomarbeiten	ja
	Angebote für Berufseinsteiger (m/w)
Personalbedarf 2009	Kontinuierlicher Bedarf an qualifizierten Fachkräften und potentiellen Führungskräften
Bevorzugte Fachrichtungen	Maschinenbau, Energie- und Umwelttechnik, Verfahrenstechnik, Werkstoffwissenschaften und Werkstofftechnik, Versorgungstechnik, Wirtschaftsingenieurwesen, Wärme- und Kraftwerkstechnik
Einstiegsmöglichkeiten	Junior- und Senior-Positionen in allen Unternehmensbereichen
Möglicher Auslandseinsatz	ja
	Einstellungsvoraussetzungen (m/w)
Bewerbungsunterlagen	Vollständige Bewerbungsunterlagen
Auswahlverfahren	Bewerbungsgespräch
Bewerberprofil	Guter Studien-/Technikerabschluss, erste Praxiserfahrungen, persönliche und soziale Kompetenz, Engagement, gute Englischkenntnisse
Kontaktadresse	Ridlerstraße 31 c, 80339 München Daniel Hartwig, Personalleiter Telefon 089 6237-229, Fax 089 6237-7229 HartwigD@ka-muenchen.de www.ka-muenchen.de

  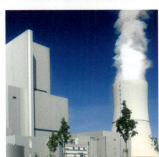

Wollen Sie zu den Besten gehören?

Kraftanlagen München (KAM) - dahinter stehen über 2500 Beschäftigte, die uns zu einem der führenden Anlagen- und Rohrleitungsbauunternehmen Europas machen. Mit unserer Kompetenz tragen wir zur bestmöglichen Schonung von Ressourcen und zur Entwicklung nachhaltiger Technologien bei.

Bei KAM finden Sie den Freiraum, eigene Ideen voranzutreiben. Wir schätzen Bewerber, die sich durch eigenverantwortliches Handeln, Engagement und Kreativität auszeichnen. Alle aktuellen Jobangebote finden Sie auf www.ka-muenchen.de

Bewerbungen an:
Kraftanlagen München GmbH . Personalabteilung
Ridlerstraße 31c . 80339 München
Bewerbung_bei@ka-muenchen.de

KSB Aktiengesellschaft

	Unternehmensdaten
Branche	Maschinenbau
Produkte und Dienstleistungen	Pumpen, Armaturen und zugehörige Systeme
Mitarbeiter insg. (m/w)	rund 14.300 weltweit / 5000 in Deutschland
Jahresumsatz	rd. 2 Mrd. €
	Angebote für Studierende (m/w)
Praktika und Werkstudenten	ja
Studien- und Diplomarbeiten	ja
	Angebote für Berufseinsteiger (m/w)
Personalbedarf 2009	rd. 50 Nachwuchskräfte
Bevorzugte Fachrichtungen	Maschinenbau, Wirtschaftsingenieurwesen, Elektrotechnik, Verfahrenstechnik, Versorgungstechnik, Gießereiingenieurwesen, Vertriebsingenieurwesen
Einstiegsmöglichkeiten	Internationales Traineeprogramm, Traineeprogramm Vertrieb, Direkteinstieg
Anfangsgehälter	nach Vereinbarung
Möglicher Auslandseinsatz	ja, weltweit
	Einstellungsvoraussetzungen
Bewerbungsunterlagen	klassische Bewerbungsunterlagen
Auswahlverfahren	Interview
Bewerberprofil	Studienschwerpunkt, -dauer, Abschlussnote, Auslandsaufenthalt, außeruniversitäre Aktivitäten, Fremdsprachen, Lernbereitschaft, Überzeugungsfähigkeit
Kontaktadresse	KSB Aktiengesellschaft Dr. Susanne Rieger Personalmarketing V102 Johann-Klein Straße 9 67227 Frankenthal Telefon 06233 86-2005 susanne.rieger@ksb.com www.ksb.com

Gut, dass es **Menschen wie Sie** gibt. Und KSB.

Ohne die Pumpen, Armaturen und Systeme von KSB könnten unsere rund 14.000 Mitarbeiter die Welt nur schwer in Bewegung halten. Unsere anspruchsvollen Technologien sind es, die jede Flüssigkeit dorthin bringen, wo sie benötigt wird. Vom Heizwasser in der Gebäudetechnik bis hin zum Kühlwasser in riesigen Kraftwerken: Unsere Ideen sind in allen Anwendungsbereichen gefragt. Ihre bald auch?

Das ist Ihre Chance, bei einem Global Player mit kollegialer Atmosphäre Ihre Karriere in Fluss zu bringen. Denn bei KSB können sich Studenten und Hochschulabsolventen Tropfen für Tropfen in spannende Aufgaben einbringen. *www.ksb.com*

Tobias Konrad,
Trainee

Diana Höning,
Unternehmenskommunikation

Lufthansa Technik

Lufthansa Technik AG

	Unternehmensdaten
Branche	Luftfahrt
Produkte und Dienstleistungen	Luftfahrttechnische Dienstleistungen
Mitarbeiter insg. (m/w)	11 000 deutschlandweit (2008), 26 000 weltweit (2008)
davon Ingenieure	ca. 1 200 in Deutschland (2008)
Jahresumsatz	ca. 3,57 Mrd. € (2007)
	Angebote für Studierende (m/w)
Praktika und Werkstudenten	Praktika: 500 Plätze/Jahr
Studien- und Diplomarbeiten	160 Abschlussarbeiten/Jahr
	Angebote für Berufseinsteiger (m/w)
Personalbedarf 2009	ca. 150 Stellenangebote für Akademiker, vor allem Ingenieure
Bevorzugte Fachrichtungen	Ingenieurwissenschaften (Luft- und Raumfahrttechnik, Maschinenbau, Elektrotechnik), Wirtschaftsingenieurwesen, Wirtschaftswissenschaften, Wirtschafts-/Informatik
Einstiegsmöglichkeiten	Direkteinstieg / Traineeprogramm StartTechnik
Anfangsgehälter	ab 42 000 € p. a., je nach Qualifikation und Erfahrung
Möglicher Auslandseinsatz	ja, aber nicht als Einstieg
	Einstellungsvoraussetzungen
Bewerbungsunterlagen	nur Online-Bewerbung über www.be-lufthansa.com
Auswahlverfahren	vollständige Bewerbungsunterlagen, Telefon-/Gespräch, Eignungsuntersuchung/Assessment-Center
Bewerberprofil	Studienleistungen, Studiendauer, Studienschwerpunkte, praktische Erfahrungen, Auslandserfahrung, außeruniversitäre Aktivitäten, unternehmerisches Denken, sehr gute Englischkenntnisse, analytische Fähigkeiten, Teamfähigkeit, Flexibilität und Belastbarkeit, Begeisterung für die Luftfahrt
Kontaktadresse	www.be-lufthansa.com www.lufthansa-technik.com

Be-**Lufthansa**.com/**Technik**/engineers

Can you solve the biggest headache in engine design?

A career at Lufthansa Technik offers some pretty unusual challenges. Like trying to find a way to avoid birds being caught in turbine engines (one of the main causes of grounding aircraft).

As well as being the world's leading aircraft maintenance and repair company, Lufthansa Technik work at the cutting-edge of the aviation industry. Many of our innovations have become standard world-wide. If you have a diploma in industrial engineering, aerospace engineering, electrical engineering or aircraft construction why not join us?

Whatever your interest, you'll find plenty of scope for your talents. We'll give you a flexible work schedule, the benefits of a global company, a great working atmosphere and all the responsibility you can handle.

Be who you want to be
Be-**Lufthansa**.com

MAHLE
Driven by performance

MAHLE GmbH

	Unternehmensdaten
Branche	Automobilzulieferer
Produkte und Dienstleistungen	MAHLE zählt als führender Hersteller von Komponenten und Systemen für den Verbrennungsmotor und dessen Peripherie zu den Top-3-Systemanbietern von Kolbensystemen, Zylinderkomponenten, Ventiltriebsystemen, Luftmanagement-Systemen und Flüssigkeitsmanagement-Systemen.
Mitarbeite weltweit (m/w)	rund 48 000 engagierte Mitarbeiter (Geschäftsjahr 2007)
Jahresumsatz	über 5 Mrd Euro (Geschäftsjahr 2007)
	Angebote für Studierende
Praktika und Werkstudenten	Praktika im kaufmännischen und technischen Bereich.
Abschlussarbeiten	Studierende haben bei MAHLE die Möglichkeit kaufmännische sowie technische Abschlussarbeiten zu verfassen. Eigene Themenvorschläge für praxisrelevante Abschlussarbeiten können gerne eingebracht werden.
	Angebote für Berufseinsteiger
Personalbedarf 2009	ca. 80 – 100
Bevorzugte Fachrichtungen	u. a. Maschinenbau und Fahrzeugtechnik
Einstiegsmöglichkeiten	Direkteinstieg und Internationales Traineeprogramm.
Einstiegsgehälter	branchenüblich
Möglicher Auslandseinsatz	Ein Auslandseinsatz ist generell möglich. Insbesondere im Rahmen des Internationalen Traineeprogramms ist mindestens ein Auslandsaufenthalt vorgesehen.
	Einstellungsvoraussetzungen
Bewerbungsunterlagen	Aussagekräftiges Anschreiben, Lebenslauf, Zeugniskopien sowie Nachweise über weitere Qualifikationen.
Auswahlverfahren	Interview mit Fach- und Personalbereich, Assessment-Center für Trainees.
Bewerberprofil	Hochschulstudium mit überdurchschnittlichem Abschluss, Team- und Kommunikationsfähigkeit, Engagement und Leistungsbereitschaft, relevante Praktika und sehr gute Englischkenntnisse.
Kontaktadresse	MAHLE GmbH, Personalabteilung, Pragstr. 26–46, 70376 Stuttgart http://www.mahle.com

LEISTUNG IST UNSER ANTRIEB. UND IHRER?
EINE TREIBENDE KRAFT: DER MAHLE DOWNSIZING-MOTOR.

Wer Entscheidendes bewegen will, braucht eine Vision. Und dazu Mut, Ausdauer und Biss. Wenn dann noch das Umfeld stimmt und das Team das richtige ist, werden aus innovativen Ideen ehrgeizige Projekte und überzeugende Lösungen. Eine davon sehen Sie hier: den MAHLE Downsizing-Motor – eine eindrückliche Demonstration, dass die Energieeinsparung und damit Emissionsreduktion um bis zu 30 % im Verbrennungsmotor schon heute machbar ist. Und weil wir uns nicht auf unseren Lorbeeren ausruhen wollen und die Zukunft voller Herausforderungen ist, brauchen wir noch mehr gute Leute. Menschen, die denken wie wir. Und die gemeinsam mit uns mehr bewegen wollen – ob in der Entwicklung, der Konstruktion, der Produktion oder im Vertrieb. In diesem Sinne: Willkommen beim Weltmarktführer, in einem unserer 8 Forschungs- und Entwicklungszentren, in einem unserer 110 Produktionsstandorte für Motorenteile und Filter, als einer unserer 48.000 Mitarbeiter. Mehr Infos und Online-Bewerbung: www.jobs.mahle.com

Driven by performance

MB-technology GmbH

	Unternehmensdaten
Branche	Engineering und Consulting Dienstleister
Produkte und Dienstleistungen	Engineering und Consulting Dienstleistungen in den 4 MBtech Segmenten: vehicle engineering, powertrain solutions, electronics solutions, consulting
Mitarbeiter insg. (m/w)	2700
davon Ingenieure	75 %
Jahresumsatz	360 Mio.
	Angebote für Studierende (m/w)
Praktika und Werkstudenten	ja
Studien- und Diplomarbeiten	ja
	Angebote für Berufseinsteiger (m/w)
Personalbedarf 2009	Kontinuierlicher Personalbedarf
Bevorzugte Fachrichtungen	Elektrotechnik, Fahrzeugtechnik, Luft- und Raumfahrttechnik, Maschinenbau, Wirtschaftsingenieurwesen, sonstige Fachrichtungen
Einstiegsmöglichkeiten	Direkteinstieg, Promotion, Studien- und Diplomarbeit, Abschlussarbeit, Praktikum, Werkstudententätigkeit Berufsausbildung
Anfangsgehälter	marktübliche Einstiegsgehälter
Möglicher Auslandseinsatz	nach Absprache möglich in den USA, Asien, Europa
	Einstellungsvoraussetzungen
Bewerbungsunterlagen	Aussagekräftiges Anschreiben, Tabellarischer Lebenslauf, Zeugnisse, Zertifikate, Teilnahmebescheinigungen
Bewerberprofil	Gute Fremdsprachenkenntnisse, Teamfähigkeit, Flexibilität, unternehmerisches Denken und Handeln, hohes Maß an Motivation
Kontaktadresse	Yasemin Kurt-Cvolic Personalentwicklung Bewerber-Hotline: 07031 686-4683 www.mbtech-group.com/karriere Personalentwicklung Kolumbusstrasse 19+21 71063 Sindelfingen

... und hier

we keep you ahead

Sie sind hier richtig, wenn vielseitige Aufgaben, namhafte Kunden und internationale Herausforderungen nach Ihrem Studium genau das Richtige sind, wenn Sie Leidenschaft fürs Automobil entwickeln können, wenn Ihr Blick fürs Wesentliche auf Details und dem großen Ganzen gleichermaßen ruht.

Die MBtech Group ist einer der führenden Engineering- und Consulting-Dienstleister in der Automobilindustrie. MBtech bietet kundenorientierte Dienstleistungen und Produkte in den Segmenten vehicle engineering, powertrain solutions, electronics solutions und consulting.

Wir wollen interessierte und engagierte Menschen in unserem Unternehmen, die uns mit ungewöhnlichen Ideen dauerhaft zu dem Vorsprung verhelfen, den unsere internationalen Kunden von uns gewohnt sind. Wir wollen Persönlichkeiten mit überdurchschnittlichen Leistungen im Studium. Wir wollen mit klugen Köpfen erfolgreich sein.
Was wollen Sie?
Sicher halten wir Vieles davon für Sie bereit.

MB-technology GmbH
Bewerbungsmanagement
Kolumbusstraße 19+21
71063 Sindelfingen

Jetzt informieren und bewerben.
www.mbtech-group.com

vehicle engineering
powertrain solutions
electronics solutions
consulting

MiRO Mineraloelraffinerie Oberrhein GmbH & Co. KG

Unternehmensdaten

Branche	Mineralöl
Produkte und Dienstleistungen	Herstellung von Mineralölprodukten wie z.B. Benzin, Diesel, Heizöl, Propylen und Bitumen (ca. 16 Mio. t /Jahr) für ConocoPhillips, Esso, Ruhr Oel (BP/Aral) und Shell
Mitarbeiter insg. (m/w)	1 000
davon Ingenieure	185
Jahresumsatz	4,5 Mrd. € (davon 4,2 Mrd. € Mineralölsteuer)

Angebote für Studierende (m/w)

Praktika und Werkstudenten	Ja
Studien- und Diplomarbeiten	Ja

Angebote für Berufseinsteiger (m/w)

Personalbedarf 2009	Ca. 10 Ingenieure
Bevorzugte Fachrichtungen	Verfahrenstechnik, Chemische Technik, Maschinenbau
Einstiegsmöglichkeiten	Nachwuchsingenieure
Möglicher Auslandseinsatz	Einsatzort Karlsruhe; Möglichkeit des Einsatzes bei unseren internationalen Gesellschaftern

Einstellungsvoraussetzungen

Bewerbungsunterlagen	Vollständige Unterlagen per Post oder E-Mail
Auswahlverfahren	Einstellungsinterviews
Bewerberprofil	Sehr guter Studienabschluss

Kontaktadresse	Monica Cieza Fernandez Personal 76182 Karlsruhe Telefon 0721 958-3695 Telefax 0721 958-3627 Fernande@miro-ka.de www.miro-ka.de

Raffinierte Technik braucht kompetente und engagierte Mitarbeiter

MiRO zählt zu den modernsten und leistungsfähigsten Raffinerien Europas und mit rund 1000 Mitarbeitern zu den größten Arbeitgebern in der Region Karlsruhe.

Die Herstellung hochwertiger Mineralölprodukte ist ein komplexer Prozess, der hohe Anforderungen an die Planung, Steuerung und Instandhaltung der Anlagentechnik stellt. Dafür brauchen wir kompetente und engagierte Mitarbeiter, die dafür sorgen, dass sowohl der Prozess als auch das Ergebnis unseren anspruchsvollen Qualitäts-, Sicherheits- und Umweltstandards genügen. Wenn Sie Ihr Wissen und Engagement in unser Team einbringen möchten, erwartet Sie bei MiRO ein interessanter Arbeitsplatz mit beruflichen Entwicklungsmöglichkeiten. Informieren Sie sich über unser Unternehmen unter www.miro-ka.de

Mineraloelraffinerie Oberrhein GmbH & Co. KG

Nördliche Raffineriestr. 1
76187 Karlsruhe
Telefon: (0721) 958-3695
Personalbetreuung /-grundsatz /-recruiting
Frau Mónica Cieza Fernández

MTU Aero Engines GmbH

	Unternehmensdaten
Branche	Luft- und Raumfahrt
Produkte und Dienstleistungen	Entwicklung, Herstellung und Instandhaltung von zivilen und militärischen Triebwerken
Mitarbeiter insg. (m/w)	7500 Mitarbeiter weltweit, davon 6100 in Deutschland
Jahresumsatz	2,65 Mrd. € in 2008
	Angebote für Studierende (m/w)
Praktika und Werkstudenten	400 Plätze/Jahr
Studien- und Diplomarbeiten	70 Plätze/Jahr
	Angebote für Berufseinsteiger (m/w)
Personalbedarf 2009	ca. 100 Hochschulabsolventen
Bevorzugte Fachrichtungen	Maschinenbau, Luft- und Raumfahrttechnik, Elektrotechnik, Bauingenieurwesen, Wirtschaftsingenieurwesen, Informatik
Einstiegsmöglichkeiten	Junior Einstiegs- und Traineeprogramm JET; Direkteinstieg
Anfangsgehälter	je nach Qualifikation und Stelle
Ausländische Standorte	USA, Kanada, China, Malaysia, Polen
	Einstellungsvoraussetzungen
Bewerbungsunterlagen	Anschreiben, beruflicher Werdegang, Zeugnisse und Leistungsnachweise
Auswahlverfahren	Vorstellungsgespräche
Bewerberprofil	sehr gute Abschlussnoten, branchen-/fachspezifische Praktika oder Berufserfahrung, Auslandsaufenthalt, außeruniversitäres Engagement, Zusatzqualifikationen
Kontaktadresse	MTU Aero Engines GmbH Dachauer Straße 665 80995 München Personalmanagement.Muenchen@mtu.de Personalmanagement.Hannover@mtu.de Personalmanagement.Berlin@mtu.de www.mtu.de/karriere

Mehr Schwung bei der Arbeit? Wir sorgen für den Antrieb!

Als Deutschlands führender Triebwerkshersteller ist die MTU Aero Engines ein weltweit gefragter Partner der Luftfahrtindustrie. Unsere Spitzenstellung verdanken wir erstklassigen Mitarbeitern und innovativen Antriebstechnologien für alle Schub- und Leistungsklassen. Zur Verstärkung unserer Standorte suchen wir

Ingenieure (m/w)

für die Bereiche Entwicklung, Fertigung, Qualitätsmanagement, Instandsetzung, Services, Vertrieb, Einkauf und Logistik.

Interessiert? Detaillierte Aufgaben- und Anforderungsprofile der offenen Stellen in München, Hannover und Berlin finden Sie im Internet unter **www.mtu.de/karriere**. Dort können Sie uns unter Angabe des Kennzeichens MTU 07 VDI auch Ihre vollständigen Unterlagen per Online-Bewerbungsbogen senden. Wir freuen uns auf Ihre Bewerbung!

Wir bieten auch attraktive Praktikumsplätze, Werkstudententätigkeiten und Diplomarbeitsthemen oder einen interessanten Einstieg über unser Junior Einstiegs- und Traineeprogramm JET an.

Phoenix Contact GmbH & Co. KG

	Unternehmensdaten
Branche	Elektrotechnik
Produkte und Dienstleistungen	Verbindungstechnik, Automatisierung, Interface, Geräteanschlusstechnik, Überspannungsschutz
Mitarbeiter insg. (m/w)	10 200 weltweit
Jahresumsatz	1,18 Mrd. €

	Angebote für Studierende (m/w)
Praktika und Werkstudenten	ja
Studien- und Diplomarbeiten	ja

	Angebote für Berufseinsteiger (m/w)
Personalbedarf 2009	ca. 60
Bevorzugte Fachrichtungen	Elektrotechnik, Feinwerktechnik, Werkstofftechnik, Verfahrens- und Produktionstechnik, Informationstechnik, Maschinenbau
Einstiegsmöglichkeiten	Direkteinstieg
Anfangsgehälter	je nach Qualifikation und Stelle
Möglicher Auslandseinsatz	ja (in Abhängigkeit von Position und Bedarf)

	Einstellungsvoraussetzungen
Bewerbungsunterlagen	Vollständige Unterlagen per Mail
Auswahlverfahren	Interview
Bewerberprofil	gute Studienleistungen, einschlägige Praktika, gute Englischkenntnisse, Team- und Kommunikationsfähigkeit

Kontaktadresse	Bärbel Deijs
	Personalmanagement
	32823 Blomberg
	Telefon 05235 3-41116
	career@phoenixcontact.com
	www.phoenixcontact.de/career

Technik hat Ihr Vertrauen?

Kerstin Wilinczyk – Hobby-Taucherin und Mitarbeiterin von Phoenix Contact.

Phoenix Contact – ausgezeichnet als „Bester Arbeitgeber des Jahres 2008"

Wenn Sie Phoenix Contact begegnen, sehen Sie ein international agierendes Familienunternehmen mit Stammsitz in Ostwestfalen, das seine Innovationsphilosophie täglich lebt. Sie erleben Menschen, die all ihre Begeisterung in Lösungen für hochwertige elektrische Verbindungstechnik und in grenzenlose Industriekommunikation stecken. Sie begegnen 10.200 Mitarbeiterinnen und Mitarbeitern, die mit ihrem Know-how und persönlichem Engagement Phoenix Contact zu einem richtungsweisenden Unternehmen machen.

Mehr Informationen unter www.phoenixcontact.de/career

Procter & Gamble

	Unternehmensdaten
Branche	Konsumgüterindustrie / Elektroindustrie
Produkte und Dienstleistungen	Wasch- und Reinigungsmittel, Körper- und Gesundheitspflegemittel, Papierprodukte, Pharmazeutika, Snacks, Elektrokleingeräte, Mundhygiene
Mitarbeiter insg. (m/w)	ca. 15 000 (Deutschland)inkl. Wella, Gillette und Braun
Mitarbeiter weltweit	ca. 138 000 inkl. Wella, Gillette und Braun
Jahresumsatz	83,5 Mrd. US$ (2007/08)
	Angebote für Studierende (m/w)
Praktika und Werkstudenten	Ja, ab dem 2 Semester (Bachelor, Diploma & Master)
Studien- und Diplomarbeiten	Ja, auf Anfrage
	Angebote für Berufseinsteiger (m/w)
Personalbedarf 2009	ca. 120 freie Stellen (Stand Juli 2008)
Bevorzugte Fachrichtungen	Elektrotechnik, Mechatronik, Maschinenbau, Feinwerktechnik, Verfahrenstechnik, Kunststofftechnik, Physik, Chemieingenieur-, Wirtschaftsingenieurwesen
Einstiegsmöglichkeiten	Direkteinstieg
Anfangsgehälter	ca. Euro 44 000 p.a.
Möglicher Auslandseinsatz	ja, im Rahmen von Job Rotation
	Einstellungsvoraussetzungen
Bewerbungsunterlagen	Online Bewerbung: http://www.pgcareers.com/ger-technical
Auswahlverfahren	Problemlösungstest und Einzelgespräche
Bewerberprofil	Angemessene Studiendauer, überdurchschnittlicher Abschluss, nachgewiesene Praktika, außeruniversitäres Engagement, gute Englischkenntnisse, Initiative & Durchsetzungsvermögen, Führungseigenschaften, Teamfähigkeit, Prioritätensetzung, Flexibilität
Kontaktadresse	www.pgcareers.com/ger-technical Ulrike Grym Recruiting – P&G Product Supply (PS) grym.uh@pg.com

**Your challenge:
a technical career for engineers!**

The thrill of technology –
Procter & Gamble sucht Talente

Procter & Gamble ist eines der erfolgreichsten Markenartikelunternehmen der Welt mit ca. 138.000 Mitarbeitern, einem Umsatz von 83,5 Mrd. US$ und einem Portfolio von mehr als 300 Marken. In Deutschland sind wir inklusive Wella, Gillette und Braun mit ca. 15.000 Mitarbeitern an 18 Standorten vertreten.

Weltklasseprodukte herzustellen ist nur mit state-of-the-art Technologie möglich. Weltklasseprodukte zu entwickeln bedeutet, auch technisch der Konkurrenz immer einen Schritt voraus zu sein. Das gelingt nur mit technischen Innovationen!

Wir suchen Ingenieure/Ingenieurinnen und Naturwissenschaftler/-innen mit hohem fachlichen Anspruch und Gespür für das Machbare für die Einsatzbereiche Research & Development, Engineering und Manufacturing. Wir bieten Praktika, Diplomarbeiten und Direkteinstieg an.

Weitere Informationen findest Du unter

www.*PG*careers.com/ger-technical

P&G a new challenge every day

ROCHE Diagnostics GmbH

Unternehmensdaten

Branche	Diagnostika, Health Care, Biotechnologie, Pharma
Produkte und Dienstleistungen	Analyse- und Diagnosegeräte, Reagenzien und Arzneimittel
Mitarbeiter insg. (m/w)	80 000 weltweit (Konzern)
davon Ingenieure	rund 3 500
Jahresumsatz	CHF 45,6 Mrd. (2008)

Angebote für Studierende (m/w)

Praktika und Werkstudenten	ist möglich
Studien- und Diplomarbeiten, Bachelor-/Masterthesis	ist möglich

Angebote für Berufseinsteiger (m/w)

Personalplanung 2009	Bedarf an Hochschulabsolventen/innen und Young Professionals: ca. 200 (Stellenneu- und nachbesetzungen)
Einstiegsmöglichkeiten	Management Start Up Programm und Direkteinstieg in verschiedenen Bereichen
Möglicher Auslandseinsatz	grundsätzlich möglich

Einstellungsvoraussetzungen

Bewerbungsunterlagen	komplette Bewerbungsunterlagen über unser E-Recruitingsystem (Roche Talent Pool)
Auswahlverfahren	persönliches Interview, Assessementcenter für Führungs(nachwuchs-)positionen
Bewerberprofil	guter und zügiger Studienabschluss, Praktika, Sprachen, IT-Kenntnisse, außeruniversitäres Engagement, soziale Kompetenz, interkulturelle Fähigkeiten
Kontaktadresse	Roche Diagnostics GmbH HR Recruiting Sandhofer Str. 116 68305 Mannheim

Hotline: 01802 759-427 (6 Cent pro Gespräch)

http://careers.roche.com oder http://careers.roche.com/germany

„Roche bietet mir die Chance, von Anfang an spannende Aufgaben zu übernehmen und in verschiedenen Bereichen wertvolle Erfahrungen zu sammeln. Dies gibt mir für meine Entwicklung starken Antrieb."

Henning M.
Roche, Deutschland

Setzen Sie Zeichen. Für ein besseres Leben.

Der Erfolg von Roche beruht auf Innovationskraft, Neugier und Vielfalt – und das mit 80.000 Experten in 150 Ländern. Indem wir konventionelles Denken hinterfragen und uns neuen Herausforderungen stellen, sind wir eines der weltweit führenden forschungsorientierten Healthcare-Unternehmen geworden – und der ideale Platz, um eine erfolgreiche Karriere zu starten.

Zusammenarbeit, offene Diskussionen und gegenseitiger Respekt treiben uns zu neuen Höchstleistungen an, dies zeigen auch die bahnbrechenden wissenschaftlichen Erfolge der Vergangenheit. Um weiter innovative Healthcare-Lösungen zu entwickeln, haben wir ambitionierte Pläne, kontinuierlich zu lernen und zu wachsen – und suchen Menschen, die sich die gleichen Ziele gesetzt haben.

Starten Sie als Ingenieur/in bei Roche.

Als innovations- und technologieorientiertes Unternehmen bieten wir Ingenieurinnen und Ingenieuren eine außergewöhnliche Vielfalt an spannenden Aufgaben. dazu bei, Innovationen für die Gesundheit zu entwickeln, zu produzieren und zu vermarkten – und verwirklichen Sie dabei Ihre persönlichen Vorstellungen von Beruf und Karriere.

Allein in Deutschland und der Schweiz setzen rund 20.000 Mitarbeitende Zeichen für ein besseres Leben. Unsere Produkte und Dienstleistungen werden zur Vorbeugung, Diagnose und Behandlung von Krankheiten eingesetzt. Wir nehmen eine Pionierrolle in der personalisierten Medizin ein und haben bereits erste Produkte auf den Markt gebracht, die auf die Bedürfnisse bestimmter Patientengruppen zugeschnitten sind.

Um mehr über Ihre Karrieremöglichkeiten bei Roche zu erfahren, besuchen Sie uns unter:
http://careers.roche.com

Innovation für die Gesundheit

ROHDE & SCHWARZ

Rohde & Schwarz GmbH & Co. KG

Unternehmensdaten

Branche	Elektrotechnik
Produkte und Dienstleistungen	Funkkommunikationssysteme, Mess-, Rundfunk-, Überwachungs- und Ortungstechnik, Kommunikationssicherheit
Mitarbeiter insg. (m/w)	7 500
davon Ingenieure (m/w)	ca. 50 %
Jahresumsatz	1,4 Mrd. €

Angebote für Studierende (m/w)

Praktika und Werkstudenten	ja, ca. 180 p. a. bevorzugt 3 – 6 Monate
Studien- und Diplomarbeiten	ja, ca. 50 p. a.

Angebote für Berufseinsteiger (m/w)

Personalbedarf 2009	ca. 100
Bevorzugte Fachrichtungen	Elektro-, Nachrichten-, Hochfrequenz-, Kommunikationstechnik, Informatik, technische Informatik
Einstiegsmöglichkeiten	Direkteinstieg, Training on the job
Anfangsgehälter	41 000 – 52 000 €
Möglicher Auslandseinsatz	ja

Einstellungsvoraussetzungen

Bewerbungsunterlagen	Anschreiben mit Art und Zeitraum der gewünschten Beschäftigung, tabellarischer Lebenslauf, Lichtbild, Zeugnisse (Vordiplom, ggf. Notenspiegel des Hauptstudiums, ggf. Zeugnisse des Abiturs oder Berufsausbildung, Praktika), Seminarbescheinigungen
Auswahlverfahren	Nach Anforderungsprofil der zu besetzenden Stelle
Bewerberprofil	Gute Studienleistungen, technikaffin, selbstständiges Arbeiten, lösungsorientiertes Handeln, Teamgeist und Engagement
Kontaktadresse	Rohde & Schwarz GmbH & Co. KG Tanja Messerer (Praktikanten, Werkstudenten, Abschlussarbeiten) Bettina Gehrig (Absolventen, Professionals) Personalbetreuung Postfach 24 14 38, 85336 München Telefon 089 4129-13801 career@rohde-schwarz.com www.rohde-schwarz.com

UNTERNEHMEN STELLEN AUS – UND INGENIEURE EIN.

5. Mai 2009
Düsseldorf, Maritim
(Deutscher Ingenieurtag)

18. Juni 2009
Ludwigsburg, Forum am Schlosspark

25. Juni 2009
Graz, messeccongress | nord

2. Juli 2009
Kiel, Halle400

1. September 2009
Zürich, Kongresshaus

11. September 2009
Dortmund, Kongresszentrum Westfalenhallen

6. Oktober 2009
Saarbrücken, Congresshalle

14. Oktober 2009
Karlsruhe, Kongresszentrum
(für Absolventen)

Der Recruiting Tag der VDI nachrichten, einfach ideal für eine erfolgreiche Jobsuche. Wir bringen hier zusammen, wer zusammengehört – renommierte Unternehmen mit qualifizierten Ingenieuren und technischen Fachkräften. Treffen Sie wichtige Unternehmensvertreter. Informieren Sie sich bei kompetenten Karriereberatern. Hören Sie die Vorträge hochkarätiger Redner.

Mehr Informationen? Wenden Sie sich bitte an: Kerstin Ernst, Telefon (0211) 61 88 - 374 oder Silvia Becker, Telefon (0211) 61 88 - 170, recruiting@vdi-nachrichten.com

www.ingenieurkarriere.de/recruitingtag

VDI nachrichten
recruiting tag

Rolls-Royce Deutschland Ltd & Co KG

	Unternehmensdaten
Branche	Luftfahrt
Produkte und Dienstleistungen	Entwicklung, Fertigung und Service von Flugtriebwerken
Mitarbeiter insg. (m/w)	ca. 3 000 in Deutschland; RRplc weltweit ca. 38 000
davon Ingenieure	ca. 850
Jahresumsatz	Rolls-Royce plc weltweit ca. 11,2 Mrd. € (2007)
	Angebote für Studierende (m/w)
Praktika und Werkstudenten	ja
Studien- und Diplomarbeiten	ja
	Angebote für Berufseinsteiger (m/w)
Personalbedarf 2009	kontinuierlicher Bedarf; aktuelle Vakanzen finden Sie unter www.rolls-royce.com/careers
Bevorzugte Fachrichtungen	Luft- und Raumfahrttechnik, Maschinenbau, Elektrotechnik, Wirtschaftsingenieurwesen, Betriebswirtschaftslehre
Einstiegsmöglichkeiten	Direkteinstieg in allen Unternehmensbereichen
Anfangsgehälter	je nach Qualifikation
Möglicher Auslandseinsatz	ja
	Einstellungsvoraussetzungen
Bewerbungsunterlagen	Anschreiben, Lebenslauf, Zeugnisse
Auswahlverfahren	Vorstellungsgespräche mit Personal- und Fachabteilung
Bewerberprofil	guter bis sehr guter Studienabschluss, gute Englischkenntnisse, einschlägige Praktika in dem angestrebten Unternehmensbereich, Teamgeist und Engagement, gute Kommunikationsfähigkeiten, interkulturelle Offenheit
Kontaktadresse	Anja Michaelis / Doris Kiermeier Personalabteilung Eschenweg 11 / Dahlewitz 15827 Blankenfelde-Mahlow Tel. 033708 6-1640 Fax 033708 6-3222 www.rolls-royce.com

PRIDE

„Stolz ist, wenn man lernen darf, zu den Besten zu gehören."

Rolls-Royce Deutschland: Das sind circa 3.000 Mitarbeiterinnen und Mitarbeiter aus über 40 Nationen, die gemeinsam für höchste Qualität stehen, wenn es um die Entwicklung, die Fertigung und den Service von Flugtriebwerken geht. Verstärken Sie unser Team in Dahlewitz bei Berlin oder Oberursel bei Frankfurt a. M. als

Early Career Professional (w/m)
Hochschulabsolvent (w/m)
Praktikant oder Diplomand (w/m)

der Studienbereiche: Luft- und Raumfahrttechnik, Maschinenbau, Elektrotechnik, Wirtschaftsingenieurwesen oder Betriebswirtschaftslehre.

Sie haben erste Praxisluft geschnuppert und suchen jetzt die optimale Startposition mit exzellenten Aufstiegsmöglichkeiten? Sie möchten Ihr theoretisches Wissen endlich in der Praxis testen oder haben eine Abschlussarbeit, mit der Sie richtig abheben wollen? Dann los!

Ob im technischen oder kaufmännischen Bereich: Ihr Einsatz bei uns wird Ihnen helfen, schnell zu den Besten zu gehören. Deshalb arbeiten Sie in hoch qualifizierten Teams im Umfeld modernster Technologien.

Die idealen Voraussetzungen bringen Sie bereits mit: Begeisterung für die Luftfahrt und ein Diplom bzw. Vordiplom oder einen vergleichbaren Abschluss in einem ingenieur- oder wirtschaftswissenschaftlichen Studiengang. Überzeugen Sie uns durch Ihre Bewerbung!

Rolls-Royce Deutschland Ltd & Co KG
Personalabteilung
Eschenweg 11, Dahlewitz
15827 Blankenfelde-Mahlow
+49 (0)3 37 08/6-24 46 bzw. -20 19
www.rolls-royce.com

Rolls-Royce Deutschland Ltd & Co KG
Personalabteilung
Hohemarkstraße 60–70
61440 Oberursel
+49 (0)61 71/90-64 13

Salzgitter AG

Unternehmensdaten

Branche	Stahlerzeugung und –verarbeitung
Produkte und Dienstleistungen	hochwertige Flachstahlprodukte, Träger, Grobbleche, längsnaht- und spiralgeschweißte Rohre und nahtlose Edelstahlrohre, Abfüll- und Verpackungsanlagen, Forschung und Entwicklung, IT-Dienstleistungen
Mitarbeiter insg. (m/w)	24 000
Jahresumsatz	10 Mrd. € Außenumsatz

Angebote für Studierende (m/w)

Praktika und Werkstudenten	ja
Studien- und Diplomarbeiten	ja

Angebote für Berufseinsteiger (m/w)

Personalbedarf 2009	50
Bevorzugte Fachrichtungen	Elektrotechnik, Lebensmitteltechnologie, Maschinenbau, Mechatronik, Verfahrenstechnik, Werkstoff- und Materialwissenschaften, Wirtschaftsingenieurwesen
Einstiegsmöglichkeiten	Für Studenten ist ein Einstieg als Praktikant/-in oder Diplomand/-in möglich. Für Absolventen erfolgt der Berufseinstieg oft im Rahmen eines Traineeprogramms. Je nach Gesellschaft oder Erfahrung ist auch ein Direkteinstieg möglich.
Anfangsgehälter	bis zu 46 000 € / Jahr
Möglicher Auslandseinsatz	ja, aber nicht im Traineeprogramm

Einstellungsvoraussetzungen

Bewerbungsunterlagen	Aussagekräftige Unterlagen
Auswahlverfahren	(Telefon-)Interviews, Arbeitsproben
Bewerberprofil	anspruchsvolle und berufsrelevante Praktika, selbständiges Arbeiten, Teamfähigkeit
Kontaktadresse	Markus Rottwinkel Personalreferent / Abteilung Führungskräfte Eisenhüttenstr. 99, 38239 Salzgitter Telefon 05341 21-3324 karriere@salzgitter-ag.de, www.salzgitter-ag.de

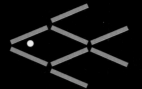

Sie wissen, was es heißt, richtungsweisend zu arbeiten. Welche drei Hölzer müssen in eine neue Position gebracht werden, damit der Fisch nach rechts schwimmt? Das Auge dient nur der Verzierung.

Steuern Sie in die richtige Richtung?

Nachwuchs-Ingenieure (w/m)
- Werkstoffwissenschaften
- Maschinenbau
- Elektrotechnik
- Verfahrenstechnik

Praktikum / Abschlussarbeit
Theoretisch haben Sie eine Vorstellung von Ihrer Zukunft. Aber die Praxis fehlt Ihnen noch? Dann können wir Ihnen weiterhelfen. Lernen Sie in einem Praktikum oder im Rahmen einer Abschlussarbeit die Faszination des Werkstoffs Stahl, moderne Anlagen und komplexe Steuerungssysteme kennen.

Berufseinstieg
Sie haben Ihr Studium fast abgeschlossen und suchen nun eine Aufgabe, die Ihnen Verantwortungsspielraum und Gestaltungsmöglichkeiten bietet? Dann bewerben Sie sich auf eine unserer Stellenanzeigen. Wir begleiten Ihre ersten Schritte als Berufseinsteiger/in mit einem maßgeschneiderten Personalentwicklungsprogramm.

www.salzgitter-ag.de

Wir möchten mit Ihnen gemeinsam für neue Impulse sorgen.

Die Salzgitter AG gehört mit rund 10 Mrd. Euro Außenumsatz, einer Produktion von über 7 Millionen Tonnen Rohstahl und rund 24.000 Mitarbeitern/-innen zu den führenden Stahltechnologie-Konzernen Europas.

Der Konzern, der ca. 200 nationale und internationale Tochter- und Beteiligungsgesellschaften umfasst, ist gegliedert in die Unternehmensbereiche Stahl, Handel, Röhren, Dienstleistungen und Technologie.

Salzgitter AG
Personalabteilung
Markus Rottwinkel
Eisenhüttenstraße 99
38239 Salzgitter
karriere@salzgitter-ag.de

Schaeffler Gruppe (INA, FAG, LuK)

	Unternehmensdaten
Branche	Zulieferer für Automobilindustrie, Maschinenbau, Luft- und Raumfahrttechnik
Produkte und Dienstleistungen	Wälz- und Gleitlager, Linearsysteme sowie als Automobilzulieferer Präzisionselemente für Motor, Getriebe und Antriebsstrang
Mitarbeiter insg. (m/w)	weltweit: rund 66 000
Jahresumsatz	8,9 Mrd. € (2007)

Angebote für Studierende (m/w)

Praktika und Werkstudenten	ja
Studien- und Diplomarbeiten	ja

Angebote für Berufseinsteiger (m/w)

Bevorzugte Fachrichtungen	Maschinenbau, Fahrzeug-, Elektrotechnik, Mechatronik, Werkstoffwissenschaften, Wirtschaftsingenieurwesen
Einstiegsmöglichkeiten	Direkteinstieg oder Trainee-Programme
Anfangsgehälter	abhängig von Position und Qualifikation
Möglicher Auslandseinsatz	Ja, nach der Einarbeitungszeit

Einstellungsvoraussetzungen

Bewerbungsunterlagen	Anschreiben mit Angabe des Tätigkeitsbereichs, Lebenslauf, Zeugnisse, auch per E-Mail möglich
Auswahlverfahren	Interviews mit Fachbereich und Personalabteilung
Einstellungskriterien	Studienschwerpunkt, Thema der Diplomarbeit, Berufsausbildung, Praktika, Examensnote, Sprachkenntnisse, EDV-Kenntnisse

Kontaktadresse

Schaeffler KG
Heidi Milke, Bewerbermanagement (FAG)
Georg-Schäfer-Str. 30
97421 Schweinfurt
Tel. 09721 91-3925
bewerbung.fag@schaeffler.com
www.fag.de

LuK GmbH & Co. oHG
Savas Eskitark, Personal und Soziales
Industriestr. 3
77815 Bühl / Baden
Tel. 07223 941-2713
bewerbung.luk@schaeffler.com
www.luk.de

Schaeffler KG
Andre Arold,
Bewerbermanagement (INA)
Industriestr. 1-3
91074 Herzogenaurach
Tel. 09132 82-3463
bewerbung.ina@schaeffler.com
www.ina.de

SCHOTT AG

	Unternehmensdaten
Branche	Spezialglas
Produkte und Dienstleistungen	Lösungen aus High-Tech-Werkstoffen wie z.B. Spezialglas. Das Produktspektrum erstreckt sich von Ceran®-Kochflächen über Solaranlagen und Pharmaverpackungen bis hin zu Komponenten für die Automobilsicherheit.
Mitarbeiter insg. (m/w)	17 300
Jahresumsatz	2,23 Mrd. Euro (GJ 07/08)
	Angebote für Studierende (m/w)
Praktika und Werkstudenten	ja, national und international
Studien- und Diplomarbeiten	ja, national und international
	Angebote für Berufseinsteiger (m/w)
Personalbedarf 2009	Ingenieure, Wirtschaftsingenieure, Naturwissenschaftler, Wirtschaftswissenschaftler
Einstiegsmöglichkeiten	Direkteinstieg oder internationales Trainee-Programm
Möglicher Auslandseinsatz	ja
	Einstellungsvoraussetzungen
Bewerbungsunterlagen	Vollständige Unterlagen per Post oder E-Mail
Auswahlverfahren	Vorstellungsgespräch mit der Personal- und Fachabteilung (2 stufiges Auswahlverfahren/Interview, z. T. Fallstudien)
Bewerberprofil	• vorzeigbarer Hochschulabschluss • Engagement und Wille, etwas zu bewegen • Spaß an Teamarbeit • Fremdsprachen (sehr gute Englischkenntnisse und ausbaufähige Kenntnisse in einer weiteren Fremdsprache) • Praktika im In- und Ausland • Selbständiges Arbeiten • Mobilität und Flexibilität • Unternehmerisches Denken • Ausgeprägte kommunikative Eigenschaften • Offenheit für Neues
Kontaktadresse	Claudia Müller Corporate Personnel Services / Referentin Recruiting Halttenbergstraße 10, 55122 Mainz Telefon 06131-66-2300, claudia.mueller@schott.com http://www.schott.com/german/jobs/

Your **future** starts with SCHOTT **today**

Willkommen in Ihrer Zukunft, Willkommen bei SCHOTT!

Rund um die Welt, rund um die Uhr arbeiten rund 17.300 SCHOTT Mitarbeiter in 41 Ländern permanent an immer wieder neuen, besseren Lösungen für den Erfolg unserer Kunden. Lösungen aus High-Tech-Werkstoffen, wie z.B. Spezialglas, die in nahezu allen Technologie-Branchen eine wichtige Rolle spielen – von CERAN®-Kochflächen über Solaranlagen und Pharmaverpackungen bis zu wichtigen Komponenten für die Automobilsicherheit.
Wenn Sie gemeinsam mit uns die Produkte von übermorgen gestalten wollen, sollten wir uns kennen lernen.

Wir suchen insbesondere

- **Ingenieure (m/w)**
- **Wirtschaftsingenieure (m/w)**
- **Natur- und Wirtschaftswissenschaftler (m/w)**

mit internationaler Ausrichtung.

Es erwarten Sie spannende Projekte, interessante Aufgaben und nette Teams in Bereichen, die unsere Zukunft beeinflussen.

Mehr über uns und aktuelle Einstiegsmöglichkeiten
– auch im Ausland – finden Sie unter
www.schott.com/jobs

SCHÜCO

Schüco International KG

Branche	**Unternehmensdaten**
Produkte und Dienstleistungen	Baubranche, Solartechnik
	Fenster-, Fassaden- und Solarsysteme
Mitarbeiter insg. (m/w)	über 5 000
davon Ingenieure	ca. 1 000
Jahresumsatz	2,2 Mrd. EUR (2008)
	Angebote für Studierende (m/w)
Praktika und Werkstudenten	ja
Studien- und Diplomarbeiten	ja
	Angebote für Berufseinsteiger (m/w)
Personalbedarf 2009	ca. 50
Bevorzugte Fachrichtungen	Elektrotechnik, Maschinenbau, Mechatronik, Verfahrenstechnik, Erneuerbare Energien, Wirtschaftsingenieurwesen, Wirtschaftswissenschaften
Einstiegsmöglichkeiten	Traineeprogramm, Direkteinstieg
Anfangsgehälter	nach Vereinbarung – je nach Position und Qualifikation
Möglicher Auslandseinsatz	ja
	Einstellungsvoraussetzungen
Bewerbungsunterlagen	Jobportal unter www.schueco.de/karriere
Auswahlverfahren	überwiegend Interviews
Bewerberprofil	Ausgeprägtes Commitment mit den Unternehmenszielen. Unser Leitmotiv: Energy^2 - Energie sparen und Energie gewinnen. Unsere Mission: Für eine Reduzierung der CO_2-Emission, für die Verbindung von Klimaschutz und unternehmerischen Erfolg – be part of it!
Kontaktadresse	Veronika Krüger
	Zentrale Ausbildung & HR-Projekte, Personalmanagement
	Karolinenstr. 1-15
	33609 Bielefeld
	Telefon 0521 783-442
	vkrueger@schueco.com
	www.schueco.de

Bei uns dürfen Sie die ganze Welt retten.
Die Karriere gibt´s morgen on Top.

5.000 Mitarbeiter, 1.000 Ingenieure.
Über 7.000 Produkte.
Und 12.000 Partner in über 70 Ländern.
Und eine Vision.

Schüco: der Marktführer für innovative Gebäudehüllen. Und führender Entwickler von umfassenden Systemen für Solarstrom und Solarwärme. Unter dem Leitbild Energy² – Energiesparen und Energie gewinnen – helfen wir mit, der Erde eine sichere Zukunft zu geben.

Und das ist uns wirklich wichtig.
Ihnen auch? Die Zukunft braucht Sie.

Ingenieure (w/m)

www.schueco.de/karriere

SEW-EURODRIVE GmbH & Co KG

	Unternehmensdaten
Branche	Elektronische und mechanische Antriebstechnik, Automatisierungstechnik
Produkte und Dienstleistungen	Die Produktpalette umfasst Getriebemotoren, Industriegetriebe, Antriebselektronik, Antriebsautomatisierung sowie die dazugehörigen Dienstleistungs- und Servicepakete.
Mitarbeiter insg. (m/w)	Über 13 000 weltweit
davon Ingenieure	ca. 750 in Deutschland
Jahresumsatz	Rund 1,8 Mrd. Euro
	Angebote für Studierende (m/w)
Praktika und Werkstudenten	Ja
Studien- und Diplomarbeiten	Ja
	Angebote für Berufseinsteiger (m/w)
Personalbedarf 2009	ca. 60 Mitarbeiter
Bevorzugte Fachrichtungen	Elektrotechnik, Mechatronik, Maschinenbau, Wirtschaftsingenieurwesen, Wirtschaftsinformatik
Einstiegsmöglichkeiten	Direkteinstieg, Training on the job
Anfangsgehälter	45 000 – 50 000 Euro, je nach Aufgabe
Möglicher Auslandseinsatz	Ja, bedarfsabhängig
	Einstellungsvoraussetzungen
Bewerbungsunterlagen	Komplette Bewerbungsunterlagen
Auswahlverfahren	Bewerberinterview
Bewerberprofil	Je nach Position (z.B. praktische Erfahrungen, Abschlussnote, Auslandsaufenthalt, soziale Kompetenzen, außeruniversitäre Aktivitäten, sonstige Zusatzqualifikationen)
Kontaktadresse	Sonja Rieger und Torben Becker Personalreferate Bruchsal Ernst-Blickle-Straße 42 76646 Bruchsal Telefon 07251 75-1916 bzw. 07251 75-1913 sonja.rieger@sew-eurodrive.de torben.becker@sew-eurodrive.de www.sew-eurodrive.de

Kommen Sie zu uns!

Mit über 13.000 Mitarbeitern weltweit bringen wir Bewegung in fast alle Branchen. Das Erfolgsrezept: Getriebemotoren und Antriebselektronik vom Feinsten. Und jede Menge Drive in allem, was wir tun.

Ihr **Studium der Elektrotechnik, der Mechatronik bzw. des Maschinenbaus** haben Sie erfolgreich abgeschlossen oder verfügen über eine vergleichbare Qualifikation? Sie wollen mit uns in einem internationalen Umfeld etwas bewegen? Wir bieten Ihnen interessante Herausforderungen in den Bereichen Engineering, Entwicklung, Vertrieb und Service.

Wenn Sie verantworten statt verwalten wollen, Freiräume für Ideen und Initiativen suchen und Teamarbeit und kurze Entscheidungswege schätzen, dann sind Sie bei uns richtig.

Neben einem attraktiven Einkommen und guten Entwicklungsmöglichkeiten bieten wir vorbildliche Sozialleistungen sowie individuelle, flexible Arbeitszeitmodelle.

Sie möchten mehr über ein Unternehmen mit Drive erfahren? Dann freuen wir uns auf Ihre Bewerbung oder besuchen Sie unsere Homepage mit aktuellen Stellenangeboten.

Ihre Ansprechpartner:

Frau Sonja Rieger
Personalreferat
Technik
SEW-EURODRIVE GmbH & Co KG
Postfach 30 23, 76642 Bruchsal
Telefon 07251 75-1916

Herr Torben Becker
Personalreferat
Vertrieb, Marketing und Service
SEW-EURODRIVE GmbH & Co KG
Postfach 30 23, 76642 Bruchsal
Telefon 07251 75-1913

SEW-EURODRIVE GmbH & Co KG
Personalreferate Bruchsal
Postfach 30 23, 76642 Bruchsal
→ www.jobs-sew.de

Shell

	Unternehmensdaten
Branche	Energie
Produkte und Dienstleistungen	Mineralöl, Chemie, Erdgas, erneuerbare Energien, Exploration und Produktion
Mitarbeiter insg. (m/w)	ca. 5 300 in Deutschland, weltweit 104 000
davon Ingenieure	ca. 30 %
Jahresumsatz	in Deutschland 37,4 Mrd. €, weltweit rd. 355,78 Mrd. US $ (2008)
	Angebote für Studierende (m/w)
Praktika und Werkstudenten	Praktika jederzeit möglich, Mindestdauer 9 Wochen
Studien- und Diplomarbeiten	Initiativbewerbung mit Thema
	Angebote für Berufseinsteiger (m/w)
Personalbedarf 2009	Europaweit rund 300 Hochschulabsolventen
Bevorzugte Fachrichtungen	Maschinenbau, Verfahrenstechnik, Ingenieurwissenschaften, Elektrotechnik, Chemie, Physik
Einstiegsmöglichkeiten	Direkteinstieg mit individuellem Training
Anfangsgehälter	wettbewerbsfähig
Möglicher Auslandseinsatz	möglich
	Einstellungsvoraussetzungen (m/w)
Bewerbungsunterlagen	Ausschließlich online unter www.shell.de/careers
Auswahlverfahren	In drei Schritten: 1. Online-Bewerbung, 2. Interview, 3. Drei Optionen: Option A: Shell Recruitment Day (Assessment Center), Option B: Gourami Business Challenge (Planspiel), Option C: Internship.
Bewerberprofil	- Capacity: Analytisches und kreatives Denken - Achievement: Zielorientiertes Arbeiten, Durchsetzungsvermögen - Relationship skills: Teamfähigkeit, soziale Kompetenz und Kommunikationsstärke - Technical skills: Verständnis und Interesse für technische Themen (betrifft nur Absolventen (m/w) technischer Studiengänge)
Kontaktadresse	Shell, Recruitment, 22284 Hamburg graduates@shell.com Telefon 040 6324-7100

TECHNISCHE HOCHSCHULABSOLVENTEN (W/M) GESUCHT!

Die erfolgreichsten Problemlöser betrachten Dinge aus einem anderen Blickwinkel und sehen Lösungen, auf die sonst niemand anderes gekommen wäre. Hätten Sie daran gedacht Fischproteine zu verwenden, um zu verhindern, dass Gas in Unterwasserleitungen gefriert? Einer unserer Mitarbeiter kam auf diese Idee. Und nun suchen wir weitere Mitarbeiter (m/w), die mit neuen Perspektiven die Herausforderungen des Energiewesens angehen - vor allem aus den folgenden Studiengängen:

**MASCHINENBAU • CHEMIE • ELEKTROTECHNIK
CHEMIEINGENIEURWESEN • VERFAHRENSTECHNIK**

Wir unterstützen Sie mit Trainings- und Entwicklungsmaßnahmen und bieten Ihnen zahlreiche Karrieremöglichkeiten, um Ihr Potenzial zu entwickeln. Bei uns haben Sie die Chance mit unseren erfolgreichsten Problemlösern zusammen zu arbeiten. Gemeinsam können wir zu einer verantwortungsvollen Zukunft im Energiewesen beitragen. Besuchen Sie uns auf **www.shell.de/careers**

Shell is an Equal Opportunity Employer.

GREAT MINDS DON'T THINK ALIKE

Siemens Management Consulting

Siemens Management Consulting

	Unternehmensdaten
Branche	Inhouse Consulting
Produkte und Dienstleistungen	Top Management Beratungsprojekte im Siemens-Konzern
Mitarbeiter insg. (m/w)	240 (davon 170 Berater), Anteil an (Wirtschafts-)Ingenieuren, Naturwissenschaftlern ca. 50 %
	Angebote für Studierende (m/w)
Praktika und Werkstudenten	ja, Mindestdauer 3 Monate, möglich nach Abschluss des Vordiploms/vierten Semesters eines Bachelor-Studiengangs. Einsatz auf Projekten.
Studien- und Diplomarbeiten	nein
	Angebote für Berufseinsteiger (m/w)
Personalbedarf 2009	40 – 50 Consultants und Interns
Bevorzugte Fachrichtungen	(Wirtschafts-)Ingenieurwesen, Wirtschaftswissenschaften, Naturwissenschaften
Einstiegsmöglichkeiten	Direkteinstieg als Consultant/Training on the Job
Anfangsgehälter	wettbewerbsgerecht
Möglicher Auslandseinsatz	ja, internationales Projektstaffing
	Einstellungsvoraussetzungen
Bewerbungsunterlagen	vollständige Bewerbungsunterlagen per E-Mail
Auswahlverfahren	Einladung zu persönlichen Gesprächen, zweistufiges Auswahlverfahren
Bewerberprofil	exzellenter Universitätsabschluss (Master, Diplom), gerne ergänzt durch einen weiteren Abschluss (MBA, Aufbaustudium, Promotion), Praktika in Industrie und/oder Beratung, mindestens 6 Monate Auslandserfahrung, exzellente Deutsch- und Englischkenntnisse, außeruniversitäres Engagement, starke Persönlichkeit und Teamfähigkeit, herausragende analytische und kommunikative Fähigkeiten, Mobilität und Flexibilität, Energie und Humor.
Kontaktadresse	Siemens AG Siemens Management Consulting Frau Andrea Wittmann St. Martin-Str. 76, 81541 München Telefon 089 636-82651 recruiting.smc@siemens.com www.siemens.com/smc

Ein neues Umfeld eröffnet Ihnen exzellente Perspektiven.

SMC – Ihre Überholspur ins Top-Management bei Siemens.

Siemens Management Consulting

Machen Sie den nächsten Schritt hin zu einer erfolgreichen Karriere im Siemens Top-Management.

Sie beraten für Ihr Leben gern – Sie lieben die Abwechslung, die Herausforderungen, den Teamgeist. Gleichzeitig möchten Sie die Weichen für Ihre zukünftige Karriere stellen. Das Top-Management ist Ihr langfristiges Ziel?

Dann kommen Sie zu Siemens Management Consulting. Wir bereiten Sie exzellent für Ihre spätere Verantwortung in der Linie vor. SMC, als Talentpool für das Top-Management bei Siemens, bietet Ihnen die Möglichkeit, eine leitende Position in einem der weltgrößten Technologieunternehmen zu übernehmen. Im Rahmen globaler Strategieprojekte in unseren Geschäftsdivisionen und Regionalgesellschaften haben Sie die außergewöhnliche Chance, sowohl Ihre Fachkenntnisse als auch Ihr persönliches Netzwerk weiterzuentwickeln – und dies auf Top-Management Ebene. Work Life Balance und die Aufstiegsperspektive in eine Führungsposition – beides finden Sie bei SMC.

www.siemens.com/smc

SIEMENS

SOLON SE

Branche	**Unternehmensdaten**
Produkte und Dienstleistungen	Erneuerbare Energien, Photovoltaik
	Solarmodule und Wechselrichter, Solarkraftwerke, Investitionen
Mitarbeiter insg. (m/w)	ca. 950
Jahresumsatz	800 – 850 Mio. € (geplant für 2008)
	Angebote für Studierende (m/w)
Praktika und Werkstudenten	selbstverständlich
Studien- und Diplomarbeiten	selbstverständlich
	Angebote für Berufseinsteiger (m/w)
Personalbedarf 2009	kontinuierlicher Bedarf
Bevorzugte Fachrichtungen	Maschinenbau, Elektrotechnik, Umwelt- und Verfahrenstechnik, Physikalische Technik, Wirtschaftsingenieurwesen und weitere
Einstiegsmöglichkeiten	Direkteinstieg, Teilnahme am International Graduate Program
Anfangsgehälter	branchenüblich
Möglicher Auslandseinsatz	ja
	Einstellungsvoraussetzungen
Bewerbungsunterlagen	vollständige Bewerbungsunterlagen bevorzugt per E-Mail an jobs@solon.com
Auswahlverfahren	Interviews
Bewerberprofil	(erste) Praxiserfahrungen, Englisch-Kenntnisse, Leistungsmotivation und Verantwortungsbewusstsein, Kommunikationsstärke, Leidenschaft und Begeisterungsfähigkeit für fachliche Themen und wechselnde Herausforderungen
Kontaktadresse	für Diplomanden & Praktikanten: Kathi Völkner Recruiting 030 81879-9863 — für Absolventen & Professionals: Nancy Fussan Recruiting 030 81879-9852
	jobs@solon.com www.solon.com

Bringen Sie die Welt voran.
Und auch sich selbst.

Herzblut und Pioniergeist. Können und Erfahrung. Damit treiben wir den ökologischen Wandel im Energiemarkt voran. Wollen auch Sie Teil eines dynamischen Unternehmens sein, das überaus erfolgreich in einem wachstumsstarken Markt agiert? Revolutionieren Sie gemeinsam mit uns die Nutzung der Solarenergie und verwirklichen Sie gleichzeitig Ihre beruflichen Ziele.

Informieren Sie sich über offene Stellen und Karrierechancen unter **www.solon.com**. Oder senden Sie Ihre Initiativbewerbung an **jobs@solon.com**. Denn der Solarenergie gehört die Zukunft – und all denen, die sich für sie stark machen.

SOLON SE
Am Studio 16
12489 Berlin · Germany
Phone +49 30 81879-0
Fax +49 30 81879-9999
www.solon.com
solon@solon.com

Don't leave the planet to the stupid

Stadtwerke München GmbH

	Unternehmensdaten
Branche	Energie und Infrastruktur
Produkte und Dienstleistungen	Strom, Gas, Wasser, Fernwärme, Bäder, öffentlicher Personennahverkehr
Mitarbeiter insg. (m/w)	Rund 7 000, davon ca. 8 % Ingenieure
Jahresumsatz	4,7 Mrd. €
	Angebote für Studierende (m/w)
Praktika und Werkstudenten	Praktika: Infos unter www.swm.de/karriere
	Werkstudenten: vereinzelt unter www.swm.de/karriere
Studien- und Diplomarbeiten	Abschlussarbeiten: Infos unter www.swm.de/karriere
	Angebote für Berufseinsteiger (m/w)
Personalbedarf 2009	laufend
Bevorzugte Fachrichtungen	Elektrotechnik (und Informationstechnik), Energietechnik/-wirtschaft, Versorgungstechnik, Maschinenbau, Verfahrenstechnik, Bauingenieurwesen, Wirtschaftsingenieurwesen, (Wirtschafts-) Informatik
Einstiegsmöglichkeiten	Direkteinstieg, Training-on-the-job
Möglicher Auslandseinsatz	in der Regel nicht möglich
	Einstellungsvoraussetzungen
Bewerbungsunterlagen	Vollständige Bewerbungsunterlagen
Auswahlverfahren	Einzel- bzw. Gruppenassessment, Interviews bzw. Vorstellungsgespräche
Bewerberprofil	Auf ihrem Fachgebiet setzen wir sehr gutes Wissen voraus. Wir legen Wert auf soziale und persönliche Kompetenzen. Der Teamgedanke sowie Offenheit für Neues und Begeisterungsfähigkeit spielen bei uns eine entscheidende Rolle. Zudem erwarten wir wirtschaftliche Handlungsfähigkeit, Verantwortungsbewusstsein und eine ergebnisorientierte Arbeitsweise.
Kontaktadresse	Studenten (m/w) Christa Rösner Personalmarketing Emmy-Noether-Str. 2 80287 München Tel: 089 2361-5115 roesner.christa@swm.de www.swm.de/karriere	Absolventen/Professionals (m/w) Personalreferententeam Emmy-Noether-Str. 2 80287 München Tel: 089 2361-21 64 initiativbewerbungen@swm.de www.swm.de/karriere

Neue Kräfte für neue Energien.

Innovative Technologien sind dazu da, um weiter entwickelt, realisiert und optimiert zu werden – im Dienste des Menschen und seiner Umwelt. Die Stadtwerke München (SWM) eröffnen Ihnen beste Möglichkeiten, nicht nur die Zukunft an der Isar mitzugestalten, sondern auch Ihre eigene. Möchten Sie Ihre Qualifikation in eines der größten Energie- und Infrastruktur-Unternehmen Deutschlands mit rund 7.000 Mitarbeiterinnen und Mitarbeitern sowie 4,7 Milliarden Euro Umsatz einbringen? Reizt es Sie, mit Engagement und Neugier an neuen Lösungen mitzuwirken? Dann finden Sie Ihre Herausforderung in einem zukunftsorientierten Unternehmen, das wie kaum ein zweites für das München von heute und morgen steht.

Professionals (m/w)

Hochschulabsolventen (m/w)

Verfasser von Abschlussarbeiten (m/w)

Praktikanten (m/w)

Elektrotechnik (und Informationstechnik), Energietechnik/-wirtschaft, Versorgungstechnik, Maschinenbau, Verfahrenstechnik, Bauingenieurwesen, Wirtschaftsingenieurwesen, Mechatronik, (Wirtschafts-) Informatik

Wechseln Sie jetzt in die aufregende Praxis im täglichen Umgang mit innovativen Technologien. Als Mitglied der Initiative „Fair Company" bieten Ihnen die SWM faire Chancen statt falscher Versprechungen. Dazu gehören fundiertes „Training on the job", fordernde Projekte und fachliche Herausforderungen. So unterstützen wir Sie bereits während Ihres Praktikums oder Ihrer Abschlussarbeit bei Ihrer beruflichen Orientierung. Absolventen und Professionals finden bei uns den direkten Einstieg mit allen Möglichkeiten, sich individuell weiter zu entwickeln.

Freuen Sie sich auf ein kompetentes kollegiales Umfeld und attraktive Vergütung. Bewerben Sie sich bitte unter der Kennziffer P-VBH09. Ausführliche Informationen erhalten Sie von Frau Christa Rösner (Studenten m/w) unter Tel.: 089/23 61-51 15 bzw. vom Personalreferententeam (Absolventen/Professionals m/w) unter Tel.: 089/23 61-21 64.

Stadtwerke München
Christa Rösner
Personalpolitik/Personalmarketing
Emmy-Noether-Straße 2 | 80287 München
E-Mail: roesner.christa@swm.de
Weitere Infos: www.swm.de/karriere

Stadtwerke München
Personalreferententeam
Emmy-Noether-Straße 2 | 80287 München
E-Mail: initiativbewerbungen@swm.de
Weitere Infos: www.swm.de/karriere

Tintschl Unternehmensgruppe

	Unternehmensdaten
Branche	Dienstleistung
Produkte und Dienstleistungen	Ingenieurdienstleistungen
	Personaldienstleistungen
	IT & Communications
Mitarbeiter insg. (m/w)	1 400, davon 750 Ingenieure
Jahresumsatz	ca. 50 Mio. €
	Angebote für Studierende (m/w)
Praktika und Werkstudenten	ja
Studien- und Diplomarbeiten	ja
	Angebote für Berufseinsteiger (m/w)
Personalbedarf 2009	500
Bevorzugte Fachrichtungen	Elektro- und Automatisierungstechnik, Maschinenbau, Verfahrenstechnik, Bauingenieurwesen, Wirtschaftsingenieurwesen, (Wirtschafts-)Informatik
Anfangsgehälter	je nach Qualifikation und Aufgabe
Möglicher Auslandseinsatz	ja
	Einstellungsvoraussetzungen
Bewerbungsunterlagen	Bewerbungsschreiben, tabellarischer Lebenslauf, Zeugniskopien, Lichtbild
Auswahlverfahren	Vorstellungsgespräche mit der Personal- und Fachabteilung
Bewerberprofil	Hochschulabschluss
	gute Fremdsprachenkenntnisse
	überdurchschnittliches Engagement
	Kreativität und Eigeninitiative
	Flexibilität sowie Fähigkeiten zur Teamarbeit
Kontaktadresse	Andreas Fuchs
	Human Resources
	Goerdelerstrasse 21
	91058 Erlangen
	Telefon 09131 81249-24
	andreas.fuchs@tintschl.de
	www.tintschl.de
	www.tintschl-jobcenter.de

www.tintschl.de

Wachsen Sie mit uns ...

... **und bewerben Sie sich !**

Wir suchen (m/w):
Ingenieure/Techniker/IT-Fachkräfte
aller Fachrichtungen

Qualifiziertes und engagiertes Personal ist die Voraussetzung für die professionelle und erfolgreiche Abwicklung von Aufträgen. Attraktive Entwicklungsmöglichkeiten, ein positives Arbeitsumfeld in einer internationalen Unternehmensgruppe sowie herausfordernde Projekte für renommierte Unternehmen motivieren Mitarbeiter. Seien Sie dabei und unterstützen Sie uns bei der Fortsetzung unserer erfolgreichen Wachtumsstrategie!

Unsere Kernkompetenzen:
Kraftwerks-, Produktions- und Fertigungsanlagenbau
Elektro- und Leittechnik
Verfahrenstechnik / Fördertechnik
Automatisierung
Softwareengineering
Leitstandbau

Tragen Sie gerne Verantwortung, sind eigeninitiativ und teamorientiert ?
Dann freuen wir uns auf Ihre Bewerbung an:

Tintschl Technik GmbH
Goerdelerstr. 21, 91058 Erlangen
Tel. 0 91 31 / 8 12 49 - 0
Fax 0 91 31 / 8 12 49 - 19
bewerbung@tintschl.de

Erlangen • Nürnberg • München • Mannheim • Regensburg • Stuttgart • Erfurt • Essen • Dortmund
Düsseldorf • Duisburg • Bochum • Wuppertal • Jülich • Aschaffenburg • Leipzig • Andernach • Berlin
Linz • Wien • Sofia • Paris • Novato • Mexiko City • Kattowitz • Cardiff • Shanghai • Hong Kong

TL Engineering GmbH

TL Engineering GmbH · Langenhoffstr. 6a · 65375 Oestrich-Winkel

	Unternehmensdaten
Branche	Maschinenbau
Produkte und Dienstleistungen	Engineering – Automotive
Mitarbeiter insg. (m/w)	> 0
davon Ingenieure	< 100
Jahresumsatz	> 1 000 T€
	Angebote für Studierende (m/w)
Praktika und Werkstudenten	Ja, in Wiesbaden
Studien- und Diplomarbeiten	Nein
	Angebote für Berufseinsteiger (m/w)
Personalbedarf 2009	> 50
Bevorzugte Fachrichtungen	Maschinenbau und Elektrotechnik
Einstiegsmöglichkeiten	Auch Berufsanfänger
Anfangsgehälter	Nach Vereinbarung
Möglicher Auslandseinsatz	Ja, ansonsten meist in Bayern, Baden-Württemberg, Hessen, Niedersachsen und Nordrhein-Westfalen
	Einstellungsvoraussetzungen
Bewerbungsunterlagen	komplett und aussagefähig
Auswahlverfahren	Gespräche mit der Fach- und Personalabteilung
Bewerberprofil	Abschluss Universität, Fachhochschule oder Berufsakademie, team- und kommunikationsfähig, Auslandspraktika bzw. -aufenthalte erwünscht, Englischgrundkenntnisse erforderlich, weitere Fremdsprachen erwünscht
Kontaktadresse	Joachim Luff
	Geschäftsführer
	Schönaustr. 11
	65201 Wiesbaden
	Tel. 0611 4060-616
	Fax 0611 4060-617
	luff.joachim@tlengineering.de
	www.tlengineering.de

www.tlengineering.de

Tognum Group

	Unternehmensdaten
Branche	Maschinenbau, Investitionsgüterindustrie
Produkte und Dienstleistungen	Dieselmotoren und komplette Antriebssysteme
Mitarbeiter insg. (m/w)	über 8 500
Jahresumsatz	2 835 Mio. Euro (2007)
	Angebote für Studierende (m/w)
Praktika und Werkstudenten	ja
Studien- und Diplomarbeiten	ja
	Angebote für Berufseinsteiger (m/w)
Personalbedarf 2009	150 Vakanzen für Hochschulabsolventen
Bevorzugte Fachrichtungen	Maschinenbau, Elektrotechnik, Wirtschaftsingenieurwesen
Einstiegsmöglichkeiten	Direkteinstieg, Internationales Traineeprogramm
Anfangsgehälter	43 000 bis 48 000 Euro
Möglicher Auslandseinsatz	ja
	Einstellungsvoraussetzungen
Bewerbungsunterlagen	Aussagekräftige Bewerbungsunterlagen
Auswahlverfahren	Vorstellungsgespräche, Assessment-Center (Traineeprogramm)
Bewerberprofil	Wichtig sind uns ein sehr guter Hochschulabschluss, qualifizierte Praktika und Auslandserfahrung. Persönlich passen am besten Bewerber zu uns, die hoch motiviert und begeisterungsfähig sind, Aufgaben gern im Team lösen, ergebnisorientiert denken und handeln und breit gefächerte Tätigkeitsgebiete mit viel Verantwortungsspielraum bevorzugen.
Kontaktadresse	Tognum AG Regine Siemann Personalmarketing Maybachplatz 1 88045 Friedrichshafen Telefon 07541 90-6513 Regine.Siemann@tognum.com www.tognum.com

Der legendäre Gründer der Tognum-Tochter MTU galt als „König der Konstrukteure". Wie hieß er?

a) Maybach

b) Junimond

c) Borgward

d) Horch

Empower your Career

Neues schaffen. Weiter denken. Vorwärtskommen.
Aus faszinierenden Ideen machen unsere rund 9.000 Mitarbeiter kraftvolle Technik – vom 10.000-kW-Dieselmotor bis zur Brennstoffzelle. Mit den Marken MTU und MTU Onsite Energy ist Tognum einer der weltweit führenden Anbieter von Motoren, kompletten Antriebssystemen und dezentralen Energieanlagen. Gelenkwellen von Rotorion und Einspritzsysteme von L'Orange vervollständigen unser Technologie-Portfolio rund um den Antrieb. Bewegen auch Sie mit uns die Welt!

Berufseinstieg, Traineeprogramm, Praktikum, Abschlussarbeit – Tognum bietet Ihnen alle Möglichkeiten. Mehr dazu in der Stellenbörse auf unserer Homepage.

Willkommen bei Tognum in Friedrichshafen.
Wir freuen uns, von Ihnen zu hören:
Tognum AG • Personalmarketing • Regine Siemann • Maybachplatz 1 • 88045 Friedrichshafen
regine.siemann@tognum.com • Tel. 07541 / 90-6513

TRW Automotive

	Unternehmensdaten
Branche	Automobilzulieferer
Produkte und Dienstleistungen	Scheibenbremsen, Bremskraftverstärker, elektronisch geregelte Fahrsicherheitssysteme
Mitarbeiter insg. (m/w)	65 000 Mitarbeiter weltweit, 11 000 Mitarbeiter in Deutschland, 1 830 Mitarbeiter am Standort Koblenz
Jahresumsatz	14,7 Mrd. US $ weltweit, 507 Mio. € am Standort Koblenz
	Angebote für Studierende (m/w)
Praktika und Werkstudenten/ Studien- und Diplomarbeiten	Praktika, Praxissemester und Diplomarbeiten insbesondere im Entwicklungsbereich – aber auch im kaufmännischen Bereich möglich. Die Praktikumsdauer sollte möglichst mindestens 3 Monate betragen.
	Angebote für Berufseinsteiger (m/w)
Bevorzugte Fachrichtungen	Maschinenbau (Fahrzeug- oder Konstruktionstechnik), Elektrotechnik (Nachrichtentechnik oder Elektronik), Wirtschaftsingenieurwesen, Mechatronik, Informatik bzw. Technische Informatik
Einstiegsmöglichkeiten	Direkteinstieg, Training on the job
Anfangsgehälter	41 000 – 48 000 € je nach Qualifikation
Möglicher Auslandseinsatz	ja
	Einstellungsvoraussetzungen
Bewerbungsunterlagen	Bevorzugt online über www.karriere.trw.de
Auswahlverfahren	Interview
Bewerberprofil	überdurchschnittliche Studienleistungen, Interesse im Bereich der Automobilbranche, Industriepraktika, gute Englischkenntnisse, Kommunikations- und Teamfähigkeit

Kontaktadresse

Für Berufseinstieg:
Manuel Tschauner
Personalabteilung
Carl-Spaeter-Straße 8
56070 Koblenz
Tel. 0261 895-2221

Für Praktika/Diplomarbeiten:
Alexandra Stein
Personalentwicklung
Carl-Spaeter-Straße 8
56070 Koblenz
Tel. 0261 895-2615

www.trw.de
www.karriere.trw.de

The Global Leader in Automotive Safety Systems

KOBLENZ

Safety on the road.
It's up to you.

TRW gehört mit weltweit rund 65.000 Mitarbeitern an über 200 Standorten und einem Umsatz von mehr als 14,7 Mrd. U.S. Dollar zu den international führenden Automobilzulieferern und blickt auf eine lange Tradition in der Entwicklung von Fahrzeugsicherheitssystemen zurück.

Unser Technologie-Zentrum in Koblenz entwickelt Spitzentechnologie: Scheibenbremsen, Bremskraftverstärker und elektronisch geregelte Fahrsicherheitssysteme für nahezu alle europäischen und einige außereuropäische Automobilhersteller. Produktionsstandort unserer innovativen Produkte: ebenfalls Koblenz. Darüber hinaus bilden wir hier mit über 1.800 Mitarbeitern das europäische Headquarter für Operations, Sales/Marketing, Information Systems und den globalen Einkauf.

Interessante Jobs:
www.karriere.trw.de

Arbeiten Sie mit an wegweisenden Innovationen in Bremssystemen! In unserem europäischen Entwicklungszentrum in Koblenz geben wir als einer der führenden Systemlieferanten und Technologiepartner internationaler Automobilhersteller mit modernsten Entwicklungsmethoden internationale Standards vor. Der Bereich Braking Systems bietet ein ideales Umfeld für Höchstleistungen – interdisziplinär und international.

Spannende Entwicklungsaufgaben

- Entwicklung innovativer Bremssystemkomponenten für alle führenden Fahrzeughersteller
- Entwicklungspartner für aktive Sicherheitssysteme wie ABS, ASR, ESP, EPB ... in der Automobilindustrie
- Softwareentwicklung für diese Sicherheitssysteme

Für Profis und Einsteiger

- Diplom-Ingenieure/-innen (TH/FH) mit fundiertem Fachwissen in angewandter Forschung/Entwicklung
- Fachgebiete: Maschinenbau (Fahrzeug- oder Konstruktionstechnik), Elektrotechnik (Nachrichtentechnik

- Anwendung und Entwicklung von Tools wie Hardware in the Loop Simulation, FEM Berechnungen, CAE allgemein für o. g. Produktentwicklungen
- Test, Versuch (incl. Fahrzeugversuch) und Serienfreigabe unter höchsten Sicherheitsstandards für o. g. Produkte

oder Elektronik), Mechatronik, Informatik bzw. Technische Informatik

- Team- und Kommunikationsfähigkeit, eigenverantwortliches Arbeiten
- Sehr gutes Englisch ist ein Muss, weitere Fremdsprachen sind ein Plus

Interessiert? Dann informieren Sie sich über offene Stellen auf unserem Bewerberportal www.karriere.trw.de. Oder bewerben Sie sich initiativ. Auf jeden Fall bevorzugt online. Erste Fragen beantwortet Ihnen gerne Herr Manuel Tschauner unter (02 61) 8 95 22 21.

TRW Automotive
Human Resources
Postfach 10 03 43 · 56033 Koblenz
www.trw.de

TÜV Rheinland Group

	Unternehmensdaten
Branche	Dienstleister
Produkte und Dienstleistungen	technisch-wissenschaftliche Dienstleistungen
Mitarbeiter insg.	13 000
Jahresumsatz	1,1 Mrd. €
	Angebote für Studierende (m/w)
Praktika und Werkstudenten	ja
Studien- und Diplomarbeiten	ja
	Angebote für Berufseinsteiger (m/w)
Personalbedarf 2009	Stetiger Bedarf an Nachwuchskräften von Universitäten, Hochschulen und Fachhochschulen
Bevorzugte Fachrichtungen	Elektrotechnik, Fahrzeugtechnik, Informatik, Maschinenbau, Medizin, Physik, Wirtschaftsingenieurwesen, Wirtschaftswissenschaften
Einstiegsmöglichkeiten	Je nach Aufgabenstellung der zu besetzenden Stelle ist der Direkteinstieg mit einem individuell gestalteten Ausbildungs- bzw. Einarbeitungsplan vorgesehen
Anfangsgehälter	je nach Aufgabenstellung
Möglicher Auslandseinsatz	ja, gerne in der asiatischen Region
	Einstellungsvoraussetzungen
Bewerbungsunterlagen	Vollständig und aussagekräftig, kein Standardanschreiben, gerne online
Auswahlverfahren	Einzel- oder Gruppengespräche
Bewerberprofil	praktische Erfahrung, hohes Engagement, Kreativität, soziale Kompetenz
Kontaktadresse	TÜV Rheinland Bewerberservice Am Grauen Stein 51105 Köln Telefon 0221 806-119 Telefax 0221 806-1544 jobs@de.tuv.com www.tuv.com

Genau. Richtig.

TÜV Rheinland ist ein international führender Dienstleistungskonzern. An 400 Standorten in 61 Ländern auf allen Kontinenten arbeiten rund 13.300 Mitarbeiter und erwirtschaften einen Umsatz von 1,1 Milliarden Euro im Jahr. Anspruch und Leitidee des Konzerns ist die nachhaltige Entwicklung von Sicherheit und Qualität.

Um unsere Position als bedeutender technischer Dienstleister am Weltmarkt weiter auszubauen, suchen wir fachlich und menschlich überzeugende

Ingenieure/-innen aller Fachrichtungen

Berufliche Herausforderungen, gute Perspektiven, anspruchsvolle Aufgaben, stetige Qualifizierung, umfangreiche Fortbildung, persönliche Weiterbildung – so sieht Ihre Zukunft bei uns aus!

Zeigen Sie uns, was Sie für uns tun können. Wir freuen uns auf Sie.

Weitere Informationen über uns und Ihren künftigen Arbeitsplatz finden Sie im Internet unter
www.tuv.com

TÜV Rheinland
Bewerberservice
Am Grauen Stein
51105 Köln

www.tuv.com

Genau. Richtig.

**Mehr Sicherheit.
Mehr Wert.**

TÜV SÜD Gruppe

	Unternehmensdaten
Branche	Technische Dienstleistungen
Produkte und Dienstleistungen	Beratung, Prüfung und Zertifizierung in den Geschäftsfeldern Industrie, Mobilität und Mensch
Mitarbeiter insg. (m/w)	ca. 13 000 weltweit, davon ca. 60 % Ingenieure
Jahresumsatz	über 1,27 Mrd €
	Angebote für Studierende (m/w)
Praktika und Werkstudenten	ja
Studien- und Diplomarbeiten	ja
	Angebote für Berufseinsteiger (m/w)
Personalbedarf 2009	ca. 400
Bevorzugte Fachrichtungen	Wirtschaftswissenschaften, Ingenieurwissenschaften, Naturwissenschaften, Informatik
Einstiegsmöglichkeiten	Direkteinstieg, Sachverständigenausbildung. Die Einsatzmöglichkeiten über den Direkteinstieg sind vielseitig. Aktuelle Stellenangebote unter: www.tuev-sued.de/karriere
Anfangsgehälter	tätigkeitsbezogen
Möglicher Auslandseinsatz	ja
	Einstellungsvoraussetzungen
Bewerbungsunterlagen	Anschreiben, Lebenslauf, Zeugnisse
Auswahlverfahren	Interview mit Personal- und Fachabteilung
Bewerberprofil	fachliche Qualifikation, gute Sprachkenntnisse in mindestens einer Fremdsprache, sicherer Umgang mit der gängigen EDV-Software, Leistungsbereitschaft, Kommunikationsstärke, Kundenorientierung und Teamfähigkeit
Kontaktadresse	Kerstin Minderlein Personalmarketing Westendstraße 199 80686 München Telefon 089 5791-2619 karriere@tuev-sued.de www.tuev-sued.de/karriere

**Mehr Sicherheit.
Mehr Wert.**

www.tuev-sued.de

Die Leute bei TÜV SÜD müssen ihre Nasen in alles stecken.

So ist das eben, wenn man Luftschadstoffe analysiert und den Emissionsausstoß optimiert.

TÜV SÜD ist anders, als man denkt. Wir sind ein unabhängiger Dienstleistungskonzern. Keiner unter vielen. Sondern führend. International. Mit unseren Strategischen Geschäftsfeldern INDUSTRIE, MOBILITÄT und MENSCH sorgen wir für mehr Sicherheit. Und wirtschaftlichen Mehrwert. So entstehen Vertrauen und Partnerschaft. Und viele spannende Aufgaben. An 600 Standorten. Weltweit.

Wenn auch Sie anders sind als erwartet, bewerben Sie sich.
Unter www.tuev-sued.de/karriere.

Ansprechpartner: Kerstin Minderlein • Tel. 089 5791-2619
TÜV SÜD AG • Westendstraße 199 • 80686 München

Unilever

	Unternehmensdaten
Branche	Konsumgüter
Produkte und Dienstleistungen	Rama, Lätta, Pfanni, Du darfst, Knorr, Bifi, Langnese, Sunil, Axe, Dove und viele mehr
Mitarbeiter insg. (m/w)	7900 in Deutschland/Östereich/Schweiz; 174000 weltweit
Jahresumsatz	40,2 Mrd. € weltweit
	Angebote für Studierende (m/w)
Praktika und Werkstudenten	ja
Studien- und Diplomarbeiten	ja
	Angebote für Berufseinsteiger (m/w)
Personalbedarf 2009 (m/w)	ca. 30 Absolventen (D/A/CH)
Bevorzugte Fachrichtungen	Wirtschaftswissenschaften, Maschinenbau, Wirtschaftsingenieurwesen, Verfahrenstechnik, Chemie, Chemieingenieurwesen, Lebensmitteltechnologie, Lebensmittelchemie
Einstiegsmöglichkeiten	Unilever Future Leaders Programme (Direkteinstieg mit strukturierter Weiterbildung)
Anfangsgehälter	43 500 €
Möglicher Auslandseinsatz	Ein Auslandseinsatz innerhalb des Länderclusters Deutschland, Österreich, Schweiz oder ein entsprechendes internationales Projekt ist ein fester Bestandteil des Traineeprogramms.
	Einstellungsvoraussetzungen
Bewerbungsunterlagen	Online-Bewerbung
Auswahlverfahren	Online-Test, Telefoninterview, Assessment Center
Bewerberprofil	Leistungsorientierung, unternehmerisches Denken, Eigeninitiative, Begeisterungsfähigkeit, Auslandserfahrung, Führungsqualitäten, interkulturelle Sensibilität, Mobilität, Englisch, gute Noten, zügiges Studium, qualifizierte Praktika, außeruniversitäres Engagement
Kontaktadresse	Unilever Deutschland GmbH PeopleLink Dammtorwall 15 20355 Hamburg Tel. 0800 00 7530 (kostenlos aus dem deutschen Festnetz) recruitment.de@unileverservices.com (für allgemeine Anfragen)

Wenn Einheimische plötzlich Ihre Pläne durchkreuzen, brauchen Sie eine gute Idee. Sind Sie erfinderisch?

Als der Leiter unseres Ponds Hautpflege-Werks in Zentralafrika eines Morgens zur Arbeit kam, sah er sich mit einem großen Problem konfrontiert: In der Entwässerung steckte ein Krokodil. Kurzerhand rettete er die Situation (und das Krokodil) und brachte die Fabrik wieder zum Laufen. Genau das erwarten wir von unseren Mitarbeitern – dass sie mit jeder Situation klarkommen. Auch wenn es natürlich nicht immer so gefährlich zugeht wie in unserem Beispiel. Wenn Sie in jeder Lage einen kühlen Kopf bewahren, geben wir Ihnen die Möglichkeiten, um es unter Beweis zu stellen. Mehr Informationen gibt's unter www.unilever.de

Vestas

Vestas Central Europe

	Unternehmensdaten
Branche	Windenergie
Produkte und Dienstleistungen	Windenergieanlagen
Mitarbeiter insg. (m/w)	ca. 2 000 in Deutschland; ca. 20 000 weltweit
davon Ingenieure (m/w)	ca. 10 % in Deutschland
Jahresumsatz	6 Milliarden Euro weltweit (2008)
	Angebote für Studierende (m/w)
Praktikanten/Werkstudenten	ja, in vielen verschiedenen Fachbereichen
Studien-/Diplomarbeiten	ja, in vielen verschiedenen Fachbereichen
	Angebote für Berufseinsteiger (m/w)
Personalbedarf 2009	kontinuierlicher Bedarf an qualifizierten, motivierten Mitarbeitern und Mitarbeiterinnen zum Auf- und Ausbau neuer bzw. bestehender Geschäftsfelder europaweit
Bevorzugte Fachrichtungen	Ingenieurwissenschaften, speziell Elektrotechnik und Maschinenbau
	Einstellungsvoraussetzungen
Einstiegsmöglichkeiten	Direkteinstieg, Graduate Programme (www.vestas.com)
Anfangsgehälter	abhängig von der Qualifikation und dem Einsatzbereich
Möglicher Auslandseinsatz	abhängig vom jeweiligen Einsatzbereich (Fachabteilung)
Bewerbungsunterlagen	Onlinebewerbungen über www.vestas.com/jobs
Auswahlverfahren	Interviews, zusätzlich Assessment-Center für Young Professionals und Führungskräfte
Bewerberprofil	guter Hochschulabschluss, entsprechende Studienschwerpunkte, sehr gute Englischkenntnisse, Fähigkeit zum selbstständigen Arbeiten, starke Handlungs- und Ergebnisorientierung, evtl. Auslandserfahrung, Teamfähigkeit, Begeisterung für moderne Energien
Kontaktadresse	Vestas Central Europe*
	Otto-Hahn-Straße 2-4
	25813 Husum
	Telefon 04841 971-0
	people-culture@vestas.com
	www.vestas.com/jobs

*company reg. name: Vestas Deutschland GmbH

No. 1 in Modern Energy

Modern Energy

Work for Vestas – and make a difference.
Our wind turbines generate CO_2-neutral electricity
to millions of households worldwide.

Read more and apply at vestas.com/jobs

Power your life - Vestas offers you challenging, global opportunities for career growth. As the world leader in modern energy, our wind turbines reduce CO_2 emissions by 40 million tons per year. We are more than 20,000 employees representing 56 nationalities and we are eager to welcome new colleagues. Care to join us?

VINCI Energies Deutschland GmbH

	Unternehmensdaten
Branche	Energie- und Informationstechnologien
Produkte und Dienstleistungen	Technische Dienstleistungen
Mitarbeiter insg. (m/w)	4 500
davon Ingenieure	2 500
Jahresumsatz	600 Mio. Euro
	Angebote für Studierende (m/w)
Praktika und Werkstudenten	ja
Studien- und Diplomarbeiten	ja
	Angebote für Berufseinsteiger (m/w)
Personalbedarf 2009	ca. 40 offene Traineepositionen, zusätzlich kontinuierlicher Bedarf an Direkteinsteigern/-innen
Bevorzugte Fachrichtungen	Bauingenieurwesen, Elektrotechnik, Maschinenbau, technisches Gebäudemanagement, Wirtschafts-Ingenieurwesen, Wirtschaftswissenschaften
Einstiegsmöglichkeiten	Trainees, Junior-Projektleiter
Anfangsgehälter	marktgerecht
Möglicher Auslandseinsatz	ja
	Einstellungsvoraussetzungen
Bewerbungsunterlagen	per E-Mail oder online über www.karriere-mit-energie.de
Auswahlverfahren	Interview
Bewerberprofil	Überdurchschnittlich abgeschlossenes Studium, Erfahrung aus Praktika, gute Englisch- und evtl. Französischkenntnisse, Reisebereitschaft, Engagement
Kontaktadresse	Marion Ernst Personalreferentin Bürgermeister-Grünzweig-Straße 1 67059 Ludwigshafen Telefon 0621 502-258 mernst@vinci-energies.de www.karriere-mit-energie.de

VOITH
Engineered reliability.

Voith AG

	Unternehmensdaten
Branche	Maschinen- und Anlagenbau
Produkte und Dienstleistungen	Papiertechnik (Papiermaschinen, Bespannungstechnik), Antriebstechnik (Straßen- und Schienenfahrzeuge, Industrieanwendungen, Schiffstechnik), Energietechnik (Turbinen und Generatoren für Wasserkraftwerke), Technische Dienstleistungen
Mitarbeiter insg. (m/w)	42 000
Jahresumsatz	4,2 Mrd. Euro
	Angebote für Studierende (m/w)
Praktika und Werkstudenten	ja / ja
Studien- und Diplomarbeiten	nein / ja
	Angebote für Berufseinsteiger (m/w)
Personalbedarf 2009	über 80 Stellen
Bevorzugte Fachrichtungen	Maschinenbau, Verfahrenstechnik, Automatisierungstechnik, Elektrotechnik, Textiltechnik, Papiertechnik, Fahrzeugtechnik, Chemieingenieurwesen, Informatik/IT, Servicemanagement/Instandhaltung, Schiffbau, Naturwissenschaften, Wirtschaftswissenschaften
Einstiegsmöglichkeiten	Direkteinstieg, Trainee- u. Nachwuchsprogramme
Anfangsgehälter	Angelehnt an den Metalltarifvertrag
Möglicher Auslandseinsatz	ja / je nach Stelle
	Einstellungsvoraussetzungen
Bewerbungsunterlagen	Vollständige und aussagekräftige Unterlagen
Auswahlverfahren	Persönliches Vorstellungsgespräch
Bewerberprofil	Gute Englischkenntnisse, ggf. weitere Fremdsprachen, passende Fachrichtung, persönliche und soziale Fähigkeiten, sehr gute Zeugnisse, Engagement
Kontaktadresse	Stefanie Marwitz Personal- und Hochschulmarketing Corporate Human Resources Sankt Pöltener Straße 43 89522 Heidenheim Tel. +49 (0) 7321 37-2092 Fax +49 (0) 7321 37-7698 careers@voith.com www.voith.de/career

Entdecken Sie die Welt neu.
Als Ingenieur/in bei Voith.

Lust auf anspruchsvolle Aufgaben? Ganz gleich ob im Bereich Papier, Energie, Mobilität oder Service: Bei uns können Sie viel bewegen! Voith bietet Ihnen das Aufgabenspektrum und Vertrauen eines Mittelständlers, verbunden mit den vielfältigen Entwicklungsperspektiven einer großen, weltweit aufgestellten Unternehmensgruppe. In allen Geschäftsfeldern gute Marktpositionen, Innovationskraft und dynamisches Wachstum – drei entscheidende Gründe für Ihren Karrierestart bei Voith.

Weitere Informationen unter
www.voith.de/career

Volkswagen AG

	Unternehmensdaten
Branche	Automobilindustrie
Produkte und Dienstleistungen	Volkswagen-Konzern, Absatz: 6,19 Mio. (2007), Produktion: 6,21 Mio. (2007)
Mitarbeiter insg. (m/w)	Volkswagen-Konzern: 373 400
Jahresumsatz	Volkswagen-Konzern: 108 897 Mio. € weltweit
	Angebote für Studierende (m/w)
Praktika und Werkstudenten	ja, weltweit an allen Standorten möglich
Studien- und Diplomarbeiten	ja, weltweit an allen Standorten möglich
	Angebote für Berufseinsteiger (m/w)
Personalbedarf 2009	kontinuierlicher Bedarf an qualifizierten Hochschulabsolventen
Bevorzugte Fachrichtungen	Elektrotechnik, Maschinenbau, Produktionstechnik, Fahrzeugtechnik, Mechatronik, Informatik, Wirtschaftsingenieurwesen, Wirtschaftswissenschaften
Einstiegsmöglichkeiten	Traineeprogramm StartUp Direct, Traineeprogramm StartUp Cross, Doktorandenprogramm
Anfangsgehälter	Doktorarbeit: 2 000 €; ab dem 2. Jahr Bonus bis 200 € möglich Traineeprogramm: ab 42 714 €/Jahr brutto (35 Std./Woche)
Möglicher Auslandseinsatz	möglich an unseren 48 Standorten
	Einstellungsvoraussetzungen
Bewerbungsunterlagen	komplette Bewerbungsunterlagen
Auswahlverfahren	Einzelgespräche mit Fach- und Führungskräften; Gruppenauswahlverfahren
Bewerberprofil	überdurchschnittliche Studienergebnisse, angemessene Studiendauer, Praktikaerfahrung, Auslandserfahrung, Fremdsprachenkenntnisse, IT-Kenntnisse, unternehmerisches Engagement, soziale Kompetenz
Kontaktadresse	Volkswagen Coaching GmbH Hochschulmarketing / Talentsuche und -bindung Brieffach 011/ 0528 38436 Wolfsburg Telefon +49 (0) 5361 9-36363 einstieg@volkswagen.de www.vw-personal.de

Nirgendwo kann ein Strich, den Sie ziehen, so viele Menschen bewegen.

Steigen Sie ein – bei einem einzigartigen Unternehmen. Alles begann mit dem Käfer, der schnell zur Legende wurde. Der Golf definierte eine völlig neue Fahrzeugklasse. Und Volkswagen entwickelte sich zu einem Weltkonzern, dessen Vielfalt unvergleichlich ist: Wir bieten innovative Mobilität in jeder Größenklasse – vom ökonomischen Kleinwagen über luxuriöse Limousinen bis hin zum traumhaften Sportwagen.
Um unsere Erfolgsgeschichte fortzusetzen, suchen wir ständig nach den klügsten Köpfen. Wenn Sie zu ihnen gehören und darauf brennen, Ihre Ideen auf die Straße zu bringen, finden Sie bei uns beste Voraussetzungen. Fangen Sie mit einem **Praktikum** an, arbeiten Sie bei uns an Ihrer **Diplomarbeit** oder bewerben Sie sich für unser Traineeprogramm **StartUp**. Wer also den Ehrgeiz hat, Meilensteine auf dem Weg in die automobile Zukunft zu setzen, der ist bei uns genau richtig. Denn wir bauen nicht einfach nur Fahrzeuge. Wir bauen: Das Auto.

Das Auto.

Alle weiteren Informationen finden Sie unter www.vw-personal.de

Metall
ist unsere Welt

Wieland-Werke AG

Unternehmensdaten

Branche	Metallerzeugnisse
Produkte und Dienstleistungen	Halbfabrikate und Sondererzeugnisse aus Kupfer und Kupferlegierungen. Dies sind Bänder, Bleche, Rohre, Stangen, Drähte, Profile und Sondererzeugnisse wie z. B. Gleitelemente und Wärmeaustauscher
Mitarbeiter insg. (m/w)	Weltweit über 6 500 Mitarbeiter
davon Ingenieure	Über 300 (Deutschland)
Jahresumsatz	Weltweit: 2 908 Mio. € (GJ 2006/2007)

Angebote für Studierende (m/w)

Praktika und Werkstudenten	Ja
Studien- und Diplomarbeiten	Ja

Angebote für Berufseinsteiger (m/w)

Bevorzugte Fachrichtungen	Werkstoffkunde, Maschinenbau, Produktionstechnik, Oberflächentechnik
Einstiegsmöglichkeiten	Direkteinstieg und Traineeprogramm
Anfangsgehälter	42 000 – 47 000 € p. a.
Möglicher Auslandseinsatz	Ja, weltweit möglich – Schwerpunkt Asien, USA und Europa

Einstellungsvoraussetzungen (m/w)

Bewerbungsunterlagen	Online, per E-Mail oder Post mit Anschreiben, Lebenslauf und Zeugnissen
Auswahlverfahren	Interview und „Schnuppertag"
Bewerberprofil	Abgeschlossenes Studium, gute Englischkenntnisse, ggf. Erfahrung im Projektmanagement, Kommunikations- und Teamfähigkeit
Kontaktadresse	Margit Walter Personal Marketing Graf-Arco-Str. 36 89079 Ulm Telefon 0731 944-1011 margit.walter@wieland.de www.wielandundich.de

Türen öffnen für die Zukunft?
Bei uns wird was draus!

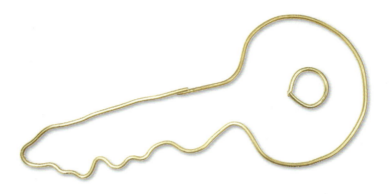

www.wielandundich.de

Wir bei Wieland bringen nicht nur Kupfer gut in Form. Vor allem Talente haben bei uns während oder nach dem Studium schnell den Bogen raus. Daher freuen wir uns darauf, Studenten* während eines Praktikums, einer Abschlussarbeit oder Werkstudententätigkeit unsere Türen zu öffnen. Oder Direkteinsteigern* und Ingenieuren* mit unseren Traineeprogrammen den Weg in eine erfolgreiche Zukunft zu ebnen. Seit über 180 Jahren ist Wieland der verlässliche Partner für Mitarbeiter und Kunden. In dieser Zeit haben wir eine beispiellose Innovationskraft entwickelt, die nur durch unsere Liebe zum Detail übertroffen wird.

Nicht umsonst steht die Wieland-Gruppe mit ihren 6.500 Mitarbeitern heute weltweit für erstklassige Halbfabrikate und Sondererzeugnisse aus Kupfer wie auch Kupferlegierungen. Und für eine Arbeitswelt, die beste Perspektiven bereithält. Wir bieten Ihnen den Einstieg in ein Top-Unternehmen, unter anderem in den Bereichen Entwicklung, Produktion, Anlagentechnik, Technisches Marketing, Qualitätssicherung oder IT und Controlling. Ihr Schlüssel zu diesen vielseitigen Herausforderungen ist neben einem Studium, Einsatzbereitschaft und Spaß am Arbeiten im Team. Alles Weitere über Ihre Perspektiven bei uns erhalten Sie auf www.wielandundich.de. *(m/w)

Wieland-Werke AG | Graf-Arco-Straße 36 | 89079 Ulm | Tel.: 0731 944-1011 | E-Mail: einstieg@wieland.de

WITZENMANN
managing flexibility

Witzenmann GmbH

	Unternehmensdaten
Branche	Metallindustrie
Produkte und Dienstleistungen	Flexible metallische Elemente (Metallschläuche, -bälge, -kompensatoren)
Mitarbeiter insg. (m/w)	3000
davon Ingenieure	290
Jahresumsatz	370 Mio. €

	Angebote für Studierende (m/w)
Praktika und Werkstudenten	ja
Studien- und Diplomarbeiten	ja

	Angebote für Berufseinsteiger (m/w)
Personalbedarf 2009	noch offen
Bevorzugte Fachrichtungen	Diplom-Ingenieure Maschinenbau und Dipl.-Wirtschaftsingenieure

	Einstellungsvoraussetzungen
Einstiegsmöglichkeiten	Direkteinstieg
Anfangsgehälter	gemäß den gängigen Tarifverträgen
Möglicher Auslandseinsatz	ja
Bewerbungsunterlagen	online (Lebenslauf, Anschreiben, Zeugnisse)
Auswahlverfahren	Vorstellungsgespräch
Bewerberprofil	- guter Studienabschluss - idealerweise Auslandsaufenthalte; Sprachen (Englisch, Französisch, Spanisch) - Industrieerfahrung (Praktika, Nebentätigkeiten) - gute Kommunikationsfähigkeiten
Kontaktadresse	Witzenmann GmbH Östliche Karl-Friedrich-Straße 134 75175 Pforzheim http://www.witzenmann.de Alexandra Schröder Personalreferentin Telefon 07231 581-2726, Fax 07231 581-808 alexandra.schroeder@witzenmann.com

Flexibel in die berufliche Zukunft. Weltweit. Mit Witzenmann.

NATURAL BORN ENGINEERS

Die Natur findet immer wieder geniale Lösungen, die perfekt an die jeweiligen Bedürfnisse angepasst sind. Dieses Ziel verfolgen auch wir bei der Entwicklung flexibler Lösungen für die Märkte von morgen. Mit mehr als 3.200 Mitarbeitern an 23 Standorten weltweit ist die Witzenmann-Gruppe Entwicklungspartner der Automobil- und Nutzfahrzeugindustrie sowie weiterer Branchen. Dazu brauchen wir die Besten. Und Sie können dabei sein.

Wenn Sie als Ingenieur/in spannende Aufgaben suchen, dann machen Sie Ihren nächsten Karriereschritt bei Witzenmann! Mit systematischer Einarbeitung und individuellen Schulungen unterstützen wir Sie, schnell Projektverantwortung zu übernehmen.

Interessiert? Mehr über Ihre Möglichkeiten beim Technologieführer erfahren auf unserem Karriereportal www.witzenmann.de. Sie können natürlich auch direkt bei uns anrufen.
Übrigens: Auch als Absolvent/in erwarten Sie anspruchsvolle Aufgaben. Wir freuen uns auf Sie.

Witzenmann GmbH
Östliche Karl-Friedrich-Str. 134 | 75175 Pforzheim
Telefon: 07231 581-2726 | Fax: 07231 581-808
Ansprechpartnerin: Alexandra Schröder
www.witzenmann.de

WITZENMANN
managing flexibility

ZF Friedrichshafen AG

	Unternehmensdaten
Branche	Automobilzulieferer
Produkte und Dienstleistungen	Antriebs- und Fahrwerktechnik
Mitarbeiter insg. (m/w)	ca. 60 000 Mitarbeiter weltweit
davon Ingenieure	keine Angabe
Jahresumsatz	12,6 Mrd. Euro (2007)
	Angebote für Studierende (m/w)
Praktika und Werkstudenten	ja
Studien- und Abschlussarbeitenarbeiten	ja
	Angebote für Berufseinsteiger (m/w)
Bevorzugte Fachrichtungen	Maschinenbau, Elektrotechnik, Mechatronik, Fahrzeugtechnik, Informatik, Wirtschaftsingenieurwesen, Betriebswirtschaftslehre
Einstiegsmöglichkeiten	Traineeprogramm oder Direkteinstieg
Anfangsgehälter	keine Angaben
Möglicher Auslandseinsatz	ja
	Einstellungsvoraussetzungen
Bewerbungsunterlagen	www.zf.com/Karriere
Auswahlverfahren	je nach Zielgruppe persönliches Interview oder Assessment-Center
Bewerberprofil	siehe www.zf.com/Karriere
Kontaktadresse	Kontaktdatenbank auf www.zf.com

Der aktuellste Techniktrend – was anderes kommt unseren Kunden nicht in die Tüte.

Wer hip sein will, der braucht zuverlässige Insider, die heute schon wissen, worauf die Menschen morgen abfahren. Das ist einer der Gründe, warum viele namhafte Fahrzeughersteller so gerne bei uns „shoppen" gehen. Weil wir die Zukunft der Antriebs- und Fahrwerktechnik parat haben, die später in deren Top-Modellen zum Tragen kommt. Gerne bleiben wir dann als einer der weltweit größten Zulieferer der Branche im Hintergrund und sind dennoch mit unseren 60.000 Kolleginnen und Kollegen wichtiger Innovator und Problemlöser. Bei uns erleben Sie Antriebs- und Fahrwerktechnik eben da, wo sie entwickelt wird. Lassen Sie sich diesen Insidertipp nicht entgehen. Erleben Sie ein erfolgreiches Stiftungsunternehmen, das Ihre Leistung anerkennt und in dem interessante Aufgaben und Eigenverantwortung zum Tagesgeschäft gehören.

Warum wir uns da so sicher sind, erfahren Sie auf:

www.zf.com/karriere

Antriebs- und Fahrwerktechnik

Notizen